安国良一　著

日本近世貨幣史の研究

思文閣出版

目次

日本近世貨幣史の研究

序章　課題と方法

本書の課題

日本の歴史上、近世ほど多種類の貨幣が流通した時代はない。金・銀・銭という幕府制定の三貨、領国貨幣とよばれる近世初頭の大名領国に特徴的な金銀貨、後期には金貨の単位をもつ計数銀貨を含め、貨幣改鋳の結果多種類の金銀貨が増産された。藩札や私札の紙幣も加えればその数は膨大である。しかも銭については、東国の永銭勘定（永楽銭に由来する「永」という計算単位を用いた勘定法）、あるいは西国の匁銭・銭匁勘定（一定枚数の銭を一匁と数える勘定法）とよばれる地域独特の数え方もあった。こうした複雑さのいっぽう、近世の権力は貨幣を統一し整った貨幣制度を確立したとも認識されている。一見矛盾する日本近世における貨幣の特質を、明らかにするのが本書の課題である。

一国一通貨という近代の原則に慣らされたわれわれにとって、右の状況は奇異に映るかもしれない。しかし近世社会において貨幣として扱われ金・銀・銭あるいは札などとよばれてきたものは、その社会に親和的であったはずである。どのように生まれ、当該社会に適合的であったのかを、貨幣の存在形態や実際の機能の分析を通じて明らかにしたい。そのためには、近代的な考え方にもとづいて貨幣をとらえることから少し自由になる必要があろう。自らの立ち位置を確認しながら、分析のためにふさわしい方法を見つけるところから始めなければならない。

通貨への関心と貨幣史研究の動向

現実の貨幣が社会的に関心を集めるとき、貨幣史研究も進んできたように思える。貨幣が本格的に歴史学の対象となり、中世末の撰銭令についてグレシャム法則の適用をめぐって盛んに論議されたのは[1]、金本位制の行方を懸念する大きな議論の最中であった。貨幣価値の揺らぎが、現実への関心とともに歴史的な貨幣への洞察をよび起こし、手薄であった古代・中世の貨幣史研究が本格的に始まった[2]。

戦後歴史学は積極的に民衆の動きをとらえ、撰銭令について在地の動向に根ざした検討が進んだ[3]。貨幣流通の研究も戦前期から引き続き蓄積され、藩札の流通や鋳造機関に関する基礎的な研究が進展した[4]。高度成長期前後の日本では経済発展に果たした貨幣の役割が重視され、幕藩制下の市場構造が議論されるなかで、貨幣史研究においても、発展の基礎にあった経済インフラとしての貨幣制度や、貨幣の量的な側面に関心が集まった[5]。なかでも数量経済史の方法が注目されると、物価やそれに関連する貨幣相場や貨幣数量の問題が論じられ、統計データの整備も進んだ[6]。制度史的研究から貨幣の動態を重視した貨幣流通史へ、さらには近世中後期の全国的な経済発展を深部で支えた小額貨幣への関心も高まった[7]。

冷戦後の世界では、アメリカ・ドルのグローバル化と対抗軸としてのヨーロッパ・ユーロ圏の統合が関心を集めた[8]。一国一通貨の既成概念を超えて、通貨のグローバル化――市場の拡大がもたらす希望と不安が人々の心に醸成された。その対極に、「地域通貨」の考えや実践が取り沙汰されたのもこのころであった。貨幣史研究もこうした流れに影響をうけ、現実のユーロ統合を眼前にして、貨幣統合は経済史分野においても適用可能な考え方として磨き上げられ[9]、市場と国家のどちらに力点を置くかは別にして、統合とその対極にある地域性・多様性との関係が論点として浮かび上がった。

わが国の中世末の撰銭令もこうした枠組みのなかで研究の深化がはかられるようになった。もはや中近世貨幣史を語る場合には中国銭流通域としての東アジアの動向を視野に入れなければならなくなったし[10]、中近世移行期の研究は、地域ごとの銭貨流通の実態から戦国大名を経て統一権力による貨幣の統一への歴史的流れとして、詳細に明らかにされてきた[11]。こうした盛況がもたらされたのは、この分野での実証レベルを格段に上げた考古学の研究方法や成果の紹介と、東洋史・日本史・経済史・民俗学・分析科学を巻き込んだ研究の新たな展開が背景にあった[12]。二〇〇七年に「量産の一〇年」と桜井英治がよんだように[13]、世紀の変わり目を挟むこの時期の研究は活況を呈し、一四世紀から一七世紀前半にいたる銭貨を中心にした貨幣史が塗り替えられたといえよう。金銀の貨幣的使用の成立過程についても近年研究が進み、おもに上方における流通や授受の実態から検討が加えられてきた[14]。こうして近世の三貨へと向かう前提がしだいに明らかになってきた。

近世の貨幣史については、戦後いくつかの通史や図録が刊行され成果が普及したが[15]、前述した近世中後期の経済発展を支えた小額貨幣の役割の評価、東洋史や考古学による中近世移行期の研究蓄積が進んだことをうけて、江戸期の貨幣史研究も新たな段階に入った。日本銀行金融研究所では一九九七年頃から「日本の貨幣・金融史を考える」をテーマに古代を含めた新しい取り組みに着手し、同年末には金融研究会「江戸期三貨制度について」が開催された[16]。同研究所の貨幣博物館においては、その後企画展の充実や所蔵史料の公開が進んだ[17]。貨幣史に特化した研究会も発足して開催回数を重ね、科学研究費の交付をうけたプロジェクトも成果を上げている[18]。

著者もこうした動向のなかで本書のもとになった諸論文を執筆してきたが、互いに刺激をうけながら、近世貨幣史の分野でも多くの研究成果が公になってきた。小額貨幣・銭匁勘定の全国的な実態把握を続ける岩橋勝[19]、貨幣相場のデータ整備と各地間比較を進める草野正裕[20]、おもに土地売買証文を用いて使用貨幣の変化を分析する浦長瀬隆、[21]農村金融から貨幣の流通実態に進んだ加藤慶一郎、[22]一八世紀の幕政に貨幣研究を位置づけようとする勝亦貴之、[23]銭幣館史料から銭や札研究を進める藤井典子、[24]貨幣の現物を通して地道に貨幣史を見直す西脇康、[25]天保期以降の改鋳と引替を両替商経営から扱った須賀博樹、[26]備中を中心に銭・札研究を進める古賀康士[27]らが精力的に業績を積み重ねている。また近年、藤井譲治は政治史研究の成果を駆使しながら、織田信長の撰銭令を再検討して、打歩《うちぶ》を付けた悪銭通用に画期性をみて、米・金・銀との関係を分析して近世の三貨制度の端緒と単線的には位置づけえないとした。さらに三貨制成立から一八世紀初頭までの近世貨幣史について、最近二〇年の成果をとりいれながら再構成をおこなった。[28]

成果をまとめた著作も刊行されている。吉原健一郎は江戸の銭貨流通をまとめ、[29]中川すがねは両替商研究のなかで貨幣改鋳時に引替に果たした彼らの役割や貨幣相場の「仕掛」の実態を明らかにした。[30]鹿野嘉昭は藩札について、[31]藤本隆士は九州地域の匁銭・銭流通についてこれまでの実績を集大成している。[32]

研究史にみる貨幣観

(1) 二つの見方

政治史・経済史との関連で進んできた近世貨幣史研究の底流には、貨幣に対する二つの考え方が交錯している。

第一は、貨幣の機能をその経済的側面、なかんずく交換手段を第一義とする考え方である。そうした考えを徹底させた山口徹の見解をみておこう。[33]貨幣の経済的諸機能（交換・支払・価値尺度・蓄蔵）を体現するものとして近世貨幣を位置づけ、金・銀・銅（銭）の三貨の並存について「鋳貨の流通手段としての機能＝名目額とその実体＝素材価値とが一致し、流通手段機能の独自化が現れていない貨幣発展の未熟な状態を表現している」とし、幕府が三貨の交換比率を法定したことは「幕府正貨を貨幣の価値尺度としての単一機能に統一することを意図したものであり、銀貨および銅貨を金貨の単なる表章たらしめようとしたことを意味している」、さらに「流通手段機能の独自化は、現実には鋳貨が流通する過程で摩滅することにより始まるが、元禄期以降のたび重なる改鋳と私札・藩札の流通によって進行する」という。「流通手段機能の独自化」を基軸に、幕府の鋳貨を含めた近世貨幣史全体を再構成してみせたのである。

これほど突き詰めたものでなくとも、交換手段を第一義とする考えは、一部の研究者に限られることなく、かなり同意を得ているように思われる。商品流通の拡大・発展が貨幣の制度的整備あるいは量的拡大と関連しており、たとえば貨幣改鋳の評価にみられる〝商品流通の規模に見合った貨幣の量的拡大〟などの主張にあらわれている。

第二は、貨幣を政治権力ないしは国家との関係でとらえ、その発行を権力・国家に固有な権限であるとしたり、制度的確立・維持を政権の安定度の反映とみる考え方である。たとえば政治史研究者の北島正元は、近世前期の貨幣政策を総括して「全国貨幣の法定化は織豊政権がすでに意図しているが、江戸幕府にいたって、鋳造源たる重要鉱山の全面的直轄化と照応して強力に促進された結果、ついに金銀銭三貨の独占的発行権が幕府の全国支配権に吸収され、三貨の全国貨幣としての流通機能の整備が一応実現した」(34)と述べる。具体的には、慶長金銀の発行による幣制樹立、元禄期にいたる金座・銀座の組織的改編、貿易制限と金銀の海外流出防止、永楽銭の通用禁止と寛永通宝の流通、領国貨幣の整理等をあげ、幕府の幣制樹立の目的は達成されたと説く。北島は、江戸幕府権力の最終的な完成期を元禄・享保期とみる立場をとっており、元禄改鋳と領国貨幣の最終的整理を経て、全国市場の形成に対応する統一的流通機構が確立したとする。前述した諸政策はこの完成期に向けた過程として描かれ、さらに三貨の「独占的発行権」という言葉からみて、貨幣の発行を幕府の独占的権限と見なしていることも確認できる。このような見方は北島に限定されない。論者により用語や時期区分こそ違え、領主や国家の貨幣発行権・鋳造権を説き、貨幣制度の確立・崩壊を権力のそれと対応させて、両者の密接な関係を主張する。

われわれの貨幣観をも大枠で規定しているこれら二つの考え方には、次のような問題がひそんでいる。

第一の見方の前提には程度の差こそあれ市場社会がある。そこでは貨幣はおもに交換手段としての機能を有するものとして扱われる。近世社会が当初から一定度の商品流通を前提としていたことは研究史の常識化しているが、それを市場社会のどのような段階と規定するのか。この問題に貨幣の側から迫ろうとするとき、経済人類学のカール・ポランニーの見解[35]が想起される。市場社会を相対化してとらえた彼は、「原始的・古代的貨幣」が支払や価値尺度など「特定目的」のための貨幣であるのに対し、「近代的貨幣」は「全目的」の貨幣であって他の諸機能が交換手段機能を中心に統一されていると説く。すなわち、交換手段機能を第一義とする近代的貨幣は、市場社会という歴史的特定段階に発生した特異な貨幣なのである。しかし原始的貨幣との対比において近代的貨幣の特徴を際立たせたポランニーの見解は、われわれにとって不十分なものでしかない。近世貨幣を彼のいう原始的貨幣から近代的貨幣のどのような中間的形態と位置づけるかは未解決である。

ところで第一の見方からは商品流通と無関係な貨幣の内実や運動は捨象されるか、もしくは正当に評価されない。たとえば元禄~享保期にあらわれた改鋳思想をめぐる対抗はどのように理解すべきであろう。第一の見方では、貨幣の流通量に注目するあまり品位の良否をめぐる議論は軽視されがちである[36]。それが元禄・宝永改鋳の肯定的・進歩的評価に対する正徳・享保改鋳の否定的・復古的評価につながっている。これを貨幣発展の「未熟な状態」とするのは一面的であろう。また、近世社会には実態として多種多様な貨幣が流通しており、その機能や性格も区々である。身分制社会ゆえに、格式を重んじる儀礼的な貨幣の授受もしっかりと根を下ろしていた。異なる額面の金貨に相場の格差が生じるという、近代貨幣では考えられない現象もみられた[37]。こうした多様な貨幣のあり方が、いかに近世社会に適合的であったのかという問題設定は、第一の見方からは十分に展開しえないのである。

多様な貨幣のあり方の考察は、第二の見方への批判にもつながる。近世において、流通する貨幣が全国的に幕府のそれに一本化された事実はない。統一的貨幣制度とはいってもかかる意味でないことはもちろんである。この点で、幕府や国家の貨幣発行権を前提とする第二の見方は分析を進めるうえで阻害的であり、他の貨幣は克服されるべきものとしか映らない。またこの見方は、古代から現代まで貨幣発行が国家に本来的な権限であるかのように見なすことにもなりかねない。近年では鋳貨・紙幣を問わず「貨幣高権」(38)という言葉が用いられることが多いが、われわれは、国家主権の確立した段階の概念を安易に前近代へ適用することには慎重でなければならない。はじめに貨幣高権ありきではなく、むしろ政府が貨幣発行の独占を貨幣高権として主張し始める根拠や政治的過程を問題にしなければならない。

政権の確立・崩壊過程と貨幣制度のそれを対応させて理解するとらえ方はたしかに受け入れやすいが、それは何十年にもおよぶ長期的な見方からの発想であり、歴史を下流からみるに等しい。それゆえに、政策の発動が予定調和的に把握され、諸政策が歴史の各段階でもった固有の意義が見落とされる可能性が高い。言い換えれば、当時の政権が将来を見据えて計画的に政策を打ち出すことができたのか、むしろ当面する課題への対処が個別の法令などに結果したのであって、その対応が明らかにされなければならない。

(2) 流通性を支えた要素

貨幣はなぜ流通するのか。貨幣の本質に迫るとも思えるこの命題に対する検討は、かつて藩札をめぐる論争のなかで展開した。素材価値に依拠する貴金属貨幣の流通に対し、素材的には無価値に等しい紙券の流通にこそ本質があらわれると考えられ、藩札が信用貨幣の範疇に入るか否かをめぐって、作道洋太郎と川上雅、のち作道と田谷博吉によって議論がたたかわされた(39)。

藩札＝信用貨幣説をとる作道は、藩札は「国家信用」と「商人信用」(「流通信用」とも)に裏付けられた信用貨幣であると規定した。「発行主体である藩当局に対する、債務負担についての「国家信用」と、札元に登用された商人グループなどに対する、債務返済能力に関する「商人信用」とによって、債権・債務関係当事者間をこえて一般的流通性を持ち、貨幣としての役割を果たした」と述べる。これに対して川上や田谷は、経済的流通法則に則って流通するものを信用貨幣と定義し、商業手形をその典型とする。この点で藩札は、単なる価値表章であって経済的に流通しえず、国家(この場合は藩当局)の経済外的強制通用力に媒介されることで一般に流通することが可能な国家貨幣であるとした。

作道がいう「国家信用」の不明確さが論争を引き起こしたことは明らかであるが、それぞれの主張を改めて検証すると次の点が注目される。藩札と商業手形を区別するものは、個別の関係を超えて「一般的流通性」をもちえるか否かにある。川上・田谷はその根拠を経済外的強制力すなわち藩の命令に求めたのに対し、作道は「国家信用」の語を用いたのであるが、自身もこの語について説明するところは少ない。前述の「債務負担についての「国家信用」」や「手形的性格にみられる商人信用を、藩経済の発展にともなって藩当局が包摂し、藩札会所において三貨と藩札との兌換をおこなうことを確認し」などの叙述から推測されるところでは、藩当局が札と三貨との兌換《だかん》を法定するなど行政機関として示した信頼性あるいはその公共的性格を示すのではないか。作道のねらいは戦前の藩札＝不換紙幣説を克服し、江戸期の経済発展を評価した信用貨幣説を展開していくことであった。川上・田谷が経済的要素と支配・被支配の関係をはっきりと区別して論じたのに対し、作道は藩(領主)―有力商人―領民の関係に「国家信用」の語を用いて行政的側面の萌芽を盛り込もうとしたのではないか。

貨幣の流通を経済的流通法則に求めるか、国家の経済外的強制力によるかという二者択一的な理解にも問題があった。政治的強制だけでは札潰れとなった例は数多く、経済的裏付けや藩が関与する流通の仕組みが成否を左右したことが藩札研究のなかで常識化している。二者択一的理解を超えて、両者の関係を当該期の状況のなかに探る方向が近世社会の理解には有効であろう。

以上の検討を踏まえ、次の点を提起したい。

第一に、紙幣であれ貴金属貨幣であれ、近世貨幣全体を見通す一貫した視点が必要である。近世後期には素材価値と名目価値が乖離した諸貨幣が流通していた。幕府発行の金銀貨もその例外ではない。だから紙幣においてのみその流通性の要因を問題にするのではなく、貴金属貨幣においても、貴金属の量を減らすいっぽうで、貨幣としての流通性を獲得していった過程が問題にされねばならない。

第二に、その流通性の検討にあたっては、前述のごとき二者択一的理解におちいることなく当該期の社会的経済的条件が問題にされねばならない。貨幣論研究者吉沢英成の次の文章はこの点で示唆的である(40)。「記号性と素材性とは、貨幣の本質を規定する代替関係にある二要因とみることができる」あるいは「貨幣を貨幣たらしめる価値が素材による価値から主権によるものへ、両要素からなる混合形態を長い中間項としつつ、移行していく」と述べる吉沢は、直接には近現代国家における紙幣を対象としているが、後段のように歴史的把握も可能であろう。ただ前近代社会への適用にあたっては国家法制や主権といった語の読み替えが必要となる。貴金属貨幣から紙幣へという素材の変化を追うだけでは段階的把握は不十分であり、素材価値の低下に並行する制度的枠組みの変化の方を重視すべきであろう。ここには幕府・藩の法令はもとより、貨幣の発行・引受・流通組織の性格、さらには商慣習なども加えられるかもしれない。

本書の研究視角

(1) 貨幣の統合と多様性

江戸時代には金・銀・銭の三貨による貨幣制度が敷かれ、幕府によって重要な金銀山は直轄化され、金座・銀座という鋳造機関が設定されて、そこで作られた金銀貨が全国に普及していく基盤となった。銭貨の統一への着手は若干遅れるものの、寛永十三年（一六三六）寛永通宝の発行、さらに寛文期の文銭（裏面に文の字を鋳込んだ寛永通宝）鋳造によってその統一は完成する。金銀山を領内にもつ一部の大名領では領国金銀とよばれた独自の貨幣も流通したが、元禄改鋳を経た一七世紀末には幕府の金銀貨に引き替えられてほぼ姿を消した(41)。

しかし近世初期の領国貨幣や、その後の藩札・私札の簇生など、視界を広げると多様な貨幣の流通がみえてくる。幕府貨幣の専一的流通など幕末にいたるまでありえなかったのである。そう考えるとき、両者はけっして対抗的な関係ではなく、並存しつつ全体的としてある秩序を形成していたのではないかと想像される。ここでは専一性をイメージさせる統一という言葉を避け、それを〝貨幣の統合〟とよびたい。明らかにすべきは、日本近世に特有なあり方であり、貨幣鋳造機関の性格とその編成の特徴や、中核となる幕府の三貨と領国貨幣がどうして並立できたのか、統合の道筋はどのようなものか、寛永通宝の発行まで銭貨の統一はなぜ遅れるのか、三貨と藩札との共存はいかに可能だったか、こうした論点が思い浮かぶ。

しかし貨幣の統合は、国内的な要因だけで動き完成したものではなかった。豊臣政権による天正大判以下の鋳造から江戸幕府による寛永通宝の新鋳にいたる過程は、輸入銭に依存していた中世国家とその背後の明に対する自立意識のあらわれで、東アジア私貿易経済への一つの対応とみる考えが有力である(42)。当時東アジアに流通した日本産銀と銭貨について、ボーダーレスな動きを封じ、貨幣における内外の区別と国境を明確にする必要があった。いわゆる「鎖国」の形成過程に並行するこうした点にも留意したい。

近世後期の貨幣の多様性に関しては、銭・藩札流通についての藤本隆士と岩橋勝の業績が特筆される。藤本はおもに北九州地域の分析から「匁銭」を発見し、地域米価の研究から現地の通貨の研究へと進んだ岩橋は東日本の金遣い・西日本の銀遣いに対し、もっと広域的で基礎にある銭遣いの実態を解明してきた(43)。銭遣い圏の提唱に始まり、西日本を中心とする銭匁勘定の普及、銭や藩札など小額貨幣が経済発展に果たした役割、同時に進行した銀目空位化の様相を、全国的な調査によって具体的に描いた。その成果からは、近世後期の貨幣流通における新たな統合の動きと、いっぽうで進む多様化の様子がみえてくる。

銀目空位化とは、秤量銀貨の流通市場からの後退と、幕府財政の窮乏化による出目獲得をねらった計数銀貨の大量発行に起因する。西日本において価値尺度として銀匁で表示しながら、実際の授受は両・分・朱という金単位の貨幣と銭によって担われることになった。幕府の貨幣は全国的に二貨制に移行しつつあったのであり、価値尺度として三貨は維持されながらも流通する貨幣の内実は変わっていた。しかし多種類の鋳貨に加え、さまざまな藩札や、地域ごとに相違する銭匁勘定の普及は、のちの時代からみれば煩雑な貨幣流通の様相を示している。しかも幕末の金銀相場の変動のなかで、三貨と藩札（銭匁札）はどのような関係にあったのかが問題となる。

(2) 貨幣の機能とその歴史性

貨幣の機能といえば、やはりその経済的機能が思い浮かぶ。この時代には経済的原理が徐々に浸透していくような社会が成立しつつあったが(44)、はたして日本近世は経済的機能だけで貨幣をとらえることができる社会であっただろうか。

本書では、貨幣の機能を経済のみならず政治や文化など広い視点からとらえ直し、しかも機能は歴史的に変化するという立場をとる。その際に留意するのは貨幣の授受形態である。金・銀・銭や札の種類によって異なる用途や、用途ごとの形態を考えておく必要があろう。どのような場でいかなる形態の貨幣がやりとりされるか、具体的なあり方を基礎に検討を進めたい。

内外の儀礼における貨幣の授受では、政治的な場に限らず同席する者同士の政治的位置や身分関係が反映した。貨幣の質の良さを求める志向があり、国内通用の金銀貨においても品位の良さを求めた正徳・享保改鋳がおこなわれた。その後悪鋳が進むと、朝鮮や琉球向けの貿易銀の調達が政治問題となったこともあった。[45]こうした貨幣の質に隠された政治性を明白にしていきたい。

いっぽう使い勝手という点からいえば、地金価値にもとづく貨幣は真偽の判定や損傷のリスクを所持者が負担しなければならないという扱いにくい貨幣であった。しかも貨幣改鋳による悪貨の発行は、幕府が新貨を旧貨と同価値で流通させようとするとき、毀損のリスクに備え何らかの形で価値を保全せざるをえなくなっていく。法的な通用限度の設定、両替商を含めた引替所の恒常的な設置など、地金の価値を代替する経済的仕組みが要求される。それが実現されるとき、貨幣の経済的機能は深化していき、流通・支払の用途に適した低品位の計数貨と、小判や称量銀のように価値を重んじる貨幣に機能分化していった。

(3) 貨幣の鋳造と金属材料

貨幣の鋳造を金属材料にまで言及して論じたのは、小葉田淳、伊東多三郎、榎本宗次など戦国期から近世初頭にかけての領国貨幣史研究に始まる。[46]小葉田はその後も自らの鉱業史研究と関連させながら、秋田や佐渡の鋳銭、宝永通宝、正徳・享保銀、元文期の鋳銭についてまとまった成果を公にしている。[47]貨幣史研究にとって、こうした金属材料やその調達からのアプローチは、技術や材料に対する専門的知識を必要とするが、考古学や冶金学など周辺科学との連携の可能性を開き、研究の進展を期待できる分野であり、必要な視点である。銭に限っても、鋳造には主原料の銅のほか、錫・鉛が必要であり、さらに真鍮の場合は亜鉛が加わる。こうした材料の調達を考えることは、国内産材料の採掘場所やその産出量、海外交易による調達にまでおよぶ問題となる。金属は世界的広がりをもって流通していたのである。

これらの問題を全面的に扱える能力はないが、本書が寛永通宝に対象を限りながらも鋳造過程に注目するのはこうした理由による。とはいえ鋳造や材料調達について直接明らかにできる銭座の史料は、銭座自体が請負期間の終了とともに廃止されるのが一般的であったから、残存することはきわめてまれである。他の史料からの間接的で迂遠な方法に頼らざるをえないが、鋳造に留意することで、その量や目的、流通域にまで言及したい。

本書の構成

研究視角において述べた三つの論点にしたがって全体を三部構成とした。

第一部「貨幣の統合と多様性」では、貨幣統合の近世的な特色と、他方さまざまに存在した多様な貨幣と幕府鋳貨との併存状況の近世的あり方を検討した。

第一章「三貨制度の成立」では、三貨制度とよばれてきた近世貨幣制度の特徴を改めて検証し、それが儀礼的な貨幣を不可欠な要素として成立したこと、通貨として段階的に整備されていく過程、幕府の貨幣と領国貨幣との並存、「鎖国」による内外貨幣の区分等について考察し、近世国家の貨幣体系として位置づけた。

第二章「貨幣の地域性と近世的統合」は、近世初期に地域性をもった諸貨幣が幕府によってどのように統合されたか、その過程と特質について銭貨を中心に検討した。寛永通宝による銭貨統一の前段階として京銭＝鐚《びた》銭による銭貨統合を措定し、東南アジアに向けた銭貨輸出とその遮断に、貨幣からみた「鎖国」の内実があることを明らかにした。近世的統合とは必ずしも単一の貨幣体系によって統一されているわけではなく、幕府の権威・威光のもとに、幕府の貨幣と地域の貨幣あるいは地金が、優―劣の関係に押し留められ並存している状況を指す。

第三章と第四章では「地域からみた近世中後期の通貨事情」と題し、この問題について地域の側から実情を探ったものである。まず第三章では、産銀地帯である但馬をかかえた灰吹銀の一七世紀における流通状況や、諸藩札の混合流通地域であった播磨の実態と特徴を概観し、藩札発行を地域社会による流動性確保の要求という点から位置づけようとした。次に第四章では、銭貨流通地域であった伊予において住友が経営した別子銅山に視点をすえ、銭匁勘定とよばれる計算貨幣の普及を確認し、藩札の流通と藩領域を越えて銭匁札の価値維持をはかろうとする在地の動き、幕末開国後の金高＝銀安の相場変動に対する藩当局や別子銅山の対応について論じた。銭匁札によって独自の通貨圏の構築をはかりながらも、領外の相場変動に左右される為替管理の困難さが浮かび上がった。

第二部「貨幣の機能」では、経済的観点にとらわれず、貨幣の近世における独自の機能とは何かという点を意識し、あるいはその機能は歴史的に変化するという立場から、金銀貨あるいは銭貨の種類ごとに分析を進めた。

第五章「金銀貨の機能とその展開」では、金銀貨の質の問題を焦点に、経済的機能の深化の過程とともに、外交・貿易上に果たした貨幣の質の意味合いについて検討した。おおむね悪鋳であった貨幣改鋳の進行とともに、貨幣価値の維持や流通の円滑化をはかる経済的仕組みが構築されていった。いっぽうで質を落とした貨幣の流通は、外交や貿易で授受される貨幣にも影響を与え、外国との比較で通貨の質が政治の安定の目安とされるような自意識を為政者のなかに生み出していた。一見、非合理的で復古的ともいえる良貨への回帰（正徳・享保改鋳）や幕末期通商条約の貨幣条項の締結について、こうした見方から旧来の評価を見直した。

第六章「貨幣改鋳と新旧貨引替機構」は、直接には文政改鋳時の引替組織の一つである十五軒組合の成立事情を明らかにしたものである。幕府は西国大藩に流通した旧貨の回収と新貨の拡散をめざし、諸藩出入りの大坂商人たちを組織した。新旧貨引替が旧来の三井組・十人組の為替両組による三都における窓口設置だけで進行する段階ではなく、貨幣流通が深く広く拡大していたことを示し、これ以降の貨幣改鋳時に引替組織が本両替を含め常設化していく先がけとなった。大手両替商を中心に大坂の金融にたずさわる商人が、集団として公的性格を付与されたこと、その常設化が貨幣の経済的機能を支える役割を果たしたという意味で、ここに収録した。

第七章「近世初期の撰銭令と銭貨の機能」は、近世初頭に頻発された撰銭令の検討から、それがとくに江戸―上方間の街道筋における交換・支払手段としての銭の機能を維持するためであったこと、全国政権となった幕府はこうした用途の標準銭として京銭＝鐚銭を定め、それを寛永通宝による銭貨統一の前段階としたことを論じた。当該期はまだ国内に領主間矛盾をかかえており、こうした政権の軍事的性格が近世における銭の機能を規定し、銭貨政策を方向づけたと考える。

第八章「貨幣の社会的・文化的効用」では、第一章でみた儀礼的用途のその後の展開をたどるとともに、貨幣経済の進展がもたらした人やモノ間の関係の変化について考察した。商品経済――貨幣経済を発展させた根本にどのような変化をみるべきかを考えるため、社会学的な見地をとりいれた試論である。

第三部「寛永通宝の鋳造と流通」では、第一部で論じた銭貨の統一といった巨視的な位置づけを離れ、銭の鋳造と流通に関する個別の問題について検討した。とくに金属材料の入手という点に留意した。

第九章「寛永通宝の第一次鋳造」では、寛永期の鋳造について、その計画段階から実施過程さらには鋳造停止にいたる分析を通じて、経済政策としての歴史的意義を問うた。過剰な鋳造によって銭相場は下落し、寛永飢饉の到来によって賃銭を稼ぐ階層に多大の影響を与え、とりわけ宿駅人馬を疲弊させた点からみれば、悪条件が重なったとはいえ失敗といわざるをえない。ようやく銭貨の質の安定化を実現した幕府であったが、飢饉対策の宿駅助成を通じて、通貨量の管理という政策課題に踏み出していくことになる。

第十章「寛永期の大坂銭座」は、第一次鋳造期の大坂銭座について、オランダ商館による錫輸入の史料から実態に迫ったものである。堺の糸割符《いとわっぷ》商人を主体とした座人たちは、鋳銭用の錫の輸入をオランダ商館長に求めるいっぽう、オランダが要望していた銅輸出の解禁を幕閣の一部にはたらきかけていたこと、過剰生産して残った銭を輸出しようと画策し、実現一歩手前までいきながら挫折したことを明らかにした。「鎖国」途上における貿易商人たちの動向が注目される。

第十一章「享保期、大坂難波銭座の鋳銭」では、享保十二年（一七二七）に設置された難波銭座の実態を鋳銭目的を含めて検討した。難波村での開設場所や、鋳造銭の質が悪く一年足らずで閉鎖されたことを明らかにし、翌年実施される予定であった将軍徳川吉宗の日光社参のために許可されたことを確定した。

第十二章「真鍮四文銭の鋳造と流通」は、明和～天明期・文政期・安政期の三次にわたって鋳造された真鍮四文銭の鋳造量や目的、流通範囲を検討したものである。第一次鋳造については五五〇万貫文以上という莫大な鋳造量が疑問視されてきたが、これを史料の誤記と確定して鋳造高の修正をおこなった。第二次は東海道筋の河川普請のための鋳造、第三次も江戸における四文銭不足への臨時の対策であった。流通範囲はいずれも東日本であり、第一次・第二次については将軍の日光社参との関係が推測される。

終章では、以上を総括して近世貨幣の特質をまとめるとともに、その終焉についての見通しを述べた。明治初期の通貨事情については、経済史的には語り尽くされた感があるが、新政権による新たな統合へ向けての模索の時代であり、本書独自の視角から課題となる論点を提示した。

（1）おもに『史学雑誌』誌上で渡辺世祐・柴謙太郎・奥野高廣らによって、一九二二年から三二年まで論争がたたかわされた。

（2）小葉田淳『日本貨幣流通史』（刀江書院、一九三〇年、改訂増補版一九四三年）が代表的な業績である。小葉田はその後東シナ海貿易史から、戦後は鉱山史へと研究を進め、貨幣史と鉱山史との融合をめざした。貨幣史の著作として『日本の貨幣』（至文堂、一九五八年）、『貨幣と鉱山』（思文閣出版、一九九九年）がある。

（3）藤田五郎『封建社会の展開過程』（有斐閣、一九五二年）。

（4）小葉田前掲『日本の貨幣』、作道洋太郎『近世日本貨幣史』（弘文堂、一九五八年）。作道は紙札（信用貨幣）研究を進めたあと、鴻池を中心とする両替商金融に研究を展開し『近世封建社会の貨幣金融構造』（塙書房、一九七一年）をまとめた。田谷博吉『近世銀座の研究』（吉川弘文館、一九六三年）は銀座研究の基本文献である。

（5）大野瑞男「幕藩制的市場構造論」（歴史学研究会・日本史研究会編『講座日本歴史　5近世1』東京大学出版会、一九八五年。のち大野『江戸幕府財政史論』吉川弘文館、一九九六年に収録）、岩橋勝「徳川経済の制度的枠組」（速水融・宮本又郎編『日本経済史1　経済社会の成立』岩波書店、一九八八年）。

（6）当時の主要な成果に、新保博『近世の物価と経済発展　―前工業化社会への数量的接近―』（東洋経済新報社、一九七八年）、岩橋勝『近世日本物価史の研究　―近世米価の構造と変動―』（大原新生社、一九八一年）、山崎隆三『近世物価史研究』（塙書房、一九八三年）がある。物価史研究の主要な論点については、原田敏丸・宮本又郎編『歴史のなかの物価』（同文館出版、一九八五年）に整理がある。貨幣数量については岩橋勝「徳川時代の貨幣数量」（梅村又次ほか編『数量経済史論集Ⅰ　日本経済の発展　―近世から近代へ―』日本経済新聞社、一九七六年）が基本的な成果である。

（7）社会経済史学会は一九九〇年の第五九回全国大会で共通論題「徳川期貨幣の経済史　―小額貨幣を中心として―」をとりあげた。「貨幣の経済史」をめざす岩橋勝が「小額貨幣と経済発展」と題して問題提起をおこない、その成果は、『社会経済史学』五七―二（一九九一年）に、岩橋のほか、森本芳樹「小額貨幣の経済史　―西欧中世前期におけるデナリウス貨の場合―」、神木哲男「中世末近世初頭における貨幣問題　―中世的貨幣体系から近世的貨幣体系へ―」、藤本隆士「徳川期における小額貨幣　―銭貨と藩札を中心に―」、三上隆三「徳川期小額金銀貨」、黒田明伸「清代銀銭二貨制の構造とその崩壊」が掲載された。また日本銀行金融研究所は一九八三年度以降、諸藩の藩札について委託研究を実施し、『金融研究』八―一（一九八九年）に中間報告として檜垣紀雄「藩札の果たした役割と問題点」、研究報告が出そろったあと『金融研究』一五―五（一九九六年）に鹿野嘉昭「委託研究からみた藩札の流通実態」を掲載し総括している。

（8）ベンジャミン・コーヘン『通貨の地理学』（シュプリンガー・フェアラーク東京、二〇〇〇年）。

（9）二〇〇三年の社会経済史学会第七二回全国大会ではパネルディスカッション「貨幣の多様性と統合の比較史」がおこなわれた。その成果である岩橋勝「前近代通貨統合をめぐる若干の史的考察」（『松山大学論集』一六―一、二〇〇四年）参照。

（10）足立啓二や黒田明伸がこの分野を先導してきた。足立啓二「中国からみた日本貨幣史の二・三の問題」（『新しい歴史学のために』二〇三、一九九一年。のち『明清中国の経済構造』汲古書院、二〇一二年に再録）。黒田明伸『中華帝国の構造と世界経済』（名古屋大学出版会、一九九四年）、同『貨幣システムの世界史―〈非対称性〉をよむ―』（岩波書店、二〇〇三年）。

（11）論集として、歴史学研究会編『越境する貨幣』（青木書店、一九九九年）、池享編『銭貨―前近代日本の貨幣と国家―』（青木書店、二〇〇一年）、鈴木公雄編『貨幣の地域史―中世から近世へ―』（岩波書店、二〇〇七年）の刊行があり、また次のようなまとまった著作が出ている。浦長瀬隆『中近世日本貨幣流通史―取引手段の変化と要因―』（勁草書房、二〇〇一年）、本多博之『戦国織豊期の貨幣と石高制』（吉川弘文館、二〇〇六年）、川戸貴史『戦国期の貨幣と経済』（吉川弘文館、二〇〇八年）、高木久史『日本中世貨幣史論』（校倉書房、二〇一〇年）、千枝大志『中近世伊勢神宮地域の貨幣と商業組織』（岩田書院、二〇一一年）。右の単著刊行後も、執筆者たちによって中近世移行期における貨幣流通の実態解明が続いている。本多博之「中近世移行期安芸厳島における銀の浸透と米の機能」（『日本史研究』五〇四、二〇〇四年）、「近世初期幕府の銭貨政策と長州藩」（『広島女子大学国際文化学部紀要』一三、二〇〇五年）、「織田政権期京都の貨幣流通―石高制と基準銭「びた」の成立―」（『広島大学大学院文学研究科論集』七二、二〇一二年）。川戸貴史「一六世紀後半京都における貨幣の使用状況―『兼見卿記』の分析から―」（『東京大学史料編纂所研究紀要』二〇、二〇一〇年）、「一六世紀後半京都における金貨の確立」（池享編『室町戦国期の社会構造』吉川弘文館、二〇一〇年）。高木久史「一六世紀第４四半期四国の銭使用秩序に関するノート」（『安田女子大学紀要』三九、二〇一一一年）、「一六世紀後半出雲の銭使用について」（『松山大学論集』二四‐四（二）、二〇一二年）、「日本中近世移行期九州北部の銭の流通と生産に関する若干の事例」（『国語国文論集』四二、二〇一二年）、「日本中近世移行期国産銭に関する基礎的考察　―法制史料から―」（『国語国文論集』四三、二〇一三年）、「一六世紀～一七世紀初頭近江の銭使用状況」（『日本史研究』六二七、二〇一四年）、「一六世紀後半～一七世紀初頭近江の金・銀使用状況」（『国語国文論集』四五、二〇一五年）、「一六世紀～一七世紀初頭の播磨・但馬の銭・銀・金の使用状況」（『神戸大学史学年報』三〇、二〇一五年）、「一六世紀後半～一七世紀初頭の紀伊における銭・金・銀の使用状況」（『ヒストリア』二四九、二〇一五年）。千枝大志「中世後期の貨幣と流通」（『岩波講座日本歴史　第8巻中世3』岩波書店、二〇一四年）。このほか稲吉昭彦「近世前期私札と木綿売買」（八尾市立歴史民俗資料館編『河内の綿作りと木綿生産』八尾市教育委員会、二〇〇二年）、「銭貨に封を付けること」（『出土銭貨』三一、二〇一〇年）、「中世後期における「撰銭」の実態　―「悪銭替」と「悪銭売買」―」（『古文書研究』六九、二〇一〇年）、「中世日本の緡銭慣行」（『鷹陵史学』三八、二〇一二年）。

(12)　考古学研究者を中心に、各地で発掘される出土銭貨の研究の深化をめざして出土銭貨研究会が発足したのは一九九三年である。この分野を主導した鈴木公雄は、統計的手法を交え、古銭から寛永通宝への転換が急激に進んだこと、大量備蓄銭の時期区分や銭種構成を全国にわたって明らかにし、永楽銭の超精銭化など新しい論点を提示した。鈴木の研究が他分野を刺激し、分野を超えた検討が、中近世移行期においては前掲注(11)の諸成果となって結実した。嶋谷和彦は堺の発掘例から無文銭の存在を紹介し、櫻木晋一は東国と並ぶ九州における銭貨の地域性を主張した。鈴木・櫻木の成果は、鈴木『出土銭貨の研究』（東京大学出版会、一九九九年）、櫻木『貨幣考古学序説』（慶應義塾大学出版会、二〇〇九年）としてまとめられた。

(13)　桜井英治「銭貨のダイナミズム　―中世から近世へ―」（鈴木編前掲『貨幣の地域史』所収）。

(14)　盛本昌広「豊臣期における金銀遣いの浸透過程」（『国立歴史民俗博物館研究報告』八、二〇〇〇年）。中島圭一「京都における「銀貨」の成立」、田中浩司「一六世紀後期の京都大徳寺の帳簿史料からみた金・銀・米・銭の流通と機能」（いずれも『国立歴史民俗博物館研究報告』一一三、二〇〇四年）。桐山浩一「文禄・慶長期京都における金の貨幣的地位」（『出土銭貨』三二、二〇一三年）、「一六世紀後半の京都における銀の貨幣化」（『ヒストリア』二三九、二〇一三年）。

(15) 小葉田前掲『日本の貨幣』、作道前掲『近世日本貨幣史』、滝沢武雄『日本貨幣史の研究』(校倉書房、一九六六年)、同『日本の貨幣の歴史』(吉川弘文館、一九九六年)、山口和雄『貨幣の語る日本の歴史』(そしえて、一九七九年)。なかでも日本銀行調査局編『図録 日本の貨幣』(土屋喬雄・山口和雄監修、東洋経済新報社、一九七三〜七五年)がそれ以前の貨幣史研究を総括し、図版も豊富であることからその後の基本的文献となった。

(16)『金融研究』一七-三(一九九八年)は、この研究会の記録と、報告論文として鈴木公雄「出土銭貨からみた中・近世移行期の銭貨動態」、桜井信哉「近世貨幣の動揺」、岩橋勝「江戸期貨幣制度のダイナミズム」、ほかに斎藤努・高橋照彦・西川裕一「中世〜近世初期の模鋳銭に関する理化学的研究」を収録している。

(17)『金融研究』一八-四(一九九九年)は企画展「金座 —小判のふるさと—」の解説と、関連論文として大貫摩里「江戸時代の貨幣鋳造機関(金座、銀座、銭座)の組織と役割 —金座を中心として—」、大塚英樹「江戸時代における改鋳の歴史とその評価」、西川裕一「江戸期三貨制度の萌芽 —中世から近世への貨幣経済の連続性—」を掲載した。その後も企画展図録・パンフレットの発行や、所蔵する銭幣館古文書・錦画の公開がおこなわれた。

(18) 二〇〇六年から一二年にかけて筆者がワークショップに参加したものだけでも、「中近世東アジア貨幣史の特殊性、共時性とその貨幣論的含意」(特定領域研究「東アジアの海域交流と日本伝統文化の形成」貨幣論班、代表者:黒田明伸)、「寛永通宝の生産と流通 —東アジアの銭貨の共時性を視座に—」(代表者:櫻木晋一)、「日本における近代通貨システムへの移行の世界史的意義 —「決済」の視点から—」(代表者:加藤慶一郎)がある。

(19) 岩橋の銭・銭匁勘定・藩札に関する成果には、次のようなものがある。「徳川後期の「銭遣い」について」(『三田学会雑誌』七三-三、一九八〇年)、「再び徳川後期の「銭遣い」について」(『三田学会雑誌』七四-三、一九八一年)、「南部地方の銭貨流通 —近世「銭遣い経済圏」論をめぐって—」(『社会経済史学』四八-六、一九八三年)、「伊予における銭匁遣い」(地方史研究協議会編『瀬戸内社会の形成と展開 —海と生活—』雄山閣、一九八三年)、「播州における銭匁札流通」(近畿大学『商経学叢』三〇、一九八四年)、「近世銭貨流通の実態 —防長における銭匁遣いを中心として—」(『大阪大学経済学』三五-四、一九八六年)、「近世後期金融取引の基準貨幣 —豊後日田千原家史料を中心として—」(『松山大学論集』一一-一、一九九九年)、「近世後期南紀における貨幣流通」(『松山大学論集』一二-四、二〇〇〇年)、「防長地方の藩札と八〇文銭勘定」(『徳山大学総研レビュー』一七、二〇〇一年)、「近世後期南予における貨幣

流通　―銀目空位化の一例証―」（『伊予史談』三三一、二〇〇三年）、「近世畿内周縁地域の銭匁遣い　―北近畿・宮津藩領を中心として―」（『松山大学論集』二〇-二、二〇〇八年）、「近世銭匁遣い成立の要因　―津軽地方を事例として―」（『松山大学論集』二二-四、二〇一〇年）、「出雲松江藩の銭遣い」（『松山大学論集』二四-四（二）、二〇一二年）、「近世私札と経済発展」（『甲南経済学論集』五四-三・四、二〇一四年）。

(20)　草野正裕「近世後期における三都の金（銀）相場」（『甲南経済学論集』四四-二、二〇〇三年）、「江戸末期（文政～幕末期）における土佐・徳島・姫路の金相場　―大阪との比較において―」（『甲南経済学論集』四四-四、二〇〇四年）、「幕末期における西摂・北摂池田の金相場　―大阪との比較において―」（『甲南経済学論集』四六-一、二〇〇五年）、「近世後期における大津・福井の金相場　―大阪との比較において―」（『甲南経済学論集』四八-三、二〇〇七年）、「近世後期における大阪と江戸の銭相場　―金（銀）相場との対比において―」（『甲南経済学論集』五一-一・二・三・四、二〇一一年）、「（続）近世後期における大阪と江戸の銭相場　―金（銀）相場との対比において―」（『甲南経済学論集』五二-三・四、二〇一二年）、「近世後期における京都銭相場の変動　―大阪および江戸との対比において―」（『松山大学論集』二四-四（二）、二〇一二年）、「近世後期における京都金相場の変動　―大阪および江戸との対比において―」（『国民経済雑誌』二〇七-一、二〇一三年）、「近世後期における京都金銭相場の変動　―大阪および江戸との対比において―」（『甲南経済学論集』五四-三・四、二〇一四年）、「近世後期における大津銭相場の変動　―大阪との対比において―」（『甲南経済学論集』五五-三・四、二〇一五年）。

(21)　浦長瀬隆「一七・一八世紀東北地方における貨幣流通」（『国民経済雑誌』一七九-三、一九九九年）、「近世関東地方における貨幣流通」（『神戸大学経済学研究年報』四七、二〇〇〇年）、「近世九州地方における貨幣流通」（『国民経済雑誌』一八三-二、二〇〇一年）、「近世長門国・周防国における貨幣流通」（『国民経済雑誌』一八六-五、二〇〇二年）、「近世安芸国・備後国における貨幣流通」（『国民経済雑誌』一九〇-三、二〇〇四年）、「幕末銀遣い経済圏における金流通の条件」（『国民経済雑誌』一九三-六、二〇〇六年）、「一七・一八世紀中津藩城下町における貨幣流通」（『国民経済雑誌』二〇一-五、二〇一〇年）、「江戸時代における銭匁同士の換算」（『国民経済雑誌』二〇五-二、二〇一二年）、「江戸時代における金の普及」（『国民経済雑誌』二〇七-一、二〇一三年）、「江戸時代における貨幣の普及と改鋳」（『国民経済雑誌』二〇九-三、二〇一四年）。

(22) 加藤慶一郎「近世後期における流通貨幣　―近江商人・中井源左衛門家の事例―」(神戸大学経済経営研究所『現代経済経営シリーズ』一、二〇〇五年)、「近世の旅と貨幣　―文化・文政期の東海道を中心に―」(『奈良県立大学研究季報』一七―三・四、二〇〇七年)、「近世近代移行期における播州三木町の通貨構造」(『流通科学大学論集　流通・経営編』二四―一、二〇一一年)、「近世後期における通貨　―高松藩を中心に―」(『松山大学論集』二四―四(二)、二〇一二年)、「明治初年における讃岐地方の流通貨幣　―貨幣窃盗・偽造事件を通して―」(『甲南経済学論集』五四―三・四、二〇一四年)。共著に加藤・鎮目雅人「幕末維新期の商品流通と貨幣の使用実態について　―東讃岐地方の事例から―」(『社会経済史学』七九―四、二〇一四年)がある。

(23) 勝亦貴之「元文の貨幣改鋳と「松平乗邑体制」の成立」(愛知学院大学大学院文学研究科文研会『文研会紀要』一二、二〇〇二年)、「享保改革後期における貨幣・物価政策の展開　―いわゆる「松平乗邑体制」の性格をめぐって―」(同前『文研会紀要』一四、二〇〇三年)、「日本近世の貨幣流通に関する試論　―黒田明伸著『貨幣システムの世界史』を手掛かりとして―」(『歴史の理論と教育』一一七、二〇〇四年)、「享保末年における幕府米価政策と元文改鋳」(『日本歴史』七三八、二〇〇九年)、「秋田藩大坂廻銭願いからみた幕府銭貨統制」(『出土銭貨』三〇、二〇一〇年)、「幕府貨幣改鋳と藩・地域　―三河国田原藩の新金引替を事例として―」(『松山大学論集』二四―四(二)、二〇一二年)。

(24) 藤井典子「明和期水戸鋳銭座における「吹方職人」の雇用事情」(『史学』七二―三・四、二〇〇三年)、「明和期水戸鋳銭座の経営　―組織と労働工程を中心に―」(『社会経済史学』七二―二、二〇〇六年)、「幕府による山田羽書の製造管理」(『金融研究』三一―二、二〇一二年)、「幕末期の貨幣供給　―万延二分金・銭貨を中心に―」(日本銀行金融研究所『Discussion Paper』2014-J-15、二〇一四年)。

(25) 西脇康「東征軍の金銀座接収」(『史観』一三六、一九九七年)、「東征軍の金座経営と二分判改鋳」(『関東地域史研究』一、一九九八年)、「大判座・金座の組織とその金貨」(『出土銭貨』一〇、一九九八年)、「享保小判の製造工程から見た入札請負制と色付(色揚)技術　―佐渡の史料から―」(『金属鉱山研究』七八、二〇〇〇年)、「小判の損傷と量目問題の発生　―元禄改鋳を射程に―」(『計量史研究』二二―一、二〇〇〇年)、「江戸町人の貨幣文化と英国プルーフ銀貨―大判・小判の贈答儀礼・貨幣信仰を中心に―」(『比較都市史研究』二〇―一、二〇〇一年)、「大判吹替過程の基礎研究」(『計量史研究』二五―一、二〇〇三年)、「江戸期の金貨を計量の世界へ」(『計量史研究』二六―一、二〇〇四年)、

「江戸幕府金銀貨の化学分析品位について　―いわゆる「甲賀表」の再検討―」（『計量史研究』二七―一、二〇〇五年）、「戦国期から江戸初期の甲州金と甲斐国衡制」（『計量史研究』三七―一、二〇一五年）。共著に西脇・今村徹「小判品位の完全非破壊分析法」（『計量史研究』二六―一、二〇〇四年）がある。

(26) 須賀博樹「安政丁銀発行時における大坂両替商　―三井・住友・鴻池家を中心に―」（『日本歴史』六二七、二〇〇〇年）、「安政六年の天保通宝払い下げ　―大坂両替商と幕府の金融的対応―」（『日本歴史』六六五、二〇〇三年）、「江戸幕末の貨幣政策と出目獲得政策の破綻　―新旧貨幣引替えの検証―」（『金融経済研究』二〇、二〇〇三年）、「近江屋猶之助両替店の新旧金銀貨引き替えと金座下買役　―大阪商業大学所蔵近江屋森本家文書を中心に―」（『史友』三八、二〇〇六年）、「万延の改鋳と三井組・十人組・住友両替店・十五軒組合　―京都・大坂での新旧金貨引き替え―」（『大阪商業大学商業史博物館紀要』七、二〇〇六年）。

(27) 古賀康士「備中地域における銭流通」（『岡山地方史研究』九九、二〇〇二年）、「安政四年の紙幣目録　―幕末期備中一橋領の通貨事情―」（『岡山地方史研究』一一六、二〇〇九年）、「幕末維新期の備中における紙幣発行について　―玉島請札と大内再興札を中心に―」（『倉敷の歴史』二一、二〇一一年）。

(28) 藤井譲治「織田信長の撰銭令とその歴史的位置」（『日本史研究』六一四、二〇一三年）、「近世貨幣論」（『岩波講座日本歴史　第11巻近世2』岩波書店、二〇一四年）。

(29) 吉原健一郎『江戸の銭と庶民の暮らし』（同成社、二〇〇三年）。

(30) 中川すがね『大坂両替商の金融と社会』（清文堂出版、二〇〇三年）。

(31) 鹿野嘉昭『藩札の経済学』（東洋経済新報社、二〇一一年）。

(32) 藤本隆士『近世匁銭の研究』（吉川弘文館、二〇一四年）。

(33) 山口徹「都市と前期的資本」（『日本経済史を学ぶ』下、有斐閣、一九八二年）。

(34) 北島正元『江戸幕府の権力構造』（岩波書店、一九六四年）。

(35) カール・ポランニー『人間の経済』Ⅰ・Ⅱ（岩波書店、一九八〇年）。

(36) 江戸時代の貨幣品位論については、中村孝也『元禄及び享保時代における経済思想の研究』中（小学館、一九四二年）、藤井定義「江戸時代における貨幣品位論」（大阪府立大学『経済研究』二二―二、一九七七年）参照。

(37) 黒田明伸はこうした事象を「非対称性」という概念で一般化し、前掲『貨幣システムの世界史』において世界史的に論じている。

(38) 作道洋太郎「貨幣高権」(『社会科学大事典3』鹿島研究所出版会、一九六八年)によれば、貨幣高権とは国家が貨幣の鋳造と発行を独占する権限をいう。わが国では、明治三十年(一八九七)公布の貨幣法(法律第十六号)第一条において、「貨幣ノ製造及発行ノ権ハ政府ニ属ス」ことが明記された。貨幣高権の成立には、貨幣による価格の度量標準が確立されていなければならず、第二条で、純金の量目二分(〇・七五グラム)をもって価格の単位となし、これを円と称すると規定している。貴金属を素材とする貨幣の鋳造権から、紙幣を含む用語として貨幣高権とよばれるようになった。近代貨幣制度の特徴と貨幣高権の用語の関係については、靎見誠良「近代の貨幣・信用」(桜井英治・中西聡編『新体系日本史12　流通経済史』山川出版社、二〇〇二年)を参照した。

(39) 作道前掲『近世日本貨幣史』、同「近世経済発展と藩札の発行　—田谷博吉の見解に対する私見—」(『社会経済史学』四八-二、一九八二年)、川上雅「藩札論」(『近世史研究』三七、一九六三年)、田谷博吉「対馬藩田代領の銀札」(大阪府立大学『歴史研究』二〇、一九七九年)、同「藩札の流通　—信用貨幣か政府紙幣か—」(社会経済史学会第四九回大会報告、一九八〇年)。なお、以下引用は作道前掲論文「近世経済発展と藩札の発行」による。ここでの記述は右の文献にもとづき、安国良一「近世社会と貨幣に関する断章」(『新しい歴史学のために』一九一、一九八八年)で述べた内容にもとづいている。論争については、のちに鹿野嘉昭「いわゆる藩札＝信用貨幣論争について」(『経済学論叢』五五-四、二〇〇四年。のち鹿野前掲『藩札の経済学』に再録)が詳しく論じている。

(40) 吉沢英成「貨幣における管理と本位」(『貨幣と象徴』日本経済新聞社、一九八一年)。

(41) 渡辺信夫「元禄の貨幣改鋳と領国貨幣の消滅」(豊田武教授還暦記念会編『日本近世の地方的展開』吉川弘文館、一九七三年。のち渡辺『近世東北地域史の研究』清文堂出版、二〇〇二年所収)など。

(42) 朝尾直弘「鎖国制の成立」(『講座日本歴史4』東京大学出版会、一九七〇年)。のち『将軍権力の創出』(岩波書店、一九九五年)、『朝尾直弘著作集　第三巻　将軍権力の創出』(岩波書店、二〇〇四年)に再録。

(43) 両者の業績については前掲注(19)(32)参照。藤本の「匁銭」と、岩橋の「銭匁」は実態としては同じものだが、藤本が銭貨の流通形態を重視するのに対し、岩橋は勘定として広く普及した点を重視している。

(44)　速水融・宮本又郎編前掲『日本経済史1　経済社会の成立』、とくに所収の速水・宮本「概説　一七―一八世紀」参照。
(45)　田代和生『近世日朝通交貿易史の研究』(創文社、一九八一年)、梅木哲人『近世琉球国の構造』(第一書房、二〇一一年)。
(46)　それぞれの成果は、小葉田前掲『日本の貨幣』、伊東多三郎『近世史の研究』第五冊(吉川弘文館、一九八四年)、榎本宗次『近世領国貨幣研究序説』(東洋書院、一九七七年)にまとまっている。ほかに中野節子「近世初期領国貨幣の歴史的役割」(『史林』六七―五、一九八四年)。
(47)　小葉田淳「元文・寛保期の鋳銭について　―秋田の鋳銭―」(『史窓』三八・三九、一九八〇年、八二年)、「銅座の銭座について　―大坂高津新地の鋳銭―」(『住友修史室報』六、一九八一年)、「近世、佐渡の鋳銭と産銅」(『日本学士院紀要』三九―二、一九八三年)の三編はのち小葉田『日本銅鉱業史の研究』(思文閣出版、一九九三年)所収。「正徳・享保の新銀鋳造と銀銅吹分け」(『泉屋叢考』第二二輯、一九九二年)、「元禄・宝永の京銭座の鋳銭、特に宝永通宝大銭鋳造について」(『住友史料館報』二五、一九九四年)は、のち小葉田前掲『貨幣と鉱山』所収。

第一部　貨幣の統合と多様性

第一章　三貨制度の成立

一　三貨制度とは何か

江戸時代の貨幣制度は、しばしば三貨制度とよばれてきた。三貨とは、この時代を通じて流通した金・銀・銭の三種の貨幣を指す言葉であり、金には後藤四郎兵衛家で製作された大判も含めるのが普通である。しかしその内容については、それほど明確には定義されていない。最大公約数的な把握がゆるされるとすれば、①三貨がそれぞれ独立した価値をもって流通したこと、②幕府によってそれらが統合されていたことの二点にまとめられよう。筆者の出発点もここにあるが、ここでの視角を明確にするために、若干解説しておこう。

一七世紀初めにおいて、三貨はそれぞれ通用する階層や地域を異にしていた。金が江戸を中心とした東日本、銀が上方を中心とする西日本をおもな流通圏としながら、領主層や上層農民・都市民の間で遣われたが、大判や枚包みの銀は領主層の儀礼に東西の区別なく使用された。銭は広く普段遣いの通貨として定着していたが、その構成は一様ではなく、東日本における永楽通宝や九州における洪武通宝のように銭種に地域的偏りがみられたことが明らかになっている(1)。なお本章においては、通貨の語を交換や支払いの手段として広く流通した貨幣という意味で使用している。

このような中で①に関しては、銭が単なる金・銀の補助貨幣ではないということが強調されてきた。少額の勘定に銭が用いられたことは事実であるが、生活物資を中心に銭を建値とする商品がかなり存在したことや、金・銀に対する銭相場が建てられたことによって、銭が独自の価値や用途をもって流通したと説明される。この補助貨幣化という考え方は、銭が中世末の基軸通貨としての地位から滑り落ちたという認識と連関しており、通貨という視点から銭をみれば当然出てくる結論である。だが当時の貨幣において通貨一般ととらえることはあまり有効ではない。なぜなら、大判のように儀礼的な使用に限られた貨幣は、不完全な通貨という評価にとどまらざるをえないからである。経済史研究においては、江戸時代の経済発展を支えた要素の一つとして三貨制度をとりあげてきたが[(2)]、それはまさに本章でいう通貨としての役割を重視するものである。三貨制度の成立を扱う本章においては、むしろ用途ごとに異なる形状や遣われ方をした貨幣が統合されていくことの意味や、それらが担った歴史具体的な機能を探る必要がある。したがって①でいう「独立した価値」にも、純粋に経済的な価値のみならず、用途や機能面からみた社会的な意味を含めて考えている[(3)]。

もう一つの幕府による統合の意味も幅広い。従来は通貨の統一という面を重視し、慶長六年（一六〇一）慶長金銀の鋳造開始、慶長十三年金・銀・銭の公定相場の提示、寛永十三年（一六三六）寛永通宝の鋳造開始による銭貨統一を時期を画する事項としてとりあげ、さらに貨幣の統一を文字通りにとらえ、国内で慶長金銀や寛永通宝が一様に流通するようになった時期を問題にしてきた。貨幣の鋳造権を幕府が掌握していった過程ととらえる見方もあるが、これも同様の系列に入るだろう。だが実態としては、領内に金銀山を有する大名では、一七世紀中頃まで領内通用の独自の金銀貨（領国貨幣）を鋳造・発行している例が多く、銭にしても、寛永通宝以前には島津氏の加治木銭のほか、毛利氏や小倉時代の細川氏でも鋳銭がおこなわれていた[(4)]。これらの事実からみれば、一七世紀前半において幕府のみが貨幣鋳造を独占したわけではない。これを貨幣統一や幕府による鋳造権把握が未熟な段階ととらえる立場を、ここではとらない。完成された貨幣制度のイメージを前提にした予定調和的解釈ではなく、政権が直面した課題に即して把握することに留意したい。

またそれは、三貨制度の成り立ちを考えることにつながる。(5) 儀礼的な用途の大判や流通コストの高い秤量銀貨が貨幣体系のなかに含まれ、江戸時代を通じて存続したのはなぜかという経済的合理性では説明しきれない問題が含まれている。また三貨制度は、徳川政権独自の制度というより、大判や常是《じょうぜ》吹の銀のように前代からの貨幣形態をさまざまにうけ継いでおり、豊臣から徳川へという単純な覇権交代に貨幣制度の変遷を重ねて理解するにはそもそも無理がある。このように考えるとき、武家の国家が〝公儀〟として形成され定着したという政治史の成果に思いいたる。三貨制度の成立についても、従来の経済的機能偏重の傾向からしばらく自由となって、武家の国家の形成過程のなかで理解されなければならない。

二　儀礼的貨幣の系譜と定着

(1) 三貨の儀礼的使用

中世以来の金・銀の儀礼的使用については、小葉田淳が豊富な事例をもとに明らかにしている。(6) 武家儀礼の最上位に位置する将軍宣下の禁裏への献上については、源頼朝が砂金一〇〇両を袋入りで贈ったことが慣例化し、のちに一〇両一包となり、足利義満の時から二包となって江戸時代まで続いたという。天正十六年（一五八八）後陽成天皇の聚楽第行幸の際にも秀吉は一〇〇両一袋を贈っている。武家故実書『道照愚草』(7) には、「禁裏様御進物之事、一かどの時は御剣一腰・砂金十両共、御目録には調進勿論也」とあって、砂金の献上が最高の厚礼であったことを示している。これに続けて「当時砂金まれなる間、黄金にて納之、御目録には黄金と不致調進云々」とあって、砂金は黄金に代わっていくが、この場合の黄金も秤量金貨であろう。それはやがて金屋・銀屋とよばれた専門の鋳造業者による判金の形態をとるようになり、さらに政権によって信頼できる業者が指定される。天正十六年、豊臣秀吉は後藤徳乗に判金の製作を命じ、以後政権の遣う大判は後藤判のそれに限られるようになった。この天正大判が、正確にいつから使用されたかは不明であるが、『多聞院日記』同年九月一日条の徳川家康から秀長へ贈られた金一〇〇枚に後藤判があったとするのが、比較的早い例である(8)。

　また大判は、刀剣などの工芸品の鑑定書（折紙代付《おりがみだいつけ》）において価値基準として機能した。金何枚というその数値は実際の取引代価ではなく、品物の位付《くらいづけ》を示すものであった。刀剣が儀礼用の贈答品に多く用いられたことを考えれば、大判はそのランクを示す価値基準であり、その意味でこのような用途も儀礼的貨幣の機能の一部と考えることができる。

　灰吹法の導入によって銀の飛躍的増産が可能になった一六世紀中頃以降、その儀礼的使用も頻繁にみられるようになってくる。秤量単位はこの場合、枚（＝京目四三匁、一匁は三・七五グラム）あるいはその一〇分の一の両を用い、近世には紙で包封する形態が一般化した。金と同様、専門の鋳造業者において注文生産され始め、秀吉の時代には常是吹の銀が指定された。家康も慶長六年（一六〇一）に伏見に銀座の開設を認め、いわゆる慶長銀の鋳造が始まったが、現存する丁銀には一六〇グラム前後のものが少なからず残っており(9)、枚単位を意識した重量となっている。なお近世において、仏事には銀が多く用いられた(10)。

　中世には、銭が儀礼にも広く用いられた。贈答には、銭の名称や文の単位は用いず、青銅・鵝眼《ががん》・鳥目《ちょうもく》などと称して、単位は疋（＝一〇文）を用いるのを常とした。かさばるため、折紙に記して披露し、現物は別に渡すのが一般的であったが、二〇疋までならそのまま披露することもあった(11)。しかし通貨同様、金・銀が多額の用途に遣われるようになると、儀礼においても使用範囲は狭まっていった。近世においては、少額の場合や先例にもとづく場合に限られたが、疋という単位は生き続け、小判や一分判を贈る場合にもそれぞれ「金四百疋」「金百疋」と称した。

(2) 贈答の序列と様式

このような系譜をたどった三貨の儀礼的使用には、儀礼の格や贈る対象者の身分に応じた序列がともなっていた。武家の最高儀礼は将軍宣下であるが、慶長八年の家康の場合には、右大臣・氏長者・牛車・淳和奨学両院別当・兵杖の各宣旨について位記宣旨に預かる内外記に砂金が贈与され、使者の公家には、上卿に金子一〇枚、勅使・奉行らに同各五枚、以下の官人にも金銀が贈られた[12]。内外記への砂金贈与を別格にして、その下には公家の身分・格式に応じて、贈られる金・銀の種類や枚数に差異がみられた。

武家間の儀礼においてはどうか。『当代記』には慶長十三年に駿府の家康あてに贈られた献上品が列挙されている。大名の音信として時服や産物献上の件数が多いなかで、金銀を抜き書きしたのが次の表1-1である。前年末の火災のため正月・二月の披露はなかったが、八月からは家康が駿府に居を構えたことに対する移徙祝儀《わたましじゅうぎ》が加わり、高額化している。進物としては平年並みであったようだが、金銀を抜粋した表では移徙祝儀がほとんどを占める。東海以西の軍事指揮権を家康が握っていたことから、この地域の大名が大多数を占めるが、ここでも大名の規模や格式と、金銀の種類や献上額に対応関係をみることは可能だろう。関ケ原以後、天下人家康への進物がこのような形でおこなわれていたのである。

将軍宣下の際の砂金は宣旨の覧箱の蓋に入れて戻す形式をとったが[13]、大判や枚単位の銀はどのような様式で授受されたのか。『貞丈雑記』には、「今時付台とて黄金一枚銀子一枚など、書たる包紙を台にのりにてはり付て金銀をば別に包て遣す事有、古は付台と云事なし」とあって、近世後期には、木製の台に金銀の員数を書いた紙を貼り付け、現物は別に渡すことが一般的であった。銀は慶長以来の朝鮮使節にも将軍・大御所から与えられたが、元和三年（一六一七）度の副使李石門『扶桑録』[14]によれば、拝領の際の様式は「日本之俗、以薄板造床、如平床之制、貼紙如小札、随銀枚数、列貼於其上、紙面各印銀子一枚状、置銀於庭下、只奉入其床、盖敬礼也」とあって、このとき薄板で作られた足付折敷《おしき》のような付台《つけだい》が用いられ、それが日本の「敬礼」として朝鮮使節にも受け容れられていたことがわかる。大判の献上様式については、大名家文書による紹介があるが[15]、近世後期の一枚献上の例にとどまっている。また武家故実書『伊勢兵庫守貞宗記』[16]によれば、「板金ひろうの事、五枚十枚百枚と候へば折又は唐の盆などにすへ候て披露候、又只一枚二枚も同前に候、御前などにて包をあけ候事などはなく候」とあって、詳細は不明ながら、折敷あるいは盆に載せられて披露されたようだ。近世初期には銀同様、付台

表1－1　徳川家康への献上金銀（慶長13年）

披露日	金・銀	枚数	献上者	姓・諱など
4／14	馬代銀	30	浅野弾正	長政
4／14	馬代銀	100	浅野紀伊守	幸長
4／28	馬代銀	1000	島津陸奥守	薩摩国主　家久
5／8	銀子	10	山中主水	？　主水正　大坂衆
5／13	馬代銀	50	中川内膳	久盛
6／21	金子	1	九鬼長門守	志摩　守隆
6／25	銀子	50	六条本門跡	光寿
7／2	馬代銀	30	堀雅楽佐	監物子　直次
7／9	金子	10	秀頼公	豊臣秀頼
7／25	馬代銀	50	小出大和守	岸和田　吉政
7／25	馬代銀	30	小出右京亮	出石　吉英
8／1	金子	200	秀頼公	豊臣秀頼
8／1	銀子	5	大黒屋長左衛門	
8／1	銀子	20	銀座中	
8／1	銀子	200	越前少将	松平忠直
8／9	銀子	50	関長門守	志摩　一政
8／18	銀子	1000	江戸将軍	徳川秀忠
8／18	銀子	100	上総主	松平忠輝
8／18	銀子	100	藤堂和泉守	高虎
8／18	馬代金子	3	本多佐渡守	正信
8／19	金子	20	片桐市正	大坂当時出頭人　且元
8／23	銀子	20	谷出羽守	丹波衆　衛友
8／23	銀子	10	青木民部少	一重
8／23	銀子	10	朽木河内守	元綱
8／28	銀子	20	杉原伯耆守	但馬豊岡　長房
8／28	銀子	10	蒔田権佐	大坂衆　広定
8／28	銀子	10	宮木右京亮	九州衆　頼久
8／28	銀子	10	桑山又四郎	河内国衆　清晴
8／28	銀子	10	伊東丹後守	大坂衆　長次
8／28	銀子	10	速水甲斐守	大坂衆　守之
8／28	銀子	10	堀田図書	大坂衆　勝嘉
8／28	銀子	5	織田民部少輔	信長公弟、在大坂　信重
	馬代金子	2	禁中	
	馬代金子	1	親王	
	銀子	10	石川肥後	康勝
	銀子	30	小川壱岐守	豊後　光氏
	銀子	30	福島掃部助	大和衆　高晴
	銀子	100	一柳監物	伊勢神戸　直盛
9／2	銀子	100	有間玄蕃頭	丹波福知山　有馬豊氏
9／2	銀子	100	蜂須賀阿波守	阿波国主　至鎮
9／2	銀子	100	生駒讃岐守	讃岐国主　一正
9／2	銀子	100	羽柴丹後侍従	京極舎弟　高知
9／4	銀子	100	若狭宰相	若狭国主　京極高次
9／4	銀子	200	堀尾帯刀	出雲隠岐国主　吉晴

9／4	銀子	100	中村伯耆守	伯耆国主　一角事忠一
9／4	銀子	50	脇坂淡路守	淡路国主　安元
9／4	銀子	30	加藤左衛門尉	貞泰
9／4	銀子	30	遠藤但馬守	美濃衆　慶隆
9／4	銀子	30	西尾豊後守	美濃衆　光教
9／5	馬代銀	500	羽柴左衛門太夫	安芸国主　福島正則
9／5	馬代銀	30	毛利伊勢守	筑紫衆　高政
9／8	銀子	500	松平武蔵守	備前国主　池田利隆
9／8	銀子	100	池田備中守	因幡鳥取　長吉
9／8	銀子	50	山崎左馬允	中国衆　家盛
9／8	銀子	200	山内対馬守	土佐国主　忠義
9／8	銀子	200	加藤左馬助	伊予衆　嘉明
9／8	銀子	100	羽柴右近	美作国主　森忠政
9／9	銀子	50	有楽	織田長益
9／9	銀子	30	織田孫一郎	美濃衆　長則
9／9	銀子	100	最上出羽守	出羽国　義光
9／11	銀子	10	佐久間久右衛門	伏見居住の衆　安政
	銀子	1000	松平筑前守	前田利常
	銀子	20	桑山左衛門佐	一直
	銀子	500	松平長門守	安芸毛利子　毛利秀就
	金子	100	羽柴肥前守	前田利長
9／23	銀子	50	富田信濃守	伊予住　知信
10／4	銀子	20	分部左京亮	光信
10／4	金子	30	金森出雲守	飛驒　可重
10／10	馬代銀	50	徳永左馬助	美濃衆　昌重
10／11	銀子	100	松平伯耆守	中村忠一
10／12	砂金馬代	30	南部信濃守	利直
10／12	銀子	50	寺沢志摩守	筑紫唐津　広高
12／21	馬代銀	10	山岡主計頭	景以

出典：『当代記』

の使用も想定できよう。すでに述べたように、中世において銭の披露は折紙をもっておこない、現物は別に渡すのを通例としたから、金銀の贈答様式もそれを模倣して整えられ、定着していったと思われる(17)。

(3)　〝公儀〟の貨幣、〝家中〟の貨幣

ところで、政治史研究における〝公儀〟論の成果によれば(18)、〝公儀〟の語は中世における〝私〟に対する〝公〟の意味、あるいは将軍を指す言葉から、徳川政権確立期における法的主体としての〝公儀〟まで変遷を遂げ定着したというが、公権力形成過程において〝公〟の場・事柄としての〝公儀〟も一貫して重要な意味をもっていた。統一政権にとって〝公〟の場・事柄として最も重要であったのは、領主編成に関わる部分、すなわち対朝廷関係の事柄や、大名の臣従を確認する場ではなかったかと思われる。後者についていえば、秀吉や家康はその覇権形成過程において、軍事的勝利とともに、大名の臣従と反対給付としての領知宛行《あてがい》によって大名との関係を主従関係においたが、臣従の儀礼やそれがおこなわれる場が〝公〟の場・事柄としての〝公儀〟にほかな

らなかった。『日葡辞書』においても「コウギ(公儀)」の語は、宮廷または宮廷における礼法上の事柄や用務と定義されている。『日葡辞書』の意味は朝廷のことに偏っているが、武家・公家を問わず政治的儀礼の場が重要視されていたことは間違いない。このような意味で、伝統的な砂金や大判以下の儀礼的貨幣は〝公儀〟の場で授受された貨幣とよぶことができよう[19]。前述した家康への金品の献上も、慣例化した臣従儀礼であった。したがって領主編成に関わる儀礼的貨幣は、当時の政治権力にとって最も重要視された貨幣形態であったと考えられる。近世を通じて儀礼的貨幣の授受が一貫してみられ、大判の製造はもとより、幕末期に秤量銀貨の世上からの後退が起こってもなおそれが鋳造し続けられたのは、このような理由によるものと判断される。なおそのなかで、伝統・先例とはいいながら将軍宣下の時の砂金のみが幕府の貨幣体系に包摂されずに残ったことは、将軍と天皇の関係を考えるうえで象徴的である。

〝公儀〟の貨幣をこのようにとらえたうえで、〝公儀〟に対する〝内儀〟あるいは〝家中〟の貨幣はありえたのだろうか。最後にこの点を、『川角太閤記』の九州出兵時の記事を手がかりとして瞥見しておこう。

> はや頸参り候、御馬より御下り成され、金銭御つかみ候て、御自身に遣はされ候、(中略)頸数四方八面より寄り申し候故、御意には、皆々見申すべきものなり、此の金銭に、我が手の掛らずはなきぞと御意にて、惣の金銭を、御手づから御つかみたてなされ、其の後は、御小性衆二、三人に仰せ付けられ、御小性衆の手より頸取り申す者、請取り申し候

戦国期において金銀が軍功への賞賜に用いられたことはよく知られている。右もその一例であるが、実際に秀吉がこのような行為におよんだかは定かでない。ただここには当時の武士たちの価値観がうかがえる。首級を上げた者が主人の手から褒美の金銭をいただく。これこそ戦場で命を懸けて奉公に励む武士たちの望んだものであろう。そこでは、主人の手に触れた、いわば手垢のついた金銀が至上のものと認識されたのであって、儀礼の場

における飾られた貨幣とは異質であった。後者が臣従にもとづく主従関係の確認の場で授受されたのに対し、前者は原初的な主従関係における至高の授受形態であったように思われる。

三　通貨の整備過程

(1) 金銀貨の制定

永禄十二年（一五六九）三月十六日に織田信長が出した「精銭追加条々」には、三貨制度の原型がすでにあらわれていた[20]。形式的には同月一日の撰銭令をうけた追加令ではあったが、単に銭の使用価値を定めたこれ以前の撰銭令とは一線を画する内容をもった。すなわち、米の貨幣的使用を禁じ、金・銀・銭の比価を定め、輸入品など高額の取引に金銀を使用するよう命じており、金銀とのリンクや銭の使用を一定の枠内に抑えることで銭流通の安定をめざしたのである。その背景には国内の低劣な私鋳銭の流通と撰銭行為の横行があり、国際的にも中国銭の信任体系はすでに崩れていたという[21]。このころ畿内を中心にして西日本各地で銭の使用率が低下し、代わって米の使用が増加していたことが明らかにされており[22]、その原因を福建からの中国銭の輸入途絶に求める見解も出されている[23]。畿内諸都市では金屋・銀屋とよばれた鋳造業者が金銀貨を注文生産するようになっていたが、標準となるべき金貨・銀貨はまだ存在しておらず、けっして一般の通貨とはなっていなかった。限られた流通圏のなかで、彼らは極印《ごくいん》料を取り墨書・極印によって金銀貨の価値を保証していたのである。信長が直面したのはこのような段階における通貨の問題であった。

豊臣秀吉は主要な金銀鉱山を直轄化して産金銀の独占をはかり、大判や常是吹の銀の鋳造を公認したが、政権の短命もあって通貨政策を全面的に展開するにはいたらなかった。しかし徳川氏による慶長金銀の鋳造は画期的であった。家康は慶長六年（一六〇一）に伏見に銀座を設け、丁銀等の鋳造を認めた。江戸においても後藤庄三郎光次支配下に、小判座（のちの金座）による小判・一分判の製造が同じころ始まった。天下人家康の命による金座・銀座の指定と金銀貨の発行は実質的な公鋳貨の制定であり、金銀貨の発行が大量かつ継続的に常設機関によっておこなわれたという点で、貨幣史における中世から近世への転換を示すものであった(24)。だがこの時代、金座・銀座は徳川氏（幕府）の金銀のみを鋳造したわけではない。両座は、一定の品位や形状をもつ金銀貨を独占的に製造・販売した鋳造業者であって、その独占権は公儀の収納した筋金《すじきん》や灰吹銀から金銀貨を鋳造し上納することで保障されていた。御用を無償またはわずかな収入で務める代わりに、市中に出回る金銀地金を仕入れ、金銀貨を鋳造して販売するという独自の営業を続けていた。このような両座の活動によって、国内の通貨はやがて両座の金・銀で統一されることになった。

(2) 京銭から寛永通宝へ

続いて幕府は、慶長十三・十四年に金一両＝銀五〇匁、金一両＝永楽通宝一貫文＝京銭（鐚銭）四貫文という交換比率を公定したうえで、これまで東国において優位な比価で流通してきた永楽銭を計算上残しながら、実物の通用を全面的に停止し、銭はすべて一枚一文通用とした。両年の法令は、直接には関東の幕領を対象にした撰銭令の一種と考えられるが、通貨の整備という観点からすれば次の点で重要であった。

第一に、永楽銭の通用停止によって京銭(25)＝鐚銭による銭貨の統合がはかられたことである。東国において一枚四文以上で流通した永楽銭は、幕府が全国政権として確立していく過程でいずれ克服されなければならない存在であった。とくに銭は交通路における支払手段として重要な役割を果たしており(26)、街道筋の宿駅整備を急ぐ幕府にとって東国のみを特別扱いすることはできなかったと考えられる。これに代わった京銭とは、京都を中心として通用した旧来の精銭を指す。単一の銭種で構成されているわけではなかったから、京銭という範疇による銭貨の統合であったと言い換えることもできよう。京銭は、こののち幕領の年貢勘定目録に基準貨幣として登場しているし(27)、交通路など全国で通用する銭貨として定着していった。

第二に、相場の公定がこれまで階層的・地域的偏差を内包してきた三貨の流通を統合したことである。すでに信長段階とは異なり、金座・銀座において鋳造された量や質に規格をもった金銀貨が出回っていたから、比価は安定化へと向かいつつあったし、幕府によるその決定は動かしがたい全国的な基準となった。街道筋における銭価についても、幕府は金一分＝銭一貫文の公定相場が普遍的に通用することをめざした。京都の記録からみる限り、銀銭相場もこの時期に一応の安定を示したが(28)、通貨量の把握や統制を幕府が行使しうる段階ではなかったから、実勢相場が大きく変動する可能性も残っていた。

銭の通貨的整備の最終段階は寛永通宝の発行であったが、これも街道筋における公定相場の維持という問題と深く関わっていた。京銭は旧来の中国古銭（宋銭）およびその模鋳銭で構成されており、しかも銭の供給手段を幕府がもちえなかったことによって、銭流通は質・量の両面にわたって不安定な要素をかかえていた。元和二年（一六一六）以降、幕府は江戸・上方間で撰銭令を頻発して安定につとめたが、寛永年間にかけては銭の海外流出が続いており、寛永十年（一六三三）頃からは銭相場の上昇、街道筋における銭不足が深刻化していた。寛永通宝は、この事態を打開するため発行されたのであった(29)。

寛永十三年五月、幕府は手持ちの古銭を東海道、美濃路と中山道の一部の宿場に配布して急場を凌ぎ、江戸・近江坂本で新銭鋳造を始め、ついで大坂と京都建仁寺に鋳造所の増設を進めた。十一月には仙台・水戸など八か所の大名に鋳造所の増設を命じ、全国的な増産体制を敷いて、翌年には銅輸出を停止して原料銅の確保につとめた。その結果、銭不足は解消されたが、寛永十七年頃から逆に過剰生産による銭相場の下落が顕著となり、年末にはまず大名領内の鋳造所が、翌年末には江戸以下四か所の銭座も停止された。銭座の経営破綻や、寛永飢饉の到来とともに街道筋の困窮が目立つようになって、第一次鋳造は終焉を迎えた。このように寛永通宝の発行はいったん失敗したかにみえたが、その後の相場調節を経て街道筋に行きわたった。全国的な普及には寛文年間（一六六一～七三）の文銭の鋳造発行までなお時間を要したが、幕府は、第一次鋳造と寛永飢饉の過程を経て通貨調節の手法を体得していったかにみえる。

(3) 通貨の法制

通貨の整備は、貨幣偽造の防止や違反者への罰則など法制度の面でも進んだ。慶長十四年五月三日に大久保長安・村越直吉・成瀬正次・安藤直次・本多正純の連署書状をもって「諸国銀子灰吹并筋金吹分」を禁止することを命じたが、その理由は「灰吹或筋金吹分候とてつくり銀を致候により」というように、精錬を装った金銀貨の偽造を防止するためであった[30]。さらに同年七月二十五日には村越・成瀬・大久保・本多の連署書状をもって「あな田はいふき銀、其外にせはいふき」を厳禁する旨を伝えている[31]。「あな田はいふき銀」はおそらく質の劣る銀であったと思われる。連署者はいずれも駿府の奉行衆であり、この時期の貨幣や鉱山に関する事項が大御所家康の権限下にあったことがわかる。これらの命令は、貨幣偽造の禁止とともに、公納分の抜け売りを防ぎ、灰吹銀や筋金を銀座・金座が独占的に地金として確保することを保障したものであろう。『当代記』からは、慶長十二年頃から銀輸出を丁銀に限り、良質の灰吹銀の輸出を禁止する姿勢がうかがえるが、これも地金流出を懸念したものと思われ、元和二年頃には輸出銀取締のため長崎に銀座が設けられた。元和期の京都でも灰吹銀による取引が規制され、商人には灰吹銀を入手しだい銀座で交換することが命じられた[32]。

金銀の偽造は近世初頭から死に値する重罪であった。『板倉政要』には、盗人の箇条に「権言似物似金銀致候者、同可及殺害候」とあって、権言・似物と並列される詐取の一種としてみていたらしい。実際の処罰例では、慶安四年（一六五一）に京都でにせ銀の者が磔《はりつけ》、寛文九年（一六六九）の大坂で悪銀遣いの者四人が磔、二人が斬罪とあるのが早い例である(33)。一七世紀中頃にはすでに最高刑である磔が確定していたが、備前池田家では明暦元年（一六五五）の銀貨偽造の一件書類をキリシタン改めの帳箱に入れて横目が預かったという(34)。また私鋳銭は寛永通宝の発行を契機として取締がおこなわれるようになり、鋳造停止後の寛永二十年には密造禁止の法令が改めて全国に伝達された。この取締によって京都では正保二年（一六四五）七月ににせ銭の者一二人が死罪となっている。これらの例からみて三貨の偽造は一七世紀中頃には国家的犯罪と認識されており、前述の偽造対策とともに幕府の意向は大名領にまで浸透していったのである。

四　武家の国家の貨幣体系

(1)〝公儀〟の貨幣への道

三貨はいかにして武家の国家の貨幣となったのか。機能面における〝公儀〟性については前節までに指摘したので、ここでは具体的な政治過程との関連で検討しておこう。

豊臣秀吉は天正十六年（一五八八）から後藤徳乗に命じて大判を作らせ、また時期は不明ながら常是吹の銀を公認して、彼らから運上を徴収した。これらの金銀は秀吉の〝公儀〟の貨幣であったと理解できよう。慶長五年（一六〇〇）関ケ原戦後の徳川家康はいったん大坂城に入り、翌年伏見城に移ったあと同地に銀座を設けた。伏見城は天下人家康の居城となり、銀座は家康の〝公儀〟の膝下に開設されたのである。家康は、自らが中核的な位置にあった豊臣政権の〝公儀〟から抜け出ることによって、その実行力を骨抜きにしたといわれているが(35)、銀座の開設はまさにこの過程に対応している。鋳造された慶長銀も、菊一文字・夷一文字・大黒極印のなかから家康の上意によって大黒常是を吹き手とすることが決まったのであり(36)、秀吉時代の常是吹銀をそのまま踏襲したわけではなかった。慶長十二年に家康は駿府に城を築き居所を移すが、伏見城からは大量の金銀が駿府に送られ、伏見の銀座も翌年に京都に移った。駿府の銀座は慶長十一年に屋敷割りをうけて開設され、さらに同十七年に江戸に移転している。銀座の変転は、〝公儀〟の所在地や覇権の確立過程に応じていた。

いっぽう関ケ原戦後の大判製造は、豊臣との旧縁によった後藤徳乗・栄乗（本家、四郎兵衛家）と、家康に抱えられた勘兵衛家の長乗との両方でおこなわれた。[37] この体制は大坂の陣まで継続したが、陣後に長乗の取りなしで徳乗・栄乗らの徳川氏への出仕が認められた。このように大判鋳造をめぐっては、関ケ原後も豊臣氏の〝公儀〟が命脈を保っており、陣後に再統合がはかられたことが読みとれる。

これに対し慶長小判は、徳川氏の領国貨幣であった武蔵墨書小判に淵源をもつ。後藤光次は家康の招きをうけて京都から江戸に下り、文禄四年（一五九五）頃から小判の鋳造を始めたが、形態は大判を小型にしたような墨書の小判であって注文生産の域を出なかった。おそらく用途も大判に準じたものであったと思われる。これに対し慶長小判は、打刻印を備えた大量生産向きであり、一分判とともに慶長六年頃から後藤支配下の小判師たちによって製造された。江戸小判とよばれたように鋳造の中心は江戸であったが、一部は京都の金座でも製造されたという。[38] このように慶長小判・一分判は元来徳川氏の貨幣という性格が強く、幕府にとっては第一の通貨として重用された。

(2) 領国貨幣との並立

以上のように、金銀貨は機能や出自の違いをはらみつつ〝公儀〟の貨幣として定着した。だが、一七世紀前半においては大名の貨幣鋳造を〝公儀〟は排除しておらず、領国貨幣と総称される大名領内通用の金銀貨や、一部の大名による銭の鋳造も寛永通宝発行まで続いていた。このような並立状態は、いかなる理由によって可能だったのか。

幕府は、寛永十二年（一六三五）六月末に諸大名の財政支出がどのような貨幣（米を含む）によって賄われているかを調査した[39]。老中酒井忠勝より各大名の家老の出頭が命じられ、実情が聴取され、伊奈忠治・曾根吉次・杉田忠次ら勘定方役人立会のもと記録が作成された。調査対象は大名の財政に限られてはいるが、おそらく全国におよぶ貨幣の使用状況が把握されたことは間違いない。毛利家の家老井原弾正は、国元においては丁銀遣いを基本とし、小遣いには灰吹銀に替えて遣っていると回答しているが、「いかにもあしき国並之銭」も遣っていると述べている。へりくだった言い方であるが、これは幕府が指定した京銭より質的にはるかに劣る銭を領国限りで使用しているという意味であり、京銭と毛利の銭との優劣を幕藩間の上下関係に重ねて認識していたと考えられる。京銭は〝公儀〟の精銭として全国の街道筋で使用されても、毛利の銭は領内限りの悪銭にすぎなかった。おそらく灰吹銀などの領国貨幣についても、同様に位置づけられただろう。常是極印をもつ慶長銀を〝公儀〟の権威を背景にした正規の貨幣とするいっぽうで、品位は高くとも私的な極印しかもたない灰吹銀は、通用範囲も限られた粗雑な地金と見なされた。領国貨幣を許容したのはこのような幕藩間の政治的関係と対応した貨幣認識であり、前述の並立状態は大名の権力を内包した武家の国家の構造を反映していた。

だがこの調査は、翌年の寛永通宝の発行に結びついたであろう。銭不足のなか、「いかにもあしき」銭の鋳造は幕府の京銭流通にとって支障となることは明らかであった[40]。銭の統一を急ぐ幕府は、大名領に対しても寛永通宝の強制使用や私鋳禁止を命じ、新銭の輸出は認めなかった。日本独自の銭文をもつ寛永通宝はあくまで国内通用の銭であり、旧来の中国銭を凌駕する壮大な計画の背景には国家意識が存在した。寛永通宝の発行は、「取天朝銅銭、行用於市[41]」と評された中国銭への依存状態から決別し、銭貨における独立を内外に知らせるものであった。

(3) 対外関係と日本の貨幣

このように近世の貨幣制度の成立は、中華帝国に対する日本の国家意識の形成と深く結びついていたが、対外関係において重要な役割を果たしたのは、儀礼の銀であり、貿易銀であった。

朝鮮使節に対する将軍以下の賜銀は初回の慶長十二年度から始まり、元和三年度に大幅に増額され、その後若干増加して寛永十三年度からほぼ定式化した。使節のうち下官には銅銭を贈るのを例としていたが、寛永十三年度以降は他と同様に銀に替えた。将軍下賜分の貨幣総額を比較すると、慶長十二年：銀一二〇〇枚と銭五〇〇貫文、元和三年：銀二五〇〇枚と銭一〇〇〇貫文、寛永元年：銀二四五〇枚と銭一〇〇〇貫文、同十三年：銀三五五〇枚となる。[42]けっして朝鮮国王への儀礼ではなく、使節への賜銀であったが、彼らはしばしばその受け取りを拒んだ。朝鮮側の拒絶の理由は明確ではないが、日本側はおそらく将軍の権威化や朝鮮を低位にみる華夷意識が底流にあって多額の銀を贈ったに違いない。このような国家意識に支えられて、外交儀礼における銀使用は定着していった。

いっぽう銀は、生糸貿易における最大の輸出品であった。とくに純良な灰吹銀が好んで輸出されたが、銀の品位八〇パーセントの慶長丁銀が出回るようになると、海外商人はそれを灰吹銀に吹き替えて輸出した。質の劣る丁銀は海外市場で不評であったからである。『当代記』によれば、家康は慶長十二年閏四月あるいは同十四年九月に、海外商人に対して丁銀のまま受け取るよう命じたが、これについては、ポルトガル商人に対抗しつつ、家康自らの利益と糸割符による輸入生糸の統制をめざした貿易政策との連関が指摘されている。[43]実際は、これ以後も丁銀を灰吹銀に引き替えて輸出されたが、[44]丁銀輸出の強制はむしろ輸出銀統制の面から評価できよう。

中世末以来、西日本は銀と銭の二貨制であり、銭の実態は中国銭やその模鋳銭であったから、西日本は東アジアの通貨圏に直結していた。この地の諸大名が海外貿易を柱に独自の経済圏を確保する可能性をはらんでいたことについてはすでに指摘があるが[45]、幕府は灰吹銀の統制と丁銀を貿易銀とすることによって大名による自由な灰吹銀調達の道を閉ざしたというべきであろう。この時期の貿易が、利潤追求のみならず軍事品調達を目的としたことからすれば、幕藩間に矛盾をかかえたまま幕府による貿易独占が進みつつあった。金貨を主要な通貨とする東日本の政権による全国統一は、貿易銀に対する統制を強めて西日本の諸大名を貿易から遠ざけ、貨幣においても内外の通貨圏の遮断に成功した。「鎖国」の貨幣的内実はこうして形成され、〝公儀〟の武威に守られた金銀豊かな国という幻想が肥大化していった。

（1）　永楽通宝の東国集中とその超精銭化については鈴木公雄『出土銭貨の研究』（東京大学出版会、一九九九年）、洪武通宝については櫻木晋一「九州地域における中・近世の銭貨流通」（『九州文化史研究所紀要』三六、一九九一年）、同『貨幣考古学序説』（慶應義塾大学出版会、二〇〇九年）参照。

（2）　包括的な論考として、大野瑞男「幕藩制的市場構造論」（歴史学研究会・日本史研究会編『講座日本歴史　5近世1』東京大学出版会、一九八五年。のち大野『江戸幕府財政史論』吉川弘文館、一九九六年に収録）、岩橋勝「徳川経済の制度的枠組」（『日本経済史1　経済社会の成立』岩波書店、一九八八年）参照。

（3）　誤解のないようにいえば、筆者は貨幣の経済的機能をけっして軽視しているわけではない。貨幣の形態や機能は絶えず進化するものと考えており、江戸時代を通じた経済的機能の深まりをたどることは本章の範囲を超えると考えるにすぎない。なお中期以降の金銀貨の経済的機能の深化については、本書第五章において論じたので参照願いたい。また岩橋勝「近世三貨制度の成立と崩壊　―銀目空位化への道―」（『松山大学論集』一一―四、一九九九年）は、通貨面から中世末〜幕末開港期を見通している。

（4）　領国貨幣については、小葉田淳『日本の貨幣』（至文堂、一九五八年）、伊東多三郎「近世初期の貨幣問題管見」（『国民生活史研究2』吉川弘文館、一九五九年。のち伊東『近世史の研究』第五冊、吉川弘文館、一九八四年に収録）、渡辺信夫『幕藩制確立期の商品流通』第五章「確立期藩経済と領国貨幣」（柏書房、一九六六年）、榎本宗次「近世前期における領国貨幣について」（文部省史料館『史料館研究紀要』一、一九六八年。のち榎本『近世領国貨幣研究序説』東洋書院、一九七七年に収録）が包括的に述べている。また毛利氏・細川氏の鋳銭については、伊東多三郎「長州藩成立期の鉱山と貨幣」「細川小倉藩の鉱山と貨幣」（それぞれ森博士還暦記念会編『対外関係と社会経済』塙書房、一九六八年／『日本歴史』二四七、一九六八年。のちいずれも前掲『近世史の研究』第五冊に収録）が詳しい。

（5）筆者の立場とは異なるが、通貨の面から中・近世の連続性を重視しつつ三貨制度の成立を見通した論考に、西川裕一「江戸期三貨制度の萌芽　―中世から近世への貨幣経済の連続性―」（『金融研究』一八-四、一九九九年）がある。

（6）小葉田淳『日本貨幣流通史』（刀江書院、一九三〇年）。

（7）『続群書類従』二四輯下。

（8）これまで天正大判の初見は天正十六年といわれてきたが、川戸貴史「一六世紀後半京都における貨幣の使用状況　―『兼見卿記』の分析から―」（『東京大学史料編纂所研究紀要』二〇、二〇一〇年）が、『兼見卿記』天正十五年二月二十二日条を引いて天正大判の初見ではないかと指摘している。なお永井久美男・橋本久「兵庫県宝塚市安倉出土の金銀貨」（『近世の出土銭Ⅱ』兵庫埋蔵銭調査会、一九九八年）によると、兵庫県川辺郡小浜村（現、宝塚市）で明治四十四年（一九一一）に発見された天正菱大判には「天正十四」の墨書があったというが、現物の所在は不明である。

（9）西川裕一「江戸期秤量銀貨の使用状況　―重量ならびに小極印からみた若干の考察―」（日本銀行金融研究所『Discussion Paper』2000-J-24、二〇〇〇年）参照。同論文によれば、日本銀行所蔵の慶長丁銀の平均重量は一六六グラム、最大二二九グラム、最小一〇二グラムで、二四点中九点が一五〇～一七五グラムに分布している。

（10）幕府は享保七年（一七二二）三月に「被下献上御礼物員数減少之覚大概」（『御触書寛保集成』二九三一号）を出して礼物高の大幅な減少をはかったが、その箇条に「香奠被下候儀、右白銀減少之員数たるへき事」とあり、香奠に銀を贈ることを前提にした文言がみられる。

（11）『伊勢兵庫守貞宗記』（『続群書類従』二四輯上）。

（12）『光豊公記』。

（13）『光豊公記』。

（14）以下、朝鮮使節の記録はすべて『海行摠載』（朝鮮群書大系）所収史料による。

（15）西脇康「大判座・金座の組織とその金貨」（『出土銭貨』一〇、一九九八年）によれば、禁裏への献上は、大判の大きさにくりぬいた下水板に吉野紙を敷き芳礼綿を詰めて、そこに大判をはめ込み桐箱入りで献上された。将軍へは、両足付献上台の内にくりぬいた下水板を敷き、裸のままの大判をはめ込んだ。大判の裏には名札を貼り、「進上」と名義を墨書した下札を台に付けた。

（16）『続群書類従』二四輯上。

（17）『貞丈雑記』には「古は金子なし鳥目斗有し也、それ故たゞ何疋と斗書付て別に鳥目をば遣しける也、今の金子の折紙も千疋万疋など、書て金子をば別に包て遣す事よろしかるべし」とある。金子折紙も銭の贈答様式を模倣して丁重さを増していったようだ。

（18）〝公儀〟の意味やその変遷については、藤井讓治「一七世紀の日本　―武家の国家の形成―」（『岩波講座日本通史第12巻近世2』岩波書店、一九九四年）が具体的政治過程との関連で詳しく明らかにしている。のち藤井『幕藩領主の権力構造』（岩波書店、二〇〇二年）に改稿のうえ収録。

（19）武家の官位拝領にともなう将軍（天下人）や朝廷・公家に対する御礼もここに含めることができよう。下村效「豊臣氏官位制度の成立と発展」（『日本史研究』三七七、一九九四年）によれば、豊臣期にはすでに献上金銀の相場があったようで、深谷克己「領主権力と武家官位」（深谷克己・加藤榮一編『講座日本近世史1　幕藩国家の成立』有斐閣、一九八一年）や藤田覚「武家官位の「価格」」（『近世政治史と天皇』吉川弘文館、一九九九年）によって、その定式化の方向を知ることができる。

（20）朝尾直弘「鎖国制の成立」（『講座日本史4』東京大学出版会、一九七〇年）。のち朝尾『将軍権力の創出』（岩波書店、一九九五年）、『朝尾直弘著作集　第三巻　将軍権力の創出』（岩波書店、二〇〇四年）に再録。同法令の評価については、藤井讓治の検討によって、江戸時代以降の三貨制の先がけと位置づけるについては慎重であるべきだという批判が出された。藤井「織田信長の撰銭令とその歴史的位置」（『日本史研究』六一四、二〇一三年）によれば、信長は米による取引を禁じるいっぽう、高額取引では金銀と善銭の使用を許し、金銀と銭の比価が定めたが、これは金銀での取引の代替処置であり、近世の三貨制度の端緒と単線的には位置づけえないとした。

（21）足立啓二「中国から見た日本貨幣史の二・三の問題」（『新しい歴史学のために』二〇三、一九九一年。のち『明清中国の経済構造』汲古書院、二〇一二年に再録)。

(22) 浦長瀬隆「一六世紀後半西日本における貨幣流通」(『ヒストリア』一〇六、一九八五年)。のち浦長瀬『中近世日本貨幣流通史―取引手段の変化と要因―』(勁草書房、二〇〇一年)に改稿のうえ収録。

(23) 黒田明伸「一六・一七世紀環シナ海経済と銭貨流通」(『歴史学研究』七一一、一九九八年)。のち歴史学研究会編『越境する貨幣』(青木書店、一九九九年)、黒田『貨幣システムの世界史』(岩波書店、二〇〇三年)に再録。

(24) 小葉田前掲『日本の貨幣』。ただし典拠としてきた後藤庄三郎の由緒書には疑問が出されており、製造開始年次についてはなお検討を要する。この点については、中田易直「後藤庄三郎の出自について」(『中央大学文学部紀要』一〇〇、一九八一年)、藤井讓二「近世貨幣論」(『岩波講座日本歴史　第11巻近世2』岩波書店、二〇一四年)参照。

(25) ここでいう京銭〔きょうせん〕は、室町末期の京銭〔きんせんヵ〕とは異なる。小葉田淳は「幕府が慶長十三年永楽銭通用(一貫鐚四貫文としての)を廃止し、全面的使用を令した鐚に当り、上方にては当時上銭と称された古銭を主体となすものに他ならぬ」(『改訂増補　日本貨幣流通史』刀江書院、一九四三年)、「京銭とよばれた畿内及び西日本の基準銭」(「領国武田氏の幣制と家康の幣制の確立」『歴史教育』一三―一〇、一九六五年)と定義し、伊東多三郎も「京銭(上方で多く鋳造され流通した銭の総称)」(「水戸藩成立期の鉱山と貨幣」『歴史教育』一三―一〇、一九六五年、のち前掲『近世史の研究』第五冊に再録)と記している。「上方で多く鋳造され」たとの部分が注目されるが、鋳造地の指摘はない。ここでも、京都を中心とする上方で流通した比較的良質の銭を指し、おもに宋銭銘をもった銭の総体を示す用語として使用する。一つの銭名ではなく、範疇をあらわす言葉である。ただし、小葉田が「東国で京銭とよばれたのは、ビタのことである」(「通貨と量・権衡について」、京都大学近世物価史研究会編『一五～一七世紀における物価変動の研究』読史会、一九六二年)と記したように、京銭は上方以外での呼び名であった。京銭の読みについては確定できないが、寛永十年四月晦日付伊達政宗紀伊あて判物写に「上のきやうせん五百弐拾文あけ為参候」とあり(『仙台市史資料編13　伊達政宗文書4』三二六六号)、「きやうせん」に京銭の字をあてた校訂者の意見に賛同したい。

ところで「京銭＝鐚銭による銭貨の統合」という筆者の主張に対し、藤田五郎が最初に京銭・鐚銭による銭貨統一を主張したのではないかという質問をうけたことがあるので、両者の見解の違いを含め補足しておく。京銭＝鐚銭が標準となったという点では、小葉田前掲『日本貨幣流通史』の改訂増補版が実質的に早いと判断しているが、藤田が京銭・

鐚銭による銭貨統一を強調したことは事実である。それには理由がある。藤田『封建社会の展開過程―日本における豪農の史的構造―』(有斐閣、一九五二年初版、のち『藤田五郎著作集 第四巻』御茶の水書房、一九七一年に再録)は、副題にあるように変革主体としての豪農の成立・展開過程を述べたもので、第一章「土一揆と百姓一揆」で政治過程、第三章「質物奉公と年季奉公」で生産過程を扱うとともに、第二章「撰銭禁制と貨幣改悪」で流通過程として中近世(一六・一七世紀)の貨幣の問題を対比的に論じている。戦国期の撰銭禁制が古銭＝善銭を基準銭として旧来の「領主的貨幣経済」を維持しようという立場を示すのに対し、江戸幕府による銅銭統一は悪銭範疇に属する鐚銭＝京銭を基準銭とすることによって「農民的貨幣経済」の進展に対応し、その基礎を生みだしたと説く。これを悪貨流通法則の実現過程の一段階ととらえ、さらに一七世紀末に始まる金銀貨の改悪(元禄・宝永改鋳)まで見通した大きな歴史的流れを扱ったものとなっている。当時成長しつつある直接生産者＝「小ブルジョア的小商品生産者」は商品生産において常に貨幣不足に悩んでおり、これを満足させるだけの豊富な通貨の供給が必要であった、という論理が背景にあった。したがって藤田においては、「農民的貨幣経済」に対応した貨幣的基礎として、悪銭範疇による銅銭統一が論理的に要請されていた、とみることができる。いっぽうで鐚銭＝京銭の実態についての関心は薄く、寛永通宝もその後継として悪銭範疇に位置づけ、さらに最優良銭として名高い文銭においてすら「寛文頃にいたってようやくこの善銭の悪銭なみの流通も完成し」と、論理的に苦しい叙述となっている。その後の研究水準からみて、寛永期において「農民的貨幣経済」の進展をうんぬんするのは無理があり、寛永通宝を悪銭と規定するのも実態面から問題があるだろう。

これに対し著者のいう鐚銭＝京銭は、比較的良質な銭貨を指しており、悪銭範疇に入るものではない。すでに大名領で鋳造され流通していた「国銭」を凌駕するような質をそなえた鐚銭＝京銭が幕府によって指定され、けっして他者を排除することなく、政治的関係を基礎にして京銭が国銭に優位する体制が、鐚銭＝京銭による銭貨統合であったと位置づけることができる。この段階は、民間鋳造の良質の銭貨が幕府によって指定され、それが全国的に通用することが期待されても、大名独自の銭の鋳造や流通が許容されたのに対し、それら既存の銭を排除し統一をめざした寛永通宝の発行・普及とは、はっきりと段階を異にしている。

(26) 銭の交通上の機能と幕府の銭貨政策の展開については、本書第七章で論じた。なお、寛永元年度朝鮮使節の副使として来日した姜弘重は、「出入之際、無調発人馬之事、至如舎館飲食乗轎、凡百所需、皆有定価、一人一站之価銅銭五十、一馬之価三十、一器飯直一銭（以下略）」と書き残している。「出入」とは将軍や大名の街道通行を指すと思われるが、その際に人馬の強制的な徴発ではなく、貨幣支払いによって実現している日本的方式を評価しているようだ。こうして幕府が推進した宿駅人馬制度は定着したが、その整備過程を通じて、街道筋は銭を不可欠の支払手段とする貨幣経済にいち早く巻き込まれた。

(27) 大野瑞男「江戸幕府直轄領の性格」（田中健夫編『前近代の日本と東アジア』吉川弘文館、一九九五年、のち前掲『江戸幕府財政史論』に収録）の元和・寛永期の秋鹿家（遠江中泉代官）年貢勘定目録の分析によれば、小物成《こものなり》の野銭は京銭建てで、それを金一両＝京銭四貫文で小判に換算してある。

(28) 岩橋勝「江戸期貨幣制度のダイナミズム」（『金融研究』一七―二、一九九八年）。

(29) 詳しくは本書第九章で論じたので参照願いたい。

(30) 現存するのは佐竹義重（佐竹文書）・直江兼続（上杉編年文書）と幕府代官小堀政一（佐治重賢氏所蔵文書）にあてた計三通で、別に加賀前田家がこれをうけて同年六月二十六日に金沢町に出した法度がある（『加賀藩史料』第二編）。全国法令とはいえ、おそらく金銀鉱山の所在地の大名・代官を対象に個別に書状をもって禁止の旨を伝達したのであろう。

(31) 千村文書。このほかに加賀前田家がこれをうけて出した八月十四日付の法令がある（『加賀藩史料』第二編）。「はいぶきあなた」については、京都においても慶長十六年四月二十二日の取引禁止令がある（『京都町触集成』別巻二、二六九号）。

(32) 『京都町触集成』別巻二、二九七号。

(33) 以下、京都の処罰例は猪熊兼繁「板倉籠屋証文(二)」（『法学論叢』六七―三、一九六〇年）、大坂は『古記録』（内閣文庫所蔵）による。

(34) 岡山大学附属図書館所蔵池田家文庫『御納戸大帳』。本書では備作史料研究会（一九八四年）による翻刻本によった。

(35) 藤井前掲「一七世紀の日本」。

(36) 田谷博吉『近世銀座の研究』（吉川弘文館、一九六三年）。

(37) この時期の大判鋳造や両者の関係については、小葉田前掲『日本の貨幣』が詳しく明らかにしている。

(38) 小葉田前掲『日本の貨幣』。なお公家山科言緒は慶長十六年十一月に江戸より帰洛したが、母への土産として小袖・小刀・けぬきのほかに小判一つを贈っている（『大日本古記録　言緒卿記』）。江戸小判はまだ京で珍しい存在であったと思われる。したがって慶長五年から京都においても小判を拵えたという金座の由緒には、時期的な修正が必要かもしれない。桐山浩一「文禄・慶長期京都における金の貨幣的地位」（『出土銭貨』三二、二〇一三年）によれば、慶長期にはその流通がほとんど確認できない。

(39) 山口県文書館所蔵毛利家文庫『公儀所日乗』。

(40) 江戸初期の俳諧書『毛吹草』の産物の項は、寛永通宝発行直前の状況を反映していると考えられるが、ここには、長門の銭に「参宮道者用之」の注記があり、領外へも流出していたことがうかがえる。

(41) 慶長十二年度副使慶暹『海槎録』。

(42)『羅山先生文集』『海行摠載』所収史料、および仲尾宏「慶長度朝鮮通信使と国交回復」（『大系朝鮮通信使』第一巻、明石書店、一九九六年）による。

(43) 林基「糸割符の展開　―鎖国と商業資本―」（『歴史学研究』一二六、一九四七年）。

(44) オランダが一六三〇年代半ばまで丁銀を灰吹銀に替えていた事実は、加藤榮一「元和・寛永期に於ける日蘭貿易　―鎖国形成期における貿易銀をめぐって―」（北島正元編『幕藩制国家成立過程の研究』吉川弘文館、一九七八年、その内容は加藤『幕藩制国家の形成と外国貿易』校倉書房、一九九三年に改稿のうえ収録）参照。

(45) 朝尾直弘「上方からみた元和・寛永期の細川藩」（大阪歴史学会編『幕藩体制確立期の諸問題』吉川弘文館、一九六三年）。のち『朝尾直弘著作集　第二巻　畿内からみた幕藩制社会』（岩波書店、二〇〇四年）に再録。

第二章　貨幣の地域性と近世的統合

はじめに

本章では、近世初期において地域性をもった諸貨幣が徳川幕府によっていかに統合されたか、その過程と統合の特質について検討する。

近年、おもに中世史研究の側から、中近世移行期における銭貨流通の地域性、撰銭令発布の背景や影響、米の貨幣的使用、金銀の貨幣的普及についての分析が進んできた。背景には考古学による出土銭貨研究の進展があり、この時期の遺構調査や成果発表が着実に重ねられ、文献と遺物の両面から当該期の貨幣史を具体的なレベルで検討できるようになった。

右の研究動向は、地域性という点に限れば、かつて小葉田淳・伊東多三郎・榎本宗次らがまとめた一七世紀における領国貨幣研究の成果(1)に連結していく感があるが、いっぽうで三貨制度（体制）と称される近世幣制の統合の実態や意味を改めて問い直す糸口になると思われる。これまでの近世貨幣史は、幕府の盛衰に対応した段階的理解が一般的であった。一七世紀に限れば、徳川政権の成立とともに金銀貨が定められ、やや遅れて寛永通宝の発行によって銭貨も統一され、三貨が全国的に普及していく過程として描かれてきた。こうした三貨の普及は長期的な過程としては首肯できるが、近世初期においては、貨幣発行を幕府が独占し強制力を行使しえたと見なすことに無理がある。はたして近世的な貨幣の統合はどのように達成され、後代とはいかに相違していたのか。もう一度、当該期の国内の政治・経済状況のなかに貨幣を位置づけてみたい。

こうした列島内部で進行した貨幣の統合とよばれる事象は、いっぽうで秤量銀貨と模鋳を含む中国宋銭を主体とした当時の東アジア通貨圏からの離脱を意味した。(2) 言い換えれば、貨幣における「鎖国」の進行であり、国家的な独立である。こうした対外的視点を排除して国内的な貨幣の統合を描くことは、不十分であろう。本章では、かかる視点をもう一つの柱として右の課題に迫りたい。

なお分析は、これまで研究が手薄な銭貨に重点を置く。金銀貨に比べてやや複雑で動態的な統合への道が提示できればと思う。

一　幕府の貨幣と領国の金銀

徳川家康による金座・銀座の指定と金銀貨（慶長金銀）の鋳造開始は、実質的な公鋳貨の発行にほかならなかった。(3) 両座は徳川氏（幕府）の金銀貨を鋳造するという御用を果たしつつ、市中に流通する山出しの灰吹銀や筋金を買い上げて金銀貨を鋳造し販売する独自の営業を保障されていた。一七世紀半ば以降に金銀の産出量が減退すると、幕府の公納地金による鋳造に依拠せざるをえなくなるが、両座が継続的に金銀貨を鋳造したことによって、一七世紀末には両座の金銀が全国に流通した。(4)

通貨の整備は法制度の裏付けをもって進んだ。慶長十四年五月三日の大久保長安ほか駿府奉行衆の連署状では、金銀山を領内にかかえた大名・代官あてに、銀子の灰吹や筋金の吹き分けを禁じた。精錬を装った金銀貨の偽造を防止するとともに、公納地金の抜け売りを防ぎ、金座・銀座が独占的に地金を確保することを狙ったものと思われる。また金銀貨の偽造は近世初頭から死に値する重罪であり、処刑例をみても一七世紀中頃にはすでに最高刑である磔が確定していた。後述するように、銭貨についても寛永通宝鋳造後の寛永二十年（一六四三）に私鋳や密造を禁止する全国法令が出された。こうして貨幣の偽造は、一七世紀中頃にはキリシタンと並ぶ国家的犯罪と認識され、幕府の意向が大名領にまで浸透していった。

いっぽう貿易において、銀は最大の輸出品であったが、慶長期から輸出を丁銀だけに限り、良質な灰吹銀の輸出を禁ずる姿勢を家康は示していた(5)。元和二年（一六一六）頃には輸出銀取締のため長崎に銀座が設置された(6)。品位八〇％の慶長丁銀は当時の東アジアの貿易銀からみれば劣位であり、輸出には純良な灰吹銀が好まれたため、海外商人は丁銀をそのまま受け取るように命じられても、国内で灰吹銀に替えて輸出したし(7)、朱印船時代の日本人も輸出先で丁銀を精錬し直して現地で使用した(8)。幕府が灰吹銀を統制して貿易銀を丁銀に限ったことは、大名による自由な灰吹銀調達の道を閉ざし、自らがめざす貿易独占を強化する目的があったろう。

ところで近世初期の大名領では、領内の金銀山を開発し、その産金銀を一定の品位に仕上げ、極印を打って領内通用の貨幣とすることがみられた。極印のない灰吹銀もしばしば使われた。こうした領国貨幣とくに領国銀の存在については、これまでの研究によって詳細に知られている。ここでは本章の課題に沿って、これら領国銀を幕府・銀座との関係において位置づけておこう。

榎本宗次は、寛文八年（一六六八）の京都銀座狩野七郎右衛門の書上、元禄～享保期のものと推定される『銀座書留』所収の「諸国灰吹位付」、明和八年（一七七一）「諸国灰吹銀寄」に記された各種の銀を国別に一覧化し、津軽や加賀を例に総括している(9)。さまざまな山出しの灰吹銀が少数の領国貨幣に淘汰され、領内通用ばかりでなく、幕府貨幣の取得のため江戸に現送されたり領内で交換され、また加賀の「取込銀」の名称が示すように、場合によっては領国の枠を超えて流通した。しかし鉱山産出量の減少、幕府貨幣（丁銀や寛永通宝）との交換やその普及によって、一七世紀中頃から末にかけて廃止されていった。

榎本が提示した三つの書物はいずれも銀座が編集したものであり、各種の銀を丁銀鋳造の地金として評価したものである点に注目したい。たとえば寛文の狩野書上において、加賀国では次のような記述がある[10]。

一朱染紙灰吹百目に付此銅八匁、丁銀合百八匁

右之朱染紙灰吹者、北国筋より参候灰吹を朱染紙灰吹に吹直し、遣銀に成申候

朱染紙灰吹は加賀前田家の「遣銀」すなわち領国貨幣であり、北国筋から来る灰吹銀を仕入れ、一定品位の朱染紙灰吹に鋳造し直していた。これに銀座では「此銅」すなわち差銅八匁を加えて丁銀に吹きたてる。銀の品位は、おそらく北国筋の産銀が最も高く、ついで朱染紙灰吹、幕府丁銀の順となる。狩野書上には、いずれの領国銀にもこうした「此銅」＝差銅の記載があり、銀座が銀地金として領国銀をみていたことは明らかである。同様に「諸国灰吹位付」や「諸国灰吹銀寄」にも領国銀の評価はあるが、いずれも差銅高ではなく、「何割(歩)入」「釣替」「何割(歩)引」といった慶長銀との比較値で示されている。この双替《そうがえ》とよばれる評価法は、最良の上銀を一割入と称して重量比一・一倍の慶長銀と交換するやり方で、等倍を「釣替」、それ以上を「入」、以下を「引」で表示した。両書の場合、狩野書上よりかなり低品位の銀まで記載されており、時期が下がるほど種類も多い。最低値を示せば、「諸国灰吹位付」で越後高田の定丸在所の三割三歩引、「諸国灰吹銀寄」では因幡の鯨壱町目の六〜七割引が載せられている。慶長銀から元文銀にいたる何度かの改鋳によって通用銀の品位が下がったために、銀座が低品位のものまで買い上げるようになったと考えられる。

以上から、領国銀はすべて丁銀との関係で位付けられていたことがわかる。地金の評価は、客観的な品位ではなく、慶長銀との関係で数値化され、鋳造費を見込んだ銀座に有利なものとなっている。こうした丁銀中心の関係のなかには、まさに幕・藩関係が反映されている。丁銀は幕府が公許した銀座が権威をもって鋳造した全国的通貨であるのに対し、領国銀はあくまで領内通用の貨幣であって、高品位であっても領外では地金にすぎない。

銀が中央都市で需要され、領国銀から丁銀が鋳造されるという不可逆的な関係によって、銀貨の統一は完成へと向かい達成された。しかし注意を要するのは、銀座は採算がとれないほど低品位なものを積極的には買い集めないことである。貨幣の統一性という点からみて、独立した経営体である銀座が発行を担ったことの限界がそこにある。論理的には、小地域にとどまって流通する「悪銀」が存在した可能性は否定できない。前掲の「諸国灰吹位付」や「諸国灰吹銀寄」に載せられた低品位の銀は、そのことを示しているようだ。

二　京銭＝鐚銭による銭貨統合

慶長十三年（一六〇八）、幕府は伊奈忠次・安藤重信・土井利勝の連署をもって江戸に高札を立て、永楽通宝の通用を停止した。翌年には、金一両＝永楽銭一貫文＝京銭四貫文＝銀五〇目と三貨間の公定相場を示した。従来、東国において優位な比価で流通してきた永楽通宝を計算上残しながら、実物の流通を禁止し、銭はすべて一枚一文通用の鐚銭＝京銭と定めた。両法令は関東の幕領を対象にした撰銭令の一種と考えられるが、交通路における支払手段の役割を果たす銭について、江戸―上方間の宿駅整備を急ぐ幕府が特異な永楽銭の流通を停止することは必然的であった。こうして幕府は、京銭による銭貨の統一をはかり、公定比価をもってその安定的な流通を確保しようとした。その後も幕府は将軍上洛などの機会に撰銭令を発して、低劣な銭貨の排除と京銭の公定価格による通用を再三にわたって命じた。京銭は幕府指定の標準貨幣として、領国を超えて使用された。寛永通宝の前代に位置づけられるべきこうした段階を、京銭による銭貨統合の時代とよぶことにする(11)。

幕府が標準貨として定めた京銭に対し、大名によっては領国あるいはそれ以下の小地域で独自の銭を鋳造し流通させていたところもあった。秋田・水戸・長門・豊前小倉・薩摩などがこれまで明らかになっており(12)、秋田の並銭、長門の国銭・萩銭・河内銭、薩摩の加治木銭（銭文は洪武通宝）の名が知られている。寛永後期に刊行された俳諧書『毛吹草』においても、常陸に「銭新銭始ト云」、出羽に「針金銭《ハリガネゼニ》」、長門に「銭諸国参宮道者用之」、筑後と薩摩に「洪武銭《コロセン》」の名称が産物としてあがっていて、寛永通宝普及以前の領国銭の流通状況をうかがわせる。このうち秋田の銭は、近年発掘成果も出され、現物とも対照できるようになった。

　秋田の銭については、慶長前期の金・銀に対する比価が判明し、慶長二～六年に金一両あたり銭六八貫文余から九五貫文、同五～六年に銀一匁あたり銭二貫五〇〇文から三貫三〇〇文余の幅で推移している(13)。銀との比価を銭一貫文あたりに換算すると銀〇・三匁余から〇・四匁となる。比較のため同時期の京都銭相場（表2-1）をみると、慶長五～六年に銭一貫文あたり銀六・五匁から七匁である。京都では基準となる銀が慶長五年鋳造開始の慶長銀と考えられるが、秋田の場合はもっと良質の銀である可能性が高い。このような事情を勘案しても、秋田の銭は京都の銭の一〇分の一以下の価値しかない。また秋田藩の奉行・家老を務めた『梅津政景日記』元和三年十月十三日条には、御蔵算用のうち慶長二十年（元和元）に並銭とよばれた銭を京銭に交換した際の対銀相場が載っている。「並銭四百拾八貫九百八十文ニ付、銀百目宛」、京銭は「代壱貫ニ付、銀弐拾目宛」とあって、並銭は一貫文あたり銀〇・二三八匁余となるので、並銭は京銭の八三分の一以下となっている。この京銭換算値は慶長二十年時点での京都銭相場とほぼ同価である(14)。後述するように、慶長前期の秋田銭とこの並銭は形態も異なっていた可能性があるが、銀換算値は下落しており、しかも京都の銭相場は約三倍にも上昇したため、秋田並銭の相対価格が極端に低下したのである。

　いっぽう考古学的成果によれば、秋田は無文銭の流通圏であることがわかってきた。しかも口径や重量が小さい輪銭とよばれる軽薄な銭も多く発見されている(15)。一般に銭は、踏み返しによって模鋳を繰り返せば軽薄化していくことが知られている。慶長前期の銭が慶長末年の並銭へと軽薄化していたことは十分に考えられ、対銀相場の値下がりもその結果とみることができる。「針金銭」の名称にふさわしい形態であったと思われる。このよう

表2－1　京都銭相場(慶長3～寛永7年)

年次	妙心寺	真珠庵	北野社	頂妙寺	冷泉町
慶長3(1598)	3.5～3.8	3.5		3.3～3.5	
4(1599)	3.5		3.3	3.2～3.8	
5(1600)	6.7～7.0		6.5		
6(1601)	6.5～7.0		6.6		6.5
7(1602)	6.6～7.3		6.5		
8(1603)		6.6～6.9			
9(1604)					
10(1605)	12.0～13.0			12.0	10.7～12.6
11(1606)	13.0			12.0	13.3
12(1607)			14.3～15.0		
13(1608)		15.4～15.7	14.4	15.0	
14(1609)	16.0～17.0	17.0～18.5	15.1	16.0～17.0	17.0
15(1610)	17.0～20.0	17.0		20.0	20.0
16(1611)	20.0	20.5	20.0		20.0
17(1612)	20.0		21.0		20.0～21.0
18(1613)	20.0～21.0		21.0		21.0
19(1614)	20.0～22.0				21.0～25.0
元和元(1615)	20.0～22.0	18.6～20.3	17.0～23.0	20.0～23.5	
2(1616)	15.0～16.0		16.0～17.0		
3(1617)	15.0～16.8		14.0～15.0		
4(1618)	16.0		16.0		
5(1619)			16.0		
6(1620)		16.0～17.2	16.0		17.1～17.3
7(1621)		16.0～17.0	16.0		
8(1622)		16.0～16.5	16.0		
9(1623)		17.0～18.4	17.0		17.0
寛永元(1624)		18.0～18.3	18.0		
2(1625)		17.1～18.1	17.0		
3(1626)	17.0～17.2	17.0～17.5	17.2		17.0
4(1627)	16.0～16.7	16.0	16.0		
5(1628)	16.7～18.8	16.5～18.4	17.0		
6(1629)		17.6	17.4～17.5		
7(1630)	18.0	18.8～20.0	17.7～18.0	17.5～18.1	

出典：妙心寺・真珠庵は『15～17世紀における物価変動の研究』(読史会、1962年)にそれぞれ「妙心寺納下帳」・「真珠庵納下帳」(『大徳寺文書』)により補訂、北野社は『北野天満宮史料　宮仕記録』『北野天満宮史料　年行事帳』、頂妙寺は『頂妙寺文書・京都十六本山会合用書類』4、冷泉町は『京都冷泉町文書』第1巻
注：数値は銭1貫文あたり銀匁

な銭が、銭自体の生産に支障をきたし、やがて流通の限界をむかえたことは、佐竹氏が慶長二十年に並銭を京銭へと切り換えたことからも推測できる。このほかに秋田では、いまだ永楽銭も流通していた。こういった意味で秋田の銭は、地域的な流通圏において銭の淘汰が進んでいったことを示す例であろう。ただし並銭自体が廃棄さ

れたのか、それとも基準銭が変更されただけで、価値計算の最小単位として現物も根強く残ったか否かについては、なお検討を要する課題である。

さて、大名領内において他の小額貨幣が流通している場合に、京銭はどのように位置づけられていたのであろうか。豊前小倉細川家では、元和年間から右田判の金銀や平田判の銀が使用され、寛永元年（一六二四）から同五年まで領内通用の「新銭」を鋳造したが(16)、さらに領外で使用するために京銭をストックしたり使者に与えたりしていた(17)。

はたこ町人ニ被申付、其国々の銭別々にて候故、京銭ニうけさせ、以来其方かい取可遣と被申付之由、さてもく〱きもをつふし申候、日本始持分之国を、上使衆通候とて加様ニ申付候所ハ、以来も有間敷と存候、余心を被尽、以来身之痛ニ可成かと無心元存候事

右に引用したのは寛永九年七月十一日付細川忠利あての忠興書状(18)の一節で、肥後熊本加藤氏の改易にかかわって、幕府の上使が細川領内を通行する際の取り扱いについて、忠利の措置に父忠興が憤慨した部分である。忠利が旅宿の町人に対し、上使が遣う京銭をそのまま受け取り、のちに買い取りを申し付けたことに忠興は大きな驚きをみせ、上使への過ぎたる心遣いは身のためにならないと懸念している。忠興の言葉からは、銭に限らず大名領内で独自の貨幣を流通させることは領主の権限として確立していたと考えられるが、このような大名の貨幣鋳造権が対幕府関係の変化のなかで動揺している様子がうかがえる。京銭は全国的な基準貨幣であったが、けっして通用力が法的に保証されていたわけではなく、幕府と大名との間で前者の政治的優位のもとで流通した実態が認識できよう。幕府権力の確立過程にあって、盟主としての徳川氏の時代を生きた忠興と、卓越した権力者家光の時代に対応しようとする忠利との対幕府観に差異を感じるやりとりである。

こうした京銭による統合の時代は、慶長十三年頃から寛永通宝発行の寛永十三年まで続いた。各地の領国銭や

小額通用の灰吹銀を許容したまま、京銭は幕府指定の標準銭として全国に流通していった。金銀も含め、幕府の政治的優位のもとで、貨幣は個別領主の独自な通貨圏を認めながら比較的ゆるい統合を示していたのである。

三　銅銭輸出とその停止

近世初期においてオランダが銅銭を輸出したことは知られている[19]。ここでは、同時期における銅銭輸出の実態から、当時の国内における銅銭の生産流通を考えてみたい。

一六三四年（寛永十一）にオランダ東インド会社のアユタヤ商館長スハウテンは、平戸商館長にあて交趾シナ向けに銅銭輸出を求めた。なかでも「最大の利益をあげるのは、サカモトとよばれるもので、最良種として通用し、一〇〇〇枚につき丁銀で八匁五分、交趾シナの貨幣で一〇匁で売れた。最近は金と生糸の値段が高騰したので、一一～一二匁に値上がりした」[20]という。文意から、現地ですでにサカモトという銭が好評を得ている様子がうかがえるので、この銭はこれ以前から（オランダによるとは限らないが）輸出されていたと考えられる。永積洋子が推測するように、サカモトは近江坂本において鋳造された銭であろう。しかし、すでに寛永通宝の鋳造が同地で開始されていたという永積の見解は、にわかには首肯しがたい。確かに坂本は寛永十三年から寛永通宝の鋳造地となったので、同地で銭鋳造の実績があったことは推測できるし、俳諧書『毛吹草』でも「銭《ゼニ》鋳《イ》形土《カタヅチ》」が近江の産物としてあがっていた。こうしたことを考え合わせれば、坂本で鋳造されたのは、寛永通宝以前の優良な銭すなわち京銭の範疇に属する銭と推測してもよいのではないか。東南アジアで受容されたのは、日本の新銘銭と考えるより、おもに中国宋銭の銭文をもった京銭であったとみた方が合理的であろう。

さてオランダによる銅銭輸出については、平戸商館の「仕訳帳」によって一六三三年以降三七年（寛永十～十四）までの実態が把握できる。表2-2には、商館による仕入れをプラス、平戸からの積出しをマイナスであらわし、各取引における銭名、購入先または積出し船名、数量、価格などを示した。表2-2によれば、おもに京都商人から仕入れた大量の銅銭が、前引のスハウテンの要請に応えるように、台湾やバタヴィアに向かう船で輸出されていた事実が確認できる。これらの購入・輸出記録は、『平戸オランダ商館の日記』やその他のオランダ側史料の記事にも合致する。[21]こうして、最高で一艘四〇〇〇万枚近く、最低でも一艘二二五万枚が船積みされた。注目されるのは銭名で、サカモト(sakamotta, sackamotta, sacamotta, saccamotte)を中心に、エーラク(erack, jerack)、ミト(mito)、ヌメ(nume)、タマリ(tammarij)の名があがっている。サカモトやミトは鋳造地を指し、エーラクは永楽通宝のことと考えられる。ミトは、すでに明らかにされている水戸の鋳銭であろう。[22]ヌメは、安永四年（一七七五）刊行の『物類称呼』巻之四に、「銭　ぜに○畿内にて表の方をもじと云、東国にてかたと云、同く裏のかたを畿内にてぬめと云、東国にてなめと云」とあるので、元来銭の文字のない面を指し、「滑」の字をあてるのが適当であろう。推測するに、ヌメは両面とも文字のない無文銭を指すと思われるが、その価格はサカモトと遜色ないので、形状もしっかりした比較的重厚なものであろう。最後のタマリは何を指すのか不明である。価格は一〇〇〇枚あたりサカモトが銀八匁（マース）から九匁五分、エーラクが七匁五分、ヌメやミト・タマリは九匁五分であった。この時期の京都の銭相場（表2-3参照）は一貫文銀一八匁から二五匁にもおよび、急激な上昇傾向にあったが、商館はつねにその半額以下で銭を入手していたのである。[23]

オランダ商館の銭の購入先のうち、京都の宗右衛門・七兵衛・金屋助右衛門、平戸の平野屋作兵衛・播磨屋九郎左衛門、大坂の町屋五郎兵衛、堺の河内屋銀《（源）》兵衛らは、同時期に銅地金もオランダ商館に売り込んでおり、商館と恒常的な取引関係にあった。[24]だが朱印船貿易家として有名な京都の豪商平野藤次郎による銅銭の大量売却は、日本人の海外渡航を禁じた寛永十二年令の影響によるものであった。「平野藤次郎の使用人は、朱印状をとどめられたため、彼が計画していたトンキンへの航海が中止となったので、もし会社が銅銭を必要とするなら、これ

表2-2　オランダ船による銭輸出(1633～37)

年月日	銭の名前	枚数	購入先または積載船	単価
1633／12／ 8	sakamotta	3,800,000	(京都)ソーエモン、シチビョウエ	8.5
	sakamotta	3,810,000	平戸のサコベエ(平野屋作兵衛)	8.5
	sakamotta	4,000,000	大坂のゴロベエ(町屋五郎兵衛)	8.5
	sakamotta	3,810,000	堺のギンベイ	8.5
12／12	sakamotta	-15,420,000	タイオワン向けヤハト船フェンロー号に船積	8.5
1634／ 2／14	sackamotta	4,815,000	平戸商人クローザエモン(播磨屋九郎左衛門)	9.0
	sackamotta	4,909,000	堺商人クローエモン	8.5
	erack	930,000		7.5
2／15	sackamotta	-4,909,000	タイオワン経由バタヴィア向けヤハト船アウデワーテル号に船積	8.5
	sackamotta	-4,815,000		9.0
	erack	-930,000		7.5
1635／11／12	sackamotta	2,250,000	(京都)ソーエモン、シチビョウエ	8.0
11／17	—	-2,250,000	タイオワン向けヤハト船フェーンハイゼン号に船積	8.0
12／12	sacamotta	39,375,000	京都商人平野藤次郎	8.0
	jerack	360,000		7.5
12／17	sacamotta	-39,375,000	タイオワン向けスピップ船フロル号に船積	8.0
	erack	-360,000		7.5
1636／11／28	saccamotte	5,385,000	京都商人平野藤次郎	9.5
12／20	nume	5,250,000	(京都宿主)ソーエモン、シチビョウエ	9.5
	—	2,700,000	(京都)カナヤ・スケエモン	10.0
	—	165,000		9.0
12／31	—	-10,635,000	タイオワン経由バタヴィア向けフライト船ペッテン号に船積	9.5
	—	-2,700,000		10.0
	—	-165,000		9.0
1637／ 1／25	mito	2,505,000	(京都)ソーエモン、シチビョウエ	9.5
	tammarij	510,000		9.5
1／29	mito	-2,505,000	タイオワン向けスピップ船フロル号に船積	9.5
	tammarij	-510,000		9.5
11／29	—	21,260,000	(京都)カナヤ・スケエモン	10.0
12／ 1	—	-21,260,000	タイオワン向けスピップ船フロル号に船積	10.0

出典：平戸オランダ商館「仕訳帳」(1635～37年は『平戸市史』海外史料編Ⅰ所収)
注：単価は1000枚あたり銀マース＝匁

表2－3　京都銭相場（寛永8～寛文8年）

年次	妙心寺	真珠庵	北野社
寛永8(1631)	18.0		18.0～18.5
9(1632)	18.0	18.0～19.0	18.0～20.0
10(1633)	18.0～19.0	18.5～20.2	19.5～20.9
11(1634)	18.0～22.0	22.0～22.7	21.0～22.1
12(1635)		24.0	24.0～25.0
13(1636)		24.0	20.4～24.1
14(1637)	24.0	23.9～24.0	23.1～24.1
15(1638)	20.0	23.0	20.3～25.0
16(1639)	18.6～24.0		16.0～23.1
17(1640)	16.0		12.0～16.0
18(1641)			10.0
19(1642)			13.1～14.0
20(1643)			13.5～14.0
正保元(1644)	13.0		12.5～14.0
2(1645)			12.0
3(1646)	13.0		12.0～12.5
4(1647)			12.5～13.0
慶安元(1648)			13.5～14.0
2(1649)	13.0～15.0		15.5～16.0
3(1650)			16.0
4(1651)			16.4
承応元(1652)			16.5
2(1653)			17.0
3(1654)			17.5
明暦元(1655)			18.5～19.5
2(1656)			19.0～20.0
3(1657)			18.5～21.4
万治元(1658)			19.5～20.0
2(1659)			19.0～20.0
3(1660)			17.0～19.7
寛文元(1661)			16.0
2(1662)			16.0
3(1663)			16.0
4(1664)			16.0
5(1665)			16.0
6(1666)			16.0
7(1667)			15.5
8(1668)			14.0

出典・注とも表2－1に同じ

を彼から受け取ってほしい」(25)と商館長に熱心に頼んできた。朱印船貿易の停止によって、平野自身が東京《トンキン》へ輸出しようと用意した銅銭の買取を商館に打診したのであって、結果的にオランダ側も一〇〇〇枚あたり八匁の価格で有利に買い取ることができたのである。(26)商館が購入した約四〇〇〇万枚が、この年平野が用意した朱印船一艘分の輸出高であったと推測される。

ところで朱印船が東南アジアに向けて銅銭を輸出していたことは、すでに明らかにされている。とくに東京・交趾へ向かう朱印船の重要輸出品であった。(27)この地域への朱印船の渡航は、寛永八～十二年の間で、茶屋四郎次郎は交趾へ五回、末次平蔵は東京・交趾へ各二回、末吉孫左衛門は東京へ三回、角倉与一は東京へ三回、平野は東京・交趾へ各一回派船し、平野は行く先不明分も含め寛永九～十一年に毎年派遣したことが判明している。[28] このうち平野と茶屋が銅銭を輸出していたことは、彼らが自らの利益を確保するため、寛永十年十月頃に大坂町奉行因幡（久貝正俊）を通じてオランダによる銅銭輸出を牽制していたことから間接的にうかがえる。[29]

オランダ人は、平野藤次郎を「広南における最大にして地位ある貿易商」[30]と評していた。一六三六年一〇月七日付台湾オランダ商館アブラハム・ダイケル上席商務員より東インド総督アントニオ・ファン・ディーメンあて報告書[31]は、広南における朱印船貿易の様子を伝えている。銅銭の使い方を中心にみていくと、まず国王のために注文に応じて、一束一万五〇〇〇個の銭を六〇〇～八〇〇束（九〇〇万～一二〇〇万枚）、銅五、六万斤を仕入れ価格と同値段で引き渡し、上級役人達にも同じように分与した。残った銭の大部分は現地在住の日本人が引き取り、使用人を内地に派遣して土着民に家ごと一〇〇～二〇〇匁の銅銭を前貸しして生糸を集荷した。広南では養蚕が年間二季可能であるため、次の季節にも同様に銭を前貸しして生糸を買い集めた。このように朱印船でもたらされた銭は、商売の便宜のため国王や役人に原価で売り渡され、残りは現地での生糸買い集めのために前貸し資金とされた。右の報告は、平野による取引の状況を物語るといってもよかろう。

表2-2で注目すべきは、平野がこうした貿易の一航海分として用意した銭の量の多さであり、しかもその大部分がサカモトで占められていたことである。前述のように平野は寛永九年から毎年派船していたから、一航海で四〇〇〇万枚近くのサカモトを毎年調達し輸出していたと推測される。広南において国王以下への安値販売分だけで一〇〇〇万枚近くあったから、あながち不合理な数量ではない。一六三六年に商館が平野から買い入れた五三八万枚余は、前年の朱印船停止後に彼の手元に入った分、あるいはそれまでの在庫を売却したのであろう。さらに一六三三年買入れ分一五四二万枚、翌三四年の九七二万枚余のサカモトは、平野とは別の仕入れルートに

よるものであった。これらを合わせれば、サカモトの年間鋳造量は五〇〇〇万枚（五万貫文）以上あったと推定できる。前述のように茶屋も銅銭を輸出していたと思われるので、仮にその調達先が坂本であればさらに鋳造量は膨らむ。近江坂本は京銭の一大生産地であり、その鋳造量はおそらく前代とは格段の差があろう。その基礎には、中世・近世を画する技術的革新や鋳造組織の整備があったと想定される。

サカモトは、寛永十二年まで輸出の大部分を占めたが、翌年を最後に他の銭種に代わった。これは寛永十三年後半以降には坂本が寛永通宝の鋳造地となったことで、京銭としてのサカモトが生産されなくなったためと考えられる。一〇〇〇枚あたりの価格も、寛永通宝が発行された寛永十三年からは、サカモトを含め全体的に価格が上昇していく傾向を読み取ることができる。同じころバタヴィアでは、広南貿易を継続するため平戸商館長に命じて一八～二〇万グルデンの銅銭を造らせ、若干の銅塊とともにタイオワンに送ることを計画したが[32]、もはやそれも果たせなかった。日本国内で新銭鋳造の体制が整備されていくなかで、京銭の供給源が断たれ、輸出に向けられる銭の需給が逼迫して価格が上昇していったとみられる。そして寛永十四年には銅輸出が幕府によって禁止されたため、オランダ商館は銅地金に代えて銅銭の確保を急いだ。「皇帝は日本から銅を少しも持ち出さぬ様、厳しく禁止したので、要求された玉銅六〇〇〇ピコルの代わりに、銅銭一二〇〇束を、広南の商務員コルネリス・カザールに送ることを諒解した」[33]と記す。銅銭一二〇〇束は一八〇〇万枚となる。商館はさらに集荷につとめ、一六三七年一一月に京都のカナヤ・スケエモンから二一六万枚の銭を仕入れ、最後の船積みに間に合わせたのである[34]。

四　新銭鋳造計画

平戸オランダ商館員（のち商館長）フランソワ・カロンは、貨幣および度量衡について述べた『日本大王国志』の項で次のように記している[35]。

貨幣は金銀のほかにカシーがある。カシーは全日本を通じ、異なった王国において成分を異にし、また価格を異にしている。よって皇帝は銅のカシーを新たに鋳造するに決し、旧銭をより多く集めんために、実価以上に買い入れ、既に四年を費やした。

カシーとは銭のことであり、王国は大名領国、皇帝は徳川将軍を指す。文意から、この記事が寛永通宝の鋳造にいたる過程を語っていることは明白であろう。大名領ごとに成分や価格の異なった銭が流通していた状況を解消するため、将軍は新銭＝寛永通宝の鋳造を決定したのである。ここでは、四年にわたって鋳造原料として旧銭を買い集めたと伝えている点が興味深い。この記事は寛永十三年（一六三六）後半に書かれたと考えられるので、四年という期間を真実とみるなら、同十年から旧銭の買入れがおこなわれたことになる。その証拠は現在のところ見いだせないが、新銭発行計画が寛永通宝の鋳造が開始される寛永十三年をさかのぼる何年も前から準備されていたという指摘は検討に値しよう。

ところで、寛永十一年に将軍家光の上洛に従って在京中の細川忠利は、閏七月十九日付長崎奉行榊原職直にあてた書状のなかで、「戸左門殿・松越中殿、鳥目新銭ニ替候而可然哉と申儀せんさく仕候へと、か様之御用両人之衆承由、聞及申候[36]」と伝えた。戸田氏鉄・松平定綱の両名が旧来の銭を新銭に替えることについての検討を命じられたとの情報を得たのである。伝聞情報にすぎないとはいえ、幕府による新銭鋳造計画が確認できる最初である。新銭をもって旧銭に入れ替えるというかつてない大規模な構想の実現に向けての可能性をさぐるとともに、その手順を練らせたのであろう。

これを、前述した『日本大王国志』の記述と合わせ考えるとき、忠利の情報の信憑性はにわかに高まる。カロンは寛永十三年後半の時点で新銭鋳造のための旧銭買い付けが四年間継続したと記していた。表2‑3に示したように、京都の銭相場は、寛永十年頃から一貫文あたり一八匁の水準を超えて、同十三年寛永通宝発行時の二四匁まで上昇傾向を示すので、銭相場の動向はカロンの記述と符合しているようだ。ただ寛永十一年の家光上洛の準備のために、道中で必要な銭の調達が実施され、それが前年から銭相場を押し上げていたことも十分に考えられる。これに対し、寛永十一年以降の銭相場上昇の方は、同年の戸田氏鉄・松平定綱による検討をまって、新銭鋳造をにらんだ旧銭買い付けがおこなわれた結果である可能性が高い。

将軍上洛時にこのような検討が指示されたのは単なる偶然とは思えない。近江坂本という大規模な京銭の鋳造地を控えた京都において、これらの銭が流通しつつも、朱印船貿易家らによって坂本鋳造銭が大量に輸出用に調達されるという状況を、家光や幕閣が目の当たりにしたことがあったと思われる。坂本銭の質の良さと大規模な鋳造量に注目するとともに、それらが何の制限もなく輸出に仕向けられることに幕府が懸念をもったとしても不思議ではない。はたして、翌寛永十二年に実施された日本人の海外渡航禁止すなわち朱印船貿易の停止が、先の戸田・松平の検討の結果、新銭鋳造をにらんで実施された政策であるか否かは定かではない。しかし大量の新銭をもって旧銭＝京銭を入れ替えるためには、まず旧来の鋳造地を確保し、そのうえでその鋳造施設や職人を新銭鋳造のために再編成することが最も迅速かつ確実な方策であり、それが坂本への注目であった。戸田・松平に諮問されたのは、このような政策実施手順の策定ではなかったか。こうした状況証拠を重ねてみると、全国的な流通銭として寛永通宝の鋳造計画は、寛永十一年の家光上洛時に開始されたと考えられるのである。

ついで幕府は、寛永十二年六月晦日に流通貨幣の全国調査を実施した(37)。老中酒井忠勝から諸大名の家老衆が集められ、「於国々遣候金銀銭米之間、何之物を以用所相調候哉与御尋候」として、各領国でどのような貨幣を使用して必要なものを調達しているかが聴取された。毛利家では江戸加判役井原元以と公儀人福間就辰が出頭し、井原から、周防・長門では丁銀遣いであること、小額遣いの場合は灰吹に替えて遣うこと、金は使用していないこと、「銭ハいかにもあしき国並之銭遣申候」として粗悪な領国内通用の銭を使用していること、小遣いに米などは使っていないことを返答した。幕府勘定方の幹部であった伊奈忠治・杉田忠次・曾根吉次らがこれを聞き、諸家家老の回答を記録していった。「いかにもあしき」という表現からは、幕府が指定した京銭に比して質の劣ることが一目でわかる銭であったと推測できる。寛永九年の益田元祥（牛庵）の藩財物引渡目録のなかに記す、国銭八八五五貫余あるいは河内銭九四貫余を指すのであろう。[38]このように毛利家では、幕府との政治的関係に対応するように、良質の京銭に比して劣位の領国銭を鋳造し通用させていた。しかしもはや幕府は東アジア通貨圏に直結した京銭の使用を断念し、新銭による新たな全面的統合に向けて動きだしていたのである。

五　寛永通宝の発行と流通

寛永通宝の発行によって古銭はどのように排除され、領国独自の銭を鋳造していた諸大名はいかに対応したかについて検討し、新たな統合への道程をたどってみよう。

寛永十三年（一六三六）五月五日、江戸に寛永通宝発行の高札（六月一日付）が立てられた。翌日には老中酒井忠勝の屋敷に諸大名の留守居が集められ、老中列席のうえ寛永通宝発行の旨が伝達された。[39]肥前佐賀の鍋島勝茂は国元家老多久美作に、「諸国へ此中より有之候銭、当六月朔日より先様、取遣候儀、致無用、今度従公儀御いさせ被成候新銭、六月朔日より可取遣由、被仰渡候」と書き送った。[40]高札の文面には新銭は古銭と同様に使用するようにと記されていたが、口頭では旧銭は六月一日をもって使用禁止と伝えられたようであり、勝茂は領内で旧銭使用を厳禁するよう念を押している。

京都・大坂へは五月七日に発行令の伝達が指示され、二十日には高札の文面を携えた徒目付二名が大津まで派遣された。またこのころ街道筋では銭不足が深刻で、緊急策として東海道・中山道・美濃路に大坂・掛川の幕府蔵の古銭を配布するため、大番方久留正親・小幡重昌を大坂に派遣した。配布額は、東海道が一宿一〇〇貫文、守山―名古屋間の中山道・美濃路が一宿六〇貫文を基準とした。六月二十三日には銭定遵守のため目付石谷貞清らが上方に派遣され、近江坂本で鋳造を監督し、九月に帰府している。六月二十六日には大坂での鋳造請負人の募集を命じており、京都での募集も同じころと推測されるので、上方での鋳造は秋以降に開始されたにすぎなかった。細川忠利は、十一月十日付長崎奉行榊原職直あて書状のなかで「上方江戸道中銭無御座候而、往還之者共迷惑仕由、左様可有御座と存候、苦々敷儀共候事」[41]と、冬になっても江戸―上方間の街道筋で銭不足が続いていたことを記している。こうした状況をうけて、幕府は十一月二十六日に銭の増鋳と普及のため、水戸・仙台・三河吉田・越後高田・信濃松本・岡山・長門・豊後中川内膳領の大名領八か所に鋳銭所の設置を命じた。各大名には、見本銭通りに鋳造すること、定め値段で諸方へ売り払うこと、さらに鋳造職人を自ら確保することが伝達された。見本銭を渡しているように、均質な新銭を全国的に普及させるため鋳銭所を増設したものといえる。翌十四年になると、これらの鋳銭所が本格的に稼動し始め、幕府も銅の海外輸出を禁じて鋳銭材料の確保につとめたため、[42]鋳造が軌道に乗り新銭はようやく流通し始めた。[43]京都銭相場（表2‐3）をみる限り、値段が下がってきたのはようやく寛永十六年になってからである。

諸大名は幕府の意向をうけて、古銭の通用停止と寛永通宝の導入を急いだ。仙台伊達家では五月九日付江戸家老連署奉書をもって「天下銭遣之儀、此御書出之通被相定之由」として高札の写を国元へ送り、領内に高札を立て周知を命じた。[44]広島浅野家も五月二十九日付家老連署状において、領内へ触れるとともに山陽道の宿場に制札を立てるよう指示し、従来銀建てであった御定駄賃を銭建てに変更した。[45]諸大名が領内の交通路整備の過程で駄賃等を銭建てで定めた例は京銭の時代から散見されるが、寛永通宝発行後に銀から銭に基準を変更した例は浅野家のほか鳥取池田家の例もある。均質な銭の普及によって、交通路における支払手段としての銭の役割は全国的に高まることになった。

鍋島勝茂が「新銭之儀、其国々手前〳〵より買取候て、諸国へ可差遣由候、是ハ仰渡ニ而ハ無之候、聞合候通ニ而候」と国元へ書き送ったように[46]、幕府は諸大名が独自に新銭を入手し国元に送ることを期待していた。島津家では家久の国元下向に際し大坂で少し新銭を調達しようと考えたが、江戸家老は新銭切替の六月一日まで余日もないとして、大坂・堺の町人衆に調達を依頼しようかと思案していた[47]。だが期日に新銭に切り替えるのは現実には無理であり、彼らの懸念は杞憂に終わった。

これまで領内で独自の銭を鋳造していた大名の場合、事態は深刻であった。毛利家では六月五日より萩城下で旧悪銭の通用を停止し、坂本銭座から新銭を購入するまでの間の臨時的措置として米・銀の通用を命じた[48]。鋳造職人は江戸の銭座に雇用された。島津家でも加治木銭とよばれる銭を鋳造していたが、とりあえず古銭の使用が可能か老中酒井忠勝家臣の深栖九郎右衛門尉に問い合わせた[49]。翌寛永十四年二月に島津家は領内での寛永通宝の鋳造を幕府に出願したようだが、すでに各地で鋳銭を命じているという理由で願意は叶わなかった[50]。だが古銭の通用は認められ、古銭が廃棄されれば蒙るはずの銀一〇〇〇貫目程の損失を当面回避できた[51]。領内における流通手段を確保しつつ、損失の発生をできるだけ先延ばししたいというのが島津家の本音であったろう。寛永通宝が流通するようになって、藩庫に残った加治木銭は明暦元年（一六五五）に琉球に輸出された[52]。

寛永十三年十一月に大名領内八か所の鋳銭所設置が命じられると、今度は職人の確保が問題となった。毛利家では、翌年正月八日に鋳銭の請書を幕府に提出し、その後鋳造職人の雇用について江戸銭座と交渉に入った。領内旧銭の停止後に鋳造職人が江戸銭座に流出したので、今度は彼らを帰国させるよう願ったのである。さらに毛利家では、領内出身で江戸銭座に雇われた者が逃亡したり、岡山銭座に雇われていた者が江戸で駕籠訴するという事件が起きていた[53]。たとえ領外で働いていても、領民が関係した事件には出身地の大名が関与せざるをえなかったから、大名にとっては領外で問題を起こすような者の流出は避けたかった。島津家が寛永通宝の鋳造を出願した背景にも、鋳造職人たちの職場を確保し、領外への出稼ぎを抑制するという思惑がはたらいていた。新銭の鋳造が不許可となった寛永十四年以降、加治木の職人が上方へ流出していたが、翌十五年八月八日付の指示に「御国之者共他方へ参、自然悪銭なと作候者、御国之難題ニ可罷成歟与出合申候間、被召帰候而可然存候事」とあるように[54]、他国で悪銭を鋳造するようなことがあれば難題となるので、他領に出た職人を召還しようとした。寛永通宝の発行によって銭は公鋳化されても、こうした鋳造職人の流動性によって私鋳や悪銭鋳造の可能性は排除できなかった。

新銭の質は一部で寛永十六年頃から悪化していたが[55]、新銭の流通が行き詰まり、銭座が停止に追い込まれて鋳造職人の職場が減るようになると、偽造・密造の問題が表面化し始めた。寛永十六、七年には近江坂本付近で寛永通宝の密造が摘発されている[56]。京都銭相場（表2-3参照）は寛永十六年から翌年にかけて銭一貫文銀二〇匁以上の水準から一六匁以下に下落し、寛永十七年十一月二十二日には大名領八か所の鋳銭所が停止され、翌十八年十二月二十三日には上方三か所の銭座も操業停止となった。江戸銭座も同時期に停止されたと思われる。在庫をかかえた幕領四か所の銭座に対しては、売れ残りの半分を銭四貫文あたり金一両の公定価格で買い上げる救済が実施された[57]。そして幕府は、寛永二十年二月に諸国在々所々新銭鋳造禁止を全国に触れ出し[58]、最終的な法整備にいたった。銭の私鋳・密造は国家的犯罪と規定されたのである[59]。

銭の過剰供給・相場下落と並行するように、寛永十七年頃から全国的に寛永飢饉とよばれる事態にみまわれた。賃銭を糧に暮らす都市の労働者や、幕府が整備していた宿駅伝馬制度も銭相場下落と飢饉によって大打撃を蒙り、幕府はとくに街道筋に対し制度維持のために寛永十九年から翌年にかけてさまざまな助成を実施した[60]。概括すれば、米を供給するいっぽう、銭を買い上げ相場上昇をはかるものであった。この過程で幕府が目標としたのは銭相場の安定であった。均質な寛永通宝の供給に成功した幕府は、過剰生産という失政への対処のなかで、銭相場の量的統御という方法を獲得していった。

おわりに

日本近世において、幕府指定の三貨がくまなく全国に行きわたり、それ以外の貨幣が排除されるような意味での統一は現実にはなかった。幕府の権威を背景にした国内の標準貨として、その流通を阻害することは法的に厳禁されたが、大名領国では他の貨幣も許容され流通した。初期においては領国金銀や独自の鋳造銭あるいは紙札が流通した。しかしけっして平等な並立ではなく、三貨は政治的・経済的優位を占め基軸通貨となった。これこそが前後の時代と近世を画する、貨幣統合のあり方であったということができよう。このうち金・銀は金座・銀座の活動と金銀産出量の減退によって、一七世紀中に幕府の金・銀が全国を席巻したが、地域によっては低品位の灰吹銀は存在しえた。いっぽう幕府によって輸出用の銀が丁銀に限られたことで、高品位の灰吹銀の調達は不可能になり、東アジアの銀通用圏のなかで内外の境がしだいにはっきりとし始めた。

銭もまた東アジア銭通用圏に直結した京銭の時代から、貿易統制問題と国家意識を背景に、幕府によって独自の寛永通宝の鋳造へと転換した。京銭は中世以来の民間による銭貨生産体制の最終段階に位置するもので、その流通はいわば民間によって統御・淘汰されたと考えられる。近世初期に撰銭令が頻繁に出たように、国内通用銭として供給量や銭質は不安定であったが、いっぽうで貿易用には年間数万貫文を生産する鋳造所もできていた。寛永通宝の鋳造に踏み切る過程には、国内通用銭の統一という命題とともに、対外交易と結んだ京銭の生産を統制し接収するという課題があったと考えられる。寛永末年、大坂銭座で過剰生産された寛永通宝を輸出する計画があったようだが、幕閣の反対によって実現せず、銭貨の輸出はさらに見送られた(61)。寛永通宝の鋳造とその後の幕府の銅禁輸策のなかで、日本の銭は東アジア銭通用圏からはっきりと離脱し始めたのである。

寛永通宝の普及によって、国内通用銭は全国均一化したようにみられがちであるが、実は地域性や重層性を残していたように思われる。二つの例を引いて本章を終えたい。

一つは、周知の「永」や「京」の存在である。永楽通宝に起源をもつ永銭勘定は、近世を通じて関東・東国の金貨通用圏において一両の一〇〇〇分の一をあらわす便利な単位として長く使用された。京銭もまた東国の一部で税賦課の基準銭として機能した(62)。寛永期以前に限定されることなく、伊豆内浦においては幕末期にいたるまで年貢・諸役の賦課関係の書類に「京」単位の表示がみられ(63)、江戸の船役金も寛永期から京銭高であらわされ、同様の表示が元禄・正徳期にも確認できる(64)。これらは、賦課基準が定められた時点の遺制として残ったと考えられる。納入にあたっては、金一両＝京銭四貫文の相場を適用したうえで、実際の金銭相場で換算されたと考えられる。通用の銭貨と乖離した段階で、「永」や「京」は税賦課時に用いられる計算貨幣(65)となったのである。

もう一つは、高額銭文札の存在である。近世後期に、額面一貫文以上の高額銭文札の発行が陸奥・出羽・越中・出雲・日向に多くみられたことがわかっている。これらの地域では銭建てが主体であったために、高額取引をおこなう際の利便性から高額銭札が発行されたと考えられている(66)。しかしこれらの地域が、近世初期に無文銭が流通した地域と重なる部分が多いのは、興味ある一致である。無文銭は一部をのぞけば軽薄な形状のものが多く、京銭などに比して価値が低いものであった。最小の取引単位としての地域の銭価がこのようなものであれば、京銭や寛永通宝の導入によって表向き基準銭が変更されても、地域の銭が容易に消滅したとは考えがたい。仮に実物は流通しなくなっても計算単位として存続した可能性も考えられる。盛岡の豪商の『鍵屋日記』では、文政元年（一八一八）の銭不足の状況を記した記事のなかで、「悪銭ハ勿論古銭とも一体不足に相成候ゆへ、下々之者に至候ては誠に日用難渋に相成申候」と近況を述べている(67)。「悪銭」や「古銭」が具体的にどのような銭かはわからないが、これらの銭が日常流通していたことを匂わせている。その検討は今後の課題として残っているが、基盤に伝統的な地域の悪銭流通が想定できよう。

（1）小葉田淳『日本の貨幣』（至文堂、一九五八年）。伊東多三郎「近世初期の貨幣問題管見」（『国民生活史研究2』吉川弘文館、一九五九年）、「水戸藩成立期の鉱山と貨幣」（『歴史教育』一三―一〇、一九六五年）、「長州藩成立期の鉱山と貨幣」（森博士還暦記念会編『対外関係と社会経済―森克己博士還暦記念論文集―』塙書房、一九六八年）、「細川小倉藩の鉱山と貨幣」（『日本歴史』二四七、一九六八年）。伊東論文はいずれものち『近世史の研究』第五冊（吉川弘文館、一九八四年）に再録。榎本宗次『近世領国貨幣研究序説』（東洋書院、一九七七年）。

（2）黒田明伸「一六・一七世紀環シナ海経済と銭貨流通」（『歴史学研究』七一一、一九九八年）。のち歴史学研究会編『越境する貨幣』（青木書店、一九九九年）、黒田『貨幣システムの世界史』（岩波書店、二〇〇三年）に再録。本書第一章参照。

（3）以下、幕府の金銀貨政策については本書第一章を参照。

（4）甲州金をのぞけば、元禄改鋳による新旧貨引替を機に領国貨幣はほぼ姿を消した。この時期の秋田銀・津軽銀の引替事情については、渡辺信夫「元禄の貨幣改鋳と領国貨幣の消滅」（豊田武教授還暦記念会編『日本近世史の地方的展開』吉川弘文館、一九七三年。のち渡辺『近世東北地域史の研究』清文堂出版、二〇〇二年所収）参照。

（5）これまで『当代記』を典拠に慶長十二年閏四月・同十四年九月に家康の命が出たとしてきたが、家康は銀座開設の頃からすでに貿易決済を丁銀に限っていたという見解も出ている。黒田和子「糸割賦制度の起源についての試論」（『歴史評論』六五〇、二〇〇四年）。

（6）田谷博吉『近世銀座の研究』（吉川弘文館、一九六三年）。

（7）オランダが一六三〇年代半ばまで丁銀を灰吹銀に替えていたことは、加藤榮一「元和・寛永期に於ける日蘭貿易―鎖国形成期における貿易銀をめぐって―」（北島正元編『幕藩制国家成立過程の研究』吉川弘文館、一九七八年）参照。その内容は加藤『幕藩制国家の形成と外国貿易』（校倉書房、一九九三年）に改稿のうえ収録。

(8)『バタヴィア城日誌』一六三六年四月二一日条によれば、「東京《トンキン》の貨物購入のため、日本人はその携え来たりし現金を吹き分けて東京《トンキン》銀となし、生糸の買入れに有効なる程度に精煉す。彼等はスホイト銀〔丁銀〕百テール〔一貫目〕を純良銀八十三テール〔八百三十匁〕と交換す。」（以下、同書からの引用はすべて平凡社・東洋文庫版『バタヴィア城日誌』1〜3〈一九七〇・七二・七五年〉による）と記す。

(9) 榎本前掲『近世領国貨幣研究序説』。

(10)「灰吹遣之国々より出申候灰吹丁銀に吹立申覚」（森田柿園『加藩貨幣録』）。

(11) 京銭の具体的な機能については本書第七章を参照。また京銭の定義や意味については本書第一章の注(25)を参照されたい。

(12) 伊東前掲「水戸藩成立期の鉱山と貨幣」「長州藩成立期の鉱山と貨幣」「細川小倉藩の鉱山と貨幣」。本多博之「近世初期幕府の銭貨政策と長州藩」（『広島女子大学国際文化学部紀要』一三、二〇〇五年）。

(13) 藤井譲治「豊臣体制と秋田氏の領国支配」（『日本史研究』一二〇、一九七一年）、のち『幕藩領主の権力構造』（岩波書店、二〇〇二年）所収。

(14) この一五年ほどの間に、京都の銭相場は約三倍上昇しており、ことに慶長中期の上昇幅は大きく、慶長十三、四年頃の京銭の標準貨幣化によって建値の対象となる銭の内容が変化したとも考えられる。

(15) 東北中世考古学研究会編『中世の出土模鋳銭』（高志書院、二〇〇一年）のうち、第一部「東北の模鋳銭」の諸論考参照。

(16) 伊東前掲「細川小倉藩の鉱山と貨幣」。

(17) 本書第七章を参照。本多前掲「近世初期幕府の銭貨政策と長州藩」も長州藩における「京銭」や「上銭」について同様の使用方を紹介している。

(18)『大日本近世史料　細川家史料』七、一七四八号。

(19) 岩生成一「江戸時代に於ける銅銭の海外輸出について」（『史学雑誌』三九―一一、一九二八年）。

(20) 史料引用や永積の見解は、永積洋子『朱印船』（吉川弘文館、二〇〇一年）一四四〜一四五頁による。鈴木康子『近世日蘭貿易史の研究』（思文閣出版、二〇〇四年）一四〇頁の補注でも、一六三三年一二月一二日フェンロー号によって輸出されたサカモトを寛永通宝とみている。

(21)『バタヴィア城日誌』一六三四年一月一六日条では、フェンロー号船積銭が広南で需要が大きかったと伝えている。しかし同年五月一四日・二五日条によれば、オランダにとって銅銭輸出は広南貿易において利益が少ないので、平戸商館に銭の買入れを中止するよう命じた。状況が好転するのは、翌年の朱印船貿易の停止後、同地域における取引をオランダが有利に進めることが可能になってからであり、現地日本人との提携によって生糸の集荷と日本銭の大量輸出が再開された。また一六三六年五月一日条によれば、中国ジャンク船も長崎から広南に日本銭約三万テール分を輸出したことが記されているが、オランダ輸出分より質は劣ったようで、現地の国王は悪銭を買い上げ砲を鋳造したという。伊東前掲「細川小倉藩の鉱山と貨幣」によれば、小倉時代の細川氏も交趾などへ渡船させており、寛永五年通用停止の「新銭」の輸出を認めた。武野要子『藩貿易史の研究』(ミネルヴァ書房、一九七九年)一八三〜一八四頁には、細川氏が新銭の輸出によって利益を得ていた様子が明らかにされている。細川氏において、寛永五年に問紹甫の朱印船が銅・水晶ならびに銭を積んで出帆し、現地(交趾)でよく売れたと連絡を受けたようだ。銅・水晶は藩の委託品、銭は問小左衛門個人の販売品であった。藩は同年十月に問から船を取り上げて別の商人を派遣しようとしたところ、問は新鋳銭(公定価格一貫文銀五匁)を銀六匁で貸してくれれば出帆できると願ったが、藩は許可しなかった。銭の流通相場は三匁五分から七分止まりであるのに、藩は交趾で八匁に売れるとの情報を得たため、有利に商売できると判断した。

(22)伊東前掲「水戸藩成立期の鉱山と貨幣」。

(23)この価格から、国内流通銭に比して質が劣っていた、あるいは商館側に買い叩かれたと判断するのは早計である。輸出品価格は輸入品との相対的な関係のなかで決められたものであり、旧来の慣習によったと考えられるからである。『日本関係海外史料　イギリス商館長日記』によれば、元和二年(一六一六)近江水口・平戸において銭一貫文を銀一〇匁で換算しているが、元和四年に東海道の草津では銀一七匁、吉原・大磯では一六匁五分で計算されている。いずれの年次も京都の銭相場は一六匁前後であったので、元和二年の場合は市中相場とは別の換算値があったものと思われる。

(24)鈴木康子「オランダ商館と初期の貿易商人」(『日蘭学会誌』一九、一九八五年)による。のち改稿して前掲『近世日蘭貿易史の研究』所収。なお、表2-2の堺商人クローエモンについては、「仕訳帳」のアガヤ・クローエモンが該当すると思われるが、彼の銅取引の実績はこの時期の「仕訳帳」に記録されていない。銅取引に登場する京都商人のクローエモンもいるので、あるいはこの人物の間違いか。

(25)『平戸オランダ商館の日記』一六三五年四月二五日（寛永十二年三月九日）条。

(26)岩生成一『新版　朱印船貿易史の研究』（吉川弘文館、一九八五年）四四六～四四七頁にも、一六三六年一月四日（寛永十二年十二月）バタヴィア総督府から出した一般政務報告を引用して、平野藤次郎から安価に銅銭を買い入れたことを説明している。

(27)岩生前掲『新版　朱印船貿易史の研究』二八八頁。

(28)岩生前掲『新版　朱印船貿易史の研究』四一一～四一二頁。

(29)『平戸オランダ商館の日記』一六三三年一一月六日・一七日（寛永十年十月五日・十六日）条。

(30)前掲注(26)の政務報告による。

(31)岩生前掲『新版　朱印船貿易史の研究』付録史料三、四六八～四七一頁による。

(32)『バタヴィア城日誌』一六三六年一一月二六日条。

(33)『平戸オランダ商館の日記』一六三七年一〇月一日（寛永十四年八月十三日）条。

(34)オランダによる銅銭輸出は、一六五〇年代になって再開した。『長崎オランダ商館日記』一六五二年九月五日条によれば、東京向け銅銭を豪商伊藤小左衛門と一〇〇〇個一四匁の契約で、一〇月一五日までに一二万匁（文か）を受け取ることにした。五四年九月二日条では、町年寄作右衛門から古い銅銭三〇〇〇万個の売却話があったが、一〇月一〇日条では、値段が一〇〇〇個一七匁であったため東京に輸出しても同地で国王・王子や大官から八、九匁で取り上げられるおそれもあるので断ることにしたと記している。いずれも寛永通宝以前の古銭であろう。ここに示された値段は当時の京都銭相場にほぼ一致する水準にあって、オランダにとって銭はもはや輸出品として妙味を失いつつあったと思われる。

(35)引用は『日本大王国志』（平凡社東洋文庫、一九六七年）による。

(36)『大日本近世史料　細川家史料』一八、二五〇七号。

(37)山口県文書館所蔵毛利家文庫『公儀所日乗』寛永十二年六月晦日条。

(38)伊東前掲「長州藩成立期の鉱山と貨幣」。

(39) とくに断らない限り、以下の幕府関係の記事については国立公文書館内閣文庫『古記録』・『江戸幕府日記』、毛利家関係の事項は毛利家文庫『公儀所日乗』による。
(40) 寛永十三年五月十日付鍋島勝茂書状（『佐賀県史料集成』古文書編第九巻、多久家文書四二一号）。
(41) 『大日本近世史料　細川家史料』一〇、二三六七号。
(42) オランダ商館は、幕府の銅輸出解禁について寛永通宝の鋳造が続いている間は困難との説明を平戸松浦氏から受けていた。寛永十七年頃からは銅が大砲原料など戦略物資であることを理由に禁止措置が継続された。ただし対馬宗氏による朝鮮への銅輸出については、寛永十四年に宗氏から幕府に伺い、許可を受けたうえで継続されている。
(43) 「新銭」（寛永通宝）は、在江戸中の鳳林承章の日記『隔蓂記』寛永十四年正月十七日条、京都において『時慶卿記』（京都府立総合資料館所蔵写本）同年九月五日条、岩国吉川家の御取次所『日記』（岩国徴古館所蔵）では同年三月七日条で確認できる。なお、御取次所『日記』同年四月二十二日条では「新京銭」とよばれており、寛永通宝が京銭の延長で認識されていたことがわかり興味深い。
(44) 『貞山公治家記録』巻三九下（『伊達治家記録』四）。
(45) 『玄徳公済美録』巻七（『広島県史』近世資料編Ⅲ、八一・八二号）。
(46) 前掲注(40)書状。
(47) 寛永十三年五月二十二日付島津久元書状（『鹿児島県史料　旧記雑録後編五』九二一号）。
(48) 山口県文書館所蔵毛利家文庫『桑原覚書』。
(49) 前掲注(47)書状。
(50) 寛永十四年三月十九日付老中連署奉書（『鹿児島県史料　旧記雑録後編五』一〇一七号）。
(51) 寛永十四年三月二十二日付三原重饒・伊勢貞昌・川上久国連署書状（『鹿児島県史料　旧記雑録後編五』一〇二二号）。
(52) 岩生前掲「江戸時代に於ける銅銭の海外輸出について」。『球陽』附巻一、尚質王九年条。
(53) 岡山の鋳銭所の職人が毛利・池田両家で問題となったことは、山本博文『江戸お留守居役の日記』（読売新聞社、一九九一年）参照。
(54) 寛永十五年八月八日付覚（『鹿児島県史料　旧記雑録後編五』一二三三号）。

(55)『御納戸大帳』(備作史料研究会、一九八四年)。

(56)(寛永十六年または十七年)三月六日付小堀政一書状(佐治家文書研究会編『佐治重賢氏所蔵　小堀政一関係文書』思文閣出版、一九九六年、五九号)によれば、近江志賀郡坂本領・穴太村・見世村にて新銭私鋳の者を検挙し入牢させた。

(57)前掲『佐治重賢氏所蔵　小堀政一関係文書』六三号。

(58)『日本財政経済史料』第六巻など。また、正保三年二月十五日付井伊直孝書状(『久昌公御書写』彦根市史近世史部会、二〇〇三年、六〇号)によれば、直孝は領内町在における新銭等の鋳造禁止を国元家老に命じたが、背景に「去年ハ坂本之者大勢御せんさく」なる事件があったようで、詳しい調査を指示した。坂本ではこの時期にいたっても密造者がいたのであろう。京都で正保二年七月ににせ銭の者一二名が死罪になっているが(猪熊兼繁「板倉籠屋証文(二)」『法学論叢』六七―三、一九六〇年)、これに該当するか。

(59)本章では詳しく検討する余裕はないが、職人統制と並んで、銅・鉛・錫など鋳銭原料についての統制も進んでいく。銅・鉛などの金属を各地の鉱山から中間製品のまま大坂の取扱業者に集荷させ、最終精錬をおこなって出荷する体制の構築である。銅吹屋はその代表例であろう。

(60)本書第九章を参照。

(61)寛永末年の寛永通宝の輸出計画については、本書第十章を参照。

(62)元和・寛永期の秋鹿家(遠江中泉代官)年貢勘定目録では、小物成の野銭は京銭建てで計上されたうえ、金一両＝京銭四貫文で金換算されている。大野瑞男「江戸幕府直轄領の性格」(田中健夫編『前近代の日本と東アジア』吉川弘文館、一九九五年)参照。のち大野『江戸幕府財政史論』(吉川弘文館、一九九六年)所収。

(63)榎本前掲『近世領国貨幣研究序説』では、『豆州内浦漁民史料』を素材に、江戸時代を通じて諸役賦課単位として「京」が金一両＝永一貫文＝京四貫文の相場で維持されたことを論じている。

(64)吉田伸之「寛永期江戸町方に関する一史料」(『歴史科学と教育』三、一九八四年。のち『近世都市社会の身分構造』東京大学出版会、一九九八年に再録)で紹介された阿波蜂須賀家文書中の「八町堀之御家町人ニ借申家賃并町役払申覚」によれば、寛永八年の川舟年貢高が京銭表示であり、『江戸町触集成』三七四五号(元禄十四年)・五二四七号(正徳六年）などでも船役金の京銭表示が継続している。

（65）実物としては存在せずもっぱら計算単位としてのみ使用される貨幣を「計算貨幣」と称する。近世中期以降の永（銭）や京（銭）はその一種である。榎本前掲『近世領国貨幣研究序説』では、永と同様に「京＝計算の補助単位」として使われたと記す。

（66）岩橋勝「近世後期の「銭遣い」について」（『三田学会雑誌』七三―三、一九八〇年）。

（67）岩橋勝「南部地方の銭貨流通　―近世「銭遣い経済圏」論をめぐって―」（『社会経済史学』四八―六、一九八三年）参照。

第三章　地域からみた近世中後期の通貨事情（一）——播磨を中心に——

はじめに

本章では、地域の側に立って近世の貨幣流通をとらえ、近世貨幣の特徴として述べた多様性の側面から、さまざまな貨幣が生まれる背景や、そこで展開した幕府の貨幣を含む地域的な貨幣秩序というべきものについて考えてみたい。対象とする地域は、現在の兵庫県域にあたる播磨・但馬をとりあげる。大藩の領国とは異なり藩領・幕領が混在し、鉱山を周辺山間部にかかえ、商品流通もかなりの程度発展したことが知られており、広域的に多様な貨幣が流通した好例を示してくれる。地域の特徴として、早くから鉱山開発がおこなわれさまざまな銀流通がみられたこと、近世後期に札流通が盛んであったことがわかっている。領地を越えて他領の藩札がどうして流通したのか、その背景を考えてみたい。

一　一七世紀における鉱山と銀の流通

現在の兵庫県域は、中国山地の東端に位置し、昔から鉱物資源に恵まれた地域であった。北摂の多田銀山は古代から知られ、一六世紀後半には但馬の中瀬金山や生野銀山が開発されて、一七世紀以降は但馬・播磨の中小の銅山が断続的に盛況をみた(1)。なかでも生野銀山は豊臣・徳川氏に直轄されて、近世を通じて豊富な産銀・産銅を誇った日本有数の鉱山であった。

このような有力な鉱山の所在地では、領国貨幣とよばれた特別の貨幣が鋳造され流通した。生野銀山でも、銀山領の運上や小物成が宝暦三年（一七五三）まで灰吹銀に換算されて勘定されており、天和三年（一六八三）から京都銀座で丁銀に吹き替えて上納した記録があるので、その灰吹銀が寛文期頃まで地元で流通したと推測されている[2]。寛文八年（一六六八）京都銀座狩野七郎右衛門が幕府に書き上げた「灰吹遺之国々より出申候灰吹丁銀に吹立申覚」によれば、但馬の上灰吹・中灰吹が記されており、一八世紀初め元禄～享保期のものと推定される『銀座書留』所収の「諸国灰吹位付」にも、元但馬や幾野《（生野）》上野・同通伴・同出石・同新稲などの灰吹銀が列挙されている。さらに、明和八年（一七七一）の「諸国灰吹銀寄」には、商人銀・山銀・出石・同屋禰山・矢銀・元但馬・壱町目・新稲の名称がみえる[3]。これらのほとんどは形状すら明らかでないが、「諸国灰吹銀寄」に図が掲載された但馬南鐐が現存している。南鐐とは良質の銀地金を指す言葉で、但馬南鐐は生野銀山の山内通用のため発行されたといわれる高品位の銀貨である。銀一分通用で、慶安年間（一六四八～五一）に銀沢町孫左衛門の所持山が盛山であったころ鋳造されていたという。すでに慶長銀が発行された後の鋳造であるが、徳川幣制の浸透にともない消滅したと推測されている[4]。

近世初頭の灰吹銀の流通は、けっして銀山周辺に限られたものではなかった。姫路の初期豪商である那波新兵衛宗顕は、寛永八年（一六三一）に還暦をむかえ遺言書を認めたが、その財産分与を定めた箇条のなかに、単なる匁表示の銀以外に、「いた百三匁四分五リン」のように銀の種類を示す「いた」「はい吹」「はい」「山吹」「山」「包」「丁銀」といった名称が数多く見られる。「丁銀」は慶長丁銀だと推測されるが、それ以外の銀が具体的にどのようなものであったかは確定できない。「いた」や「包」が板状あるいは包み銀のような形状を示す言葉だと想像できるにしても、「はい吹」「山吹」という名称からみて、慶長銀とは異なる灰吹銀がこの時期まで播磨において流通していたことが想定できよう。これに対し、新兵衛の子太郎左衛門宗円も四五年後の延宝四年（一六七六）に遺言書を書いているが、そこにはもはや特別な銀の名称を冠することはなく、「銀子」という一般的な表示だけとなっている。(5) 全国的に慶長金銀が浸透したのは寛文年間（一六六一～七三）といわれているが、播磨においても慶長銀の普及はこのころ確実に進んでいたのである。

村の土地売券における銀の使用状況をみてみると、丹波では一六〇〇年頃から、摂津では一六二〇年代、播磨では一六四〇年代以降と若干遅れており、それまで米が土地取引に使用され、根強く残ったらしい。(6) おそらく初期の銀は慶長銀ではなかったと思われるが、農村部においてもこのような時間差をもちながら銀が普及したことは確実である。街道筋では、因美街道（美作道）の飾西より西の觜崎・千本・三日月・佐用・平福で、駄賃は（実際は銭払いであったようだが）慶長銀を基準に定められていた。(7)

二　一八世紀以降の貨幣流通の変化

田沼政権期には新たに計数銀貨の鋳造が始まった。明和九年（安永元、一七七二）発行の二朱銀は、金貨の単位をもち、幕府の金貨による貨幣統合への志向を示すものと評価されている。当初、素材価値が名目価値に劣る二朱銀の流通は滞ったが、幕府による積極的な貸付など流通促進策が功を奏して、一八世紀末には西日本でも流通するようになった。当時の金貨体系中最も小額であり、遣い勝手の良さが評価されたと思われる。また田沼政権期には銭の増鋳も大規模におこなわれ、銭相場の急激な下落が生じた。この時期から銭の鋳造は鋳銭定座（金座）や銀座の監督下でおこなわれるようになり、鋳銭定座による鉄一文銭の増鋳や、銀座による真鍮四文銭の新鋳が実施された。西日本では京都伏見で鉄一文銭が鋳造されたくらいで、流通はどちらかというと江戸を中心とする東日本に偏っていた。後述するように、西日本ではむしろ札遣いが進展し、銭の大量需要は起こらなかったように思われる。真鍮四文銭の西国への普及をはかる幕府は、安永六年に姫路・広島・下関の三藩の大坂蔵屋敷に本国への回送を打診したが、藩側は明確な回答をせず、実際に回送されたか疑わしい(8)。永楽銭流通の伝統や永銭勘定が残る東日本に対し、西日本で四文銭は新奇な銭貨であり、少額支払いには一文銭や札遣いが機能していたのであろう。

文政改鋳以降は、改鋳益金を得るために低品位の新たな貨幣が次々と発行された。その結果天保期には、一般の取引において低品位の計数金銀貨が用いられるようになった（天保期から開港までは二朱金と一分銀が多く流通した）。もともと銀貨圏であった西日本では、価値尺度は秤量銀の匁単位を維持しながら、実際には金単位の計数銀貨や銭や札で取引されるようになり、幕末には秤量銀貨の流通はほとんどみられなくなった。金と銀というかつての東西日本の貨幣区分は、実際に流通する貨幣のうえでは意味が薄れていたが、価値尺度という面では依然として存続した。そして西日本では、流通コストの嵩む秤量銀の受け渡しを避け、しかも藩の財政事情も加わって、現銀に代わる銀目の手形や藩札の発行がさらに進んだ。幕末期に幕府が鋳造を命じた精鉄四文銭や文久永宝も江戸で鋳造されたにすぎず、臨時に上方に輸送されたことはあったが、西日本はやはり一文銭と札遣いによって小額貨幣に対する需要が賄われていたといえよう。

三　札遣いの普及とその特色

近世中後期の摂津・播磨の貨幣史を特徴づけるのは札遣いであり、全国的にみてもこれほど多種類の藩札や私札が流通した地域は稀であった。ここでは播磨を対象に、札流通の地域的特色をまとめ、近世貨幣の多様なあり方を理解するための一助としたい。

第一は、銀札の流通と銭遣いとの連動が銭匁遣いという形であらわれたことである。播磨では延宝期から姫路藩や赤穂藩によって銀札が発行され、その後幕府による宝永四年（一七〇七）の札遣い禁令や享保十五年（一七三〇）の解禁など幕府の施策に影響されて発行は断続的であったが、札遣いは広く浸透していった。岩橋勝によれば、播磨ではこのような銀札流通の基盤のうえに立って、銀札が銭に代わる紙幣として受容され、銀札と銭貨をリンクさせる銭匁遣いが普及したという。(9) 銭匁遣いとは一定枚数の銭を一匁（匁は銀の単位）と勘定する算法であり、銀と銭が流通した西日本の多くの地域でみられた。播磨では天明期からこの銭匁遣いがみられ、寛政期以降には銭匁札の流通が確認できるが、一匁が銭何文にあたるか、内実量は固定されず銀銭相場に連動して変化した。ただ播磨の諸藩では表向き銭匁遣いを禁止したり、札もあくまで銀札として流通させたりしたので、銭匁札としては定着しなかった。しかし銭匁遣いは民間に広く浸透し、秤量銀貨が流通貨幣としての機能を失っていくにつれ、銭一匁に見合う銭量を一緡《さし》とする流通貨幣として機能した。

第二に、姫路藩のように専売制と関連して藩札が発行され、商品の裏付けをもって札の信用を保持した成功例をみたことである。(10) 姫路藩では藩政改革の一環として文政三年（一八二〇）に切手会所を設置して銀札・銭札を発行し、翌年から国産会所を併設して木綿切手を発行した。木綿切手で領内の綿織物を集荷し、それを中央都市で販売して現金銀に代えるという方法をとった。一橋徳川家に出仕した若き渋沢栄一が、慶応元年（一八六五）に同家播州領で藩札発行と木綿専売をめざしたのも、姫路藩の仕法にならったものであった。(11) 東播の長束木綿取引について、嘉永四年（一八五一）の小仲買提出の願書には「金相場御問屋御衆中より金サヤ高直之御渡し方故、小仲買一統困り入難渋至極ニ奉存候」(12) とあって、問屋指定の金相場が相異していたため小仲買が困窮を訴えている。ちょうど切手が停止あるいは不足の時期にあたっており、正金銀遣いに戻ったためにこのような事態が起きたらしいが、小仲買や織元は札の利便性を訴え、その流通を求めていった。幕末に金相場の上昇が続くなかで、商品流通＝木綿集荷のための安定的な札遣いの欲求は根強かったとみられる。

第三に、播磨は諸藩札が混合して流通した地域であった。一般に藩札を発行する当局は、自藩の権益確保のため領内における自藩札の専一的流通を命じたが、播磨の諸藩もこの例に漏れなかった。他領札の流通を禁止する法文が数多くみられ、そのことがかえってこの地域で諸藩札が混じって流通した実態を示している。これに関連して、文政十二年三月の龍野醤油業における網干塩使用についての伺書では、塩代払方の条項中に「銘々融通之勝手ニより赤穂・姫路・備前等之銀札相廻り候得は其儘相渡申候、是等を正金銀ニ引替候得は金さや何角損失多分御座候」(13)との文言がみえる。赤穂・姫路藩札のみならず隣国の岡山藩札などの流通が想定されており、しかも本来の規定通りに正金銀に引き換えてから受け渡すのではなく、札のままで決済することを申し合わせている。A藩札→正金銀→B藩札という交換をすれば二重に手間と費用がかかるので、藩札を正金銀に引き換える手数料を省くのである。この史料から、諸藩札の混合流通が起こるわけや、藩の命令にもかかわらずこのような現象が解消されない理由を読みとることができよう。札に対する信用リスクをかかえながらも、実際の取引の世界では、流通コストを抑えることで札の利便性が勝っていたのである。播磨に限らず、このような事態が藩の思惑を超えて進行していたと思われる。

第四に、他領札の流通は地域的な金融の問題とも密接に関連していた。赤穂藩において、文政七年十月七日に正金銀や他領銀銭預り切手の通用を従来通り禁止する旨を命じているが、その中で「右預り切手銀証文差入致借用候口入世話人も有之」(14)と元凶を指摘して、当座の便利さに迷い札を借用する者を非難し、口入人を処罰するとも述べている。融資をもちかける世話人が存在し、その介在によって他領札が流通していたのである。こうした仲介者が存在した背景にはどのような事情があったのだろうか。次に一例をあげて検討したい。

四　西播、安志藩銭札の貸付

嘉永元年（一八四八）播磨揖東郡における安志藩銭札の貸付例をみてみよう。[15]安志藩は播磨国宍粟郡安志に置かれた譜代の小藩で、石高は一万石、享保元年（一七一六）に豊前中津から小笠原長興が入封し、以後六代を経て明治を迎えた。藩札は文政五年（一八二二）正月に銀札・銭札が発行された。銭札（銭匁札）については、五〇目を最高に一〇匁、五匁、一匁、三分、二分、一分の額面があったことが知られている。[16]

為取替一札之事

一此度其元方江拙者取次を以、安志銭切手四貫四百目預置申候、尤本証文之表ニ銀四貫目と認メ有之候得とも、右安志銭切手融通之取組ニ候事故、為積銀と銀壱貫八百目無利足ニて御渡、慥ニ受取置申候、且又利足之義ハ壱ヶ月壱歩と本証文ニ認メ有之候得とも、元利之内少ニ而も無滞御返済被成候ハ丶、壱ヶ月四朱之内約ニ相違無之候、万一元利之内少ニ而も相滞候様義有之節ハ、此書附可為反古、万事別紙本証文を以御取引可申約定ニ候、猶又右受取置候銀壱貫八百目ハ、元利御返済之節無利足ニて相渡可申定ニ候、為後証為取替一札依而如件

嘉永元年申六月　　揖東郡六九谷村　新吉郎（印）

揖東郡興浜村　弥之助殿
同郡同村　宇右衛門殿
同郡同村　新右衛門殿

本紙に添えて出す取替一札と銀子預り証文の雛形も付随している。

為取替一札之事

一此度別紙銀何貫目之連印証文相渡、安志銭切手何貫何百目請取預り申処相違無御座候、右銭切手融通約定ニ付、為積銀銀何貫目無利足ニ而御預ケ申置候、然ル上は右銭切手ニ私共別紙印鑑之印シヲ入相用申候、自然貴殿方へ右印入銭切手相戻り候節は、為御知被成候ハヽ、早速右積銀之外之金銀ヲ以無相違、預り中者幾度ニ而も私共より引替可申候、猶又利足之義者元利之内少シニ而も滞不申候ハヽ、積銀ニ不抱元銀ニ壱ヶ月何朱何厘之内約ニ相違無御座候、万一相滞歟猶又引替延引候様之儀も御座候節は、万事右本証文を以御取立可被成候、右御預ケ申置候積銀ハ、元利御返済申節無利足ニ而御戻し可被下約定ニ相違無御座候、為後証差入申為取替一札印形依而如件

年号月　　　　　　　　　　　　　　何郡何村　　誰印

（連記中略）

六九谷村　新吉郎殿

御取次

預り申銀子之事

〇〇〇

合銀何貫目者　　　　　　但し元銀也

右之銀子就要用我々中何人江致借用、銀子慥ニ請取預り申所実正ニ御座候、然ル上者其元御入用次第壱ヶ月壱歩之加利足、元歩銀無間違返済可申候、万一印形之内壱人ニ而も故障出来相滞者有之候ハヽ、残ル印形之者引請致弁銀、元利皆銀速ニ返済可申候、為後日之銀子預り連印証文依而如件

年号月　　　　　　　　　　　　　　何郡何村　　誰印

（連記中略）

六九谷村　新吉郎殿
御取次

揖東郡六九谷村（林田藩領）の新吉郎を取次として、同郡興浜村の三名が連名で安志藩銭札四貫四〇〇目を借り受けた。村側は銀四貫目の借用本証文と証拠の積銀として銀一貫八〇〇目を差入れ、積銀の約二・五倍の銭切手を受け取り、利息一か月四朱を支払う取り決めとなっている。この利息支払いが遅延すれば、別に本証文に定められた月一分の利息が適用される。月利息の数値が一致するから、雛形として示された「預り申銀子之事」が本証文のそれなのであろう。また雛形「為取替一札之事」の文言によれば、銭札には借入人の印を押して使い、印鑑を取次人にも提出して、使用された銭札が取次人のところへもち込まれ現金化される手筈になっていた。回収資金は別途借入人側が負担して引き替えることになっている。借入期間がどの証文・雛形にも明記されないのが残念であるが、取次人のところに銭札がもち込まれた都度引き替えることになっているので、比較的短期の借入であったと推測される。

借り入れる側は保証金の納入に加えて利息を支払うが、その代わりに保証金の倍以上の手元流動資金を入手することができた。取次人は無利息で保証金を預かると同時に、毎月の利息も受け取ることができた。安志藩の利得については証文からは明らかにならないが、切手発行による何らかの権益を享受できたはずである。おそらく藩と取次人の取り決めがあって上納がおこなわれたことは想像するに難くない。藩の名義を付けることで、この地域における札の流通が円滑に運んだのだろう。

おわりに

安志藩銭切手融通に関する証文は、大坂の用達泉屋五兵衛の文書のなかに残っている。泉屋五兵衛はいくつかの藩の用達を兼ねており、借用側の興浜村が属する讃岐国丸亀京極氏の播磨揖東郡の飛地の用達も務めていた。興浜村は丸亀藩飛地の陣屋が置かれた場所であり、現在の姫路市網干という町場として、塩・醤油・木綿など商品流通の盛んな土地柄であった。こうした一時的な手元流動性を得るための金融が、地元の有力者を中心に広くおこなわれる素地はある。[17]その証文や雛形が用達側に残ったことは、融資の受入に丸亀藩・用達が積極的に関与したことすらうかがわせる。安志藩札に自領の貨幣流通が蚕食されていることを摘発した証拠書類と考えられないこともないが、それなら書類は藩側に押収されただろう。前述した赤穂藩の対応とは少し異なっている。赤穂藩のように自らの貨幣発行権にあくまでこだわった藩もあっただろうが、流動資金確保に動く地元の商人たち、藩札による融資をもちかける仲介人、その間で名目金のように名義を貸すことで利益を得ようとする小藩もあったかもしれない。

以上、札遣いが、藩の財政的な思惑、商品を取り扱う人々の欲求、あるいは地域の金融活動といったさまざまな契機にもとづいて進んでいたことをみてきた。藩専売や商品取引など地域の経済活動に基盤をもつことが、順調な札流通を支える鍵となったことは間違いない。しかしその通貨圏は、せいぜい播磨南部の範囲を越えるものではなかった。外部には、大坂の両替商を中心とする手形決済制度や、金銀貨による貨幣制度が厳然とあって、全国的な経済インフラを形成していた。用達のような大坂とつながりをもつ存在がどのような役割を担っていたのか、今後の課題としたい。

（1）小葉田淳「近世、但播州の銅山について」（『日本銅鉱業史の研究』思文閣出版、一九九三年）。
（2）小葉田淳「生野銀山」（『日本鉱山史の研究』岩波書店、一九六八年）。
（3）榎本宗次『近世領国貨幣研究序説』（東洋書院、一九七七年）。

(4) 日本銀行調査局編『図録 日本の貨幣4　近世幣制の動揺』(東洋経済新報社、一九七五年)。
(5) 二点の那波家の遺言書は、『姫路市史』第一一巻上史料編近世二(一九九六年)所収。
(6) 浦長瀬隆『中近世日本貨幣流通史』(勁草書房、二〇〇一年)。
(7) 『姫路市史』第一一巻下史料編近世三(一九九九年)所収「人馬賃銭定願書控」や『播磨 新宮町史』史料編I(二〇〇五年)所収「元文銀改鋳につき千本村・佐野村駅馬駄賃相場の口上」によれば、元文元年(一七三六)の銀改鋳まで駄賃は銀を基準に定められていたことがわかる。改鋳によって銀安銭高になったので諸宿は定額の銭での受け取りを願い、一部で認可された。
(8) 本書第十二章を参照。
(9) 岩橋勝「播州における銭匁札流通」(近畿大学『商経学叢』七九、一九八四年)、「播州における銭匁遣い」(『松山商科大学創立六〇周年記念論文集』一九八四年)。
(10) 商品集荷のための札遣いは、河内では近世前期から木綿流通と関連した私札の発行例が紹介されている。稲吉昭彦「近世前期私札と木綿売買」(八尾市立歴史民俗資料館編『河内の綿作りと木綿生産』八尾市教育委員会、二〇〇二年)参照。こうした私札がごく限られた地域で短期間発行され流通し回収されたと考えられるのに対し、中後期の播磨の例は領主(藩)を巻き込み、広範囲で大規模におこなわれた点で段階を異にする。
(11) 渋沢栄一「産業奨励と藩札発行」(『青淵百話』坤、同文館、一九一二年)。
(12) 『加古川市史』第五巻史料編II(一九八七年)。
(13) 『龍野市史』第五巻(一九八〇年)。
(14) 『兵庫県史』史料編近世二(一九九〇年)。
(15) 用達泉屋五兵衛文書。この文書全体については、安国良一「史料紹介　用達泉屋五兵衛とその文書」(『住友史料館報』三八、二〇〇七年)を参照願いたい。
(16) 安志藩札の現物は、国立史料館編『江戸時代の紙幣』(東京大学出版会、一九九三年)や『お金　―貨幣の歴史と兵庫の紙幣―』(たつの市立龍野歴史文化資料館、二〇〇五年)にカラー図版が多数掲載されている。
(17) こうした近世後期の地域社会における貨幣流通や金融を管理する能力は、在地の村役人層を中心に蓄積されつつあったと考えられる。たとえば、出羽幕領で郡中議定によって仙台藩が鋳造する劣悪な銭貨の流入が規制されたことについては、平川新「「郡中」公共圏の形成　―郡中議定と権力―」(『日本史研究』五一一、二〇〇五年)が明らかにしている。また近年、地域社会における行政管理能力と貨幣流通について、古賀康士が備中を対象に研究を積み重ねている。古賀「備中地域における銭流通」(『岡山地方史研究』九九、二〇〇二年)、「安政四年の紙幣目録　―幕末期備中一橋領の通貨事情―」(『岡山地方史研究』一一六、二〇〇九年)、「幕末維新期の備中における紙幣発行について　―玉島請札と大内再興札を中心に―」(『倉敷の歴史』二一、二〇一一年)参照。加藤慶一郎も「近世近代移行期における播州三木町の通貨構造」(『流通科学大学論集　流通・経営編』一四-一、二〇一一年)において、嘉永元年に丹波国山家藩札を三木町周辺で発行・流通させようとし関係者が摘発された事件を紹介している。他藩の札も札元次第で流通し、正銀を差し入れてその額以上の札を得る仕組みは安志藩札の場合と同様であった。

第四章　地域からみた近世中後期の通貨事情(二)――伊予の場合――

はじめに

本章では、伊予の別子銅山に視点をすえ、一八世紀中頃から明治維新期にいたる伊予あるいは瀬戸内の貨幣流通の実態を、貨幣の多様性と統合という視角から検討する。

この点に関して、われわれは研究史の上で二つの成果をもっている。一つは、一九世紀に入って計数銀貨や劣位の金貨が大量発行され、それが全国に流通して従来の銀遣い圏においても実質的に金建てに変化したことである(1)。西日本においても、価値尺度として銀匁を用いながら、実際の決済には計数金銀貨が用いられるようになった。新種の貨幣の鋳造という幕府の貨幣政策に端を発しながら、市場経済による統合の形があらわれてきた。もう一つは、長い研究史をもつ藩札の流通や、藤本隆士や岩橋勝によって明らかにされた匁銭＝銭匁勘定にもとづく藩独自の札遣いが西南日本において普及し、地域ごとの多様な貨幣流通がみられたことである（以下、本章での呼称は銭匁に統一する）。銭匁勘定とは、一定枚数の銭を銭一匁として勘定する計算貨幣である。はじめは銀銭相場に連動して銀一匁あたりの銭文数と一致して変動したが（＝変動銭匁勘定）、やがて藩ごとに藩札の一匁に対応して固定した枚数を示すようになった（＝固定銭匁勘定）。

計数金銀貨の全国的な流通という鋳貨における新たな統合への動きと、銭遣いを基礎に銭匁勘定による藩札の多様な使用がみられるようになった。こうした対照的な貨幣であったが、これらを小額貨幣という共通の範疇でとらえ、それが経済発展に果たした役割に注目する研究動向もある。(2)これに対し本章での考察は、むしろ両者の関係や相互作用を対象としたものである。領内限りの銭匁勘定が領外の金・銀の流通とどのように影響し合ったかという関心から、銭匁勘定の普及、藩札の価値の維持、幕末期の金相場上昇の影響などについて検討する。

なお別子銅山における貨幣流通については、経営史的観点から別に詳しく論じたことがあり、(3)本章の記述についても細かな事実はこれに依っている。また表4-5として年表を付けたので参照願いたい。

一　東予と別子銅山の流通貨幣

岩橋勝の成果によれば、伊予の在地は銭遣いが基本にあり、銀は城下町あるいは領外取引で用いられた。(4)一八世紀中頃に変動銭匁勘定を経て固定銭匁勘定へ移行し、藩札も銀札から銭匁札へと変化した。(5)固定銭匁勘定になると、東予の諸藩では、松山札（六十文銭）、今治札（六六文銭）、西条札（六七文銭）、小松札（六十文銭）が、銭一匁あたりそれぞれ括弧内表記の価値で流通した。

東予の宇摩郡・新居郡にまたがる別子銅山も銭遣いで、一八世紀前半には大量の銭が大坂から送られていた。享保十年（一七二五）の海難の例では、新居浜へ向かう船の難破で合計三六〇貫文の銭包が海中から引き上げられたことがわかる。(6)新居浜では一八世紀中頃には変動銭匁勘定であったことが確認でき、明和年間（一七六四〜七二）に固定銭匁勘定に移行した（表4-1）。だがこの頃になると大量の下し銭はみられない。今治・小松・西条各藩の大坂あて為替を取り組むことによって、その代価として現地の米や仕入れ資金（おそらく銭のちには銭匁札）を入手できる仕組みを作り上げていたと思われる。(7)このほか鉱山用飯米として幕領年貢米の払い下げ（買請米制度）もおこなわれたが、これも代銀を大坂で支払う一種の為替であった。現地で米や貨幣（銭）を入手す

表４－１　座頭施銭の銭匁レート

年　　月	文/匁
寛保３年（1743）12月	62
延享元年（1744）10月	64
延享２年（1745）10月	70
延享３年（1746）９月	70
延享４年（1747）正月	70
寛延２年（1749）11月	67
寛延３年（1750）９月	67
宝暦元年（1751）	72
宝暦４年（1754）	72
宝暦６年（1756）９月	66
宝暦９年（1759）２月	66
12月	62
宝暦10年（1760）９月	62
宝暦14（1764）～明和５年（1768）９月	60
明和７年（1770）２月	62
12月～文政３年（1820）10月	67

出典：住友家文書『諸用記』
注：年次のみは実施月不明のもの

る回路をすでに築いていたのである。

しかし銅山での賃金支払いには銭は不可欠であった。寛政七年（一七九五）に西条藩札が発行された後、運搬その他に便利であることから山内にも西条札を導入し、賃金支払いに充てるようになった。山内では西条札と松山札に押印して使用し、独自の固定銭匁勘定を実施したようである。松山札は伊予松山藩が発行した札で、同藩は別子銅山を含む東予の幕領を預所として管理していた。西条札・松山札はそれぞれ藩領で六七文・六〇文で通用したが、別子銅山では天保四年（一八三三）時点で銭一匁は五四文、同十三年以前は同七二文であったことがわかっている。

二　銭匁勘定の普及と藩札（銭匁札）の流通状況

秤量銀貨を価値基準とする西日本の、銭貨が主要な流通貨幣であった地域において、銭匁勘定はどうして広範に普及したのか。次の史料は、宝暦元年（一七五一）頃に大坂から買い入れた味噌代を住友の新居浜口屋で計算した書類である。(8)

一味噌弐万貫目

　但、銅山年分味噌入用積り高凡ニして

味噌十貫目ニ付十三匁七分五りかへ

代銀弐拾七貫五百目

（但書略）

又壱貫弐百三拾壱匁三分四厘

但、銀歩三文宛之積也、廿七貫五百目分当地通用六拾七文銭ニ直シ如高

右ハ銀払銭払之違也、大坂御本家味噌代銀払と承及罷有候、与州味噌買入ハ不残銭払ニ仕候ニ付、銀銭たてり此節通用ニ三文三歩程有之候へ共、先荒積り三文と定如此（以下、下り元船賃・上荷賃・輪替賃、合計、略）

注目すべきは「又」以下の計算と説明部分である。銀建ての味噌代を六七銭勘定に換算するときに銀歩三文宛を加算し、銀払い銭払いの違いであると断っているから、銀歩とは銀銭相場と現地通用の六七銭との差損益と規定できる。計算式を示せば次のようになる。

27,500×3÷67=1,231.34

この場合「銀銭たてり」は銀・銭の両替相場のことで、具体的には銀一匁と通用銭（六七銭）一匁との差を文数であらわしている。ここから、銭匁勘定地域における隔地間取引は「銀匁」±「銭匁と銀銭相場との差（銀歩）」で代価が計算されたことがうかがえる。銭匁勘定が同じ領内市場において利便性が高いことはもちろんであるが、銀銭相場の変動が激しい時期において、外部との交易にあっても簡便な計算様式として定着した合理性が感じられる。このような計算方法からみる限り、固定銭匁勘定の導入は藩（あるいはこの場合は別子銅山）の経済的独自性を補強するものであると同時に、銭貨流通に基礎を置く諸領間においては、それが共通の貨幣としての側面があることを評価したい。藩領経済の独自性を保ちながら、それを超える広域的流通を可能にした計算貨幣であった。

銀歩とは銀銭相場と銭匁勘定との差をあらわしたが、固定銭匁勘定においてさらに札遣いが普及してくると、同じ「銀歩」という語を用いながら、異なる銭匁札を評価する方法として、銀一匁あたりの当該銭匁勘定における銭文数でその札の価値を示すようになった(9)。諸藩の銭匁札は銭一匁あたりの文数のみならず札自体の価値が相違し、単純に比較できないためである。したがってある藩札の銀歩上昇とは当該札の価値下落をあらわし、複数の藩札の間で銀歩上昇が話題になるときは、そのうちの一藩札の価値が下落していることを示す。

瀬戸内の燧灘《ひうちなだ》をめぐる東予一帯は、幕領と松山藩・今治藩・小松藩・西条藩の藩領が混在する非領国的な地域であり、それぞれ銭匁札を発行し、今治藩の飛地であった三島（伊予三島）では飛地札も発行されていたから、大局的にみれば各藩札の混合流通地域であった。こうした広域的な市場に参加する複数の銭匁勘定の間では、銀歩に際だった差がないことが望ましく、各札の評価の不均衡は流通の混乱を招くことになる。ところが文化・文政期に東予諸藩の銭匁札はしばしば信用不安をむかえ、銀歩の上昇を招いた。危機回避には諸藩札元の協議や、準備銀確保のため大坂の有力町人に資金拠出の依頼がおこなわれたりした。たとえば『小松藩会所日記』の文化十一年（一八一四）九月・十月に次のような記事が見える(10)。

一銀歩下方之者ニ而集会之儀、伊八郎より西条之方談方致候処承知之由、今治表三嶋札掛リ善右衛門方々引合候処、今治より壱人、三嶋より壱人、集会場所ハ西条へ集会候旨申来、（以下略）

一西条城下町医師葛城義仲方、三ヶ所銭札用掛集会、銀歩直下方申談相済、（中略）当日出役西条ハ志智屋小左衛門、今治より樽屋久平、三嶋より藤本屋伊兵衛、小松より銭屋藤九郎罷出、（以下略）

文中の西条の志智屋小左衛門、今治の樽屋久平、三島の藤本屋伊兵衛、小松の銭屋藤九郎らは、札面にも見える銭札用掛の大庄屋・年寄クラスであり、彼らがしばしば集まって銀歩下げについて協議していたことがわかる。この意味で札元の協議は、貨幣流通の安定化をめざす動きとして注目される。翌年三月にも今治で銀歩上昇があり、「此辺下直故哉両替多ク困候故」西条側と協議したことが『小松藩会所日記』に見えている。[11] 札価値の不均衡が、不安視された札について正銭または正銀への兌換の動きを引き起こし、札元では準備銀などの手当に追われたのであろう。右の会合は、恒常的・組織的な協議機関というわけではなく、他札の価値変動が自領におよぶのを回避するという各藩札元たちの自己利益を優先するものであったという限界はあるが、在地からの通貨同盟の可能性、模索として評価しておきたい。

三　幕末期の通貨変動とその影響

別子銅山関係史料からみる限り、東予における流通貨幣や領外取引貨幣は、天保期中頃に秤量銀貨から金単位貨に変化したと推定される（表4-2・3）。従来の秤量銀貨や小判・一分判と異なり、遣い勝手のよい（流通経費の安価な）小額の金単位貨幣が流通したのである。別子銅山では、経費の増大にともなって、必要な仕入れ資金の大半を西条藩との為替取引や貸借関係に求めるようになっており、[12] 山内流通札も松山札より西条札が主流になっていた。天保十四年（一八四三）には銅山は銀建て（銀一匁＝銭一〇〇文）に移行するが、現地の銭匁札遣いは変わらず、実質は一〇〇文銭という銭匁勘定であった。この別子銅山に施行された銭匁勘定は、山銭・山銀とよばれて明治六年（一八七三）まで維持された。

東予の流通貨幣が金単位の小額貨幣に代わっても金銀相場に大きな変化がなければ、銭匁勘定の運用は従来通りであったと考えられる。銭匁勘定は銀銭相場を反映して成立したので、「銀歩」の語意で前述したように、銭匁札の実勢は銀一匁あたりの当該札の文数で示された。このように銭匁札は秤量銀を基準として評価されたが、実際に取引される貨幣が金でも銀でも、金銀相場で換算すれば変わりなかった。

しかし安政二年（一八五五）以降に金の対銀相場が上昇する過程で、秤量銀で評価される銭匁勘定は取引の混乱を招くことになり、金との関係を模索せざるをえなくなる。

次の史料は、こうした混乱のなか西条藩に対し銭札引替所の請負を求めた伺書の一節である[13]。

　金壱両ニ付六拾四匁八分ニ御座候時は、全銭札取引之表ニ而は世評宜道理ニ御座候得共、其割六拾三文之所、六拾五文ニも取引不仕、尤御領内之もの勝手ニ相成候義は九牛か一毛ニ御座候而、諸方より入込候商人之も

表4－2　西条藩との取引貨幣

年次	為替		借用証文				
	銀	金	銀	金	銭札	米	その他
	(貫)	(両)	(貫)	(両)	(貫文)	(石)	
文政元(1818)	310						
2	350	850					
3	360						
4	280						
5	370						
6	250	395					
7	350						
8	260	500					
9	270	1,200					
10	380	1,000					
11	374	2,340					
12	340	3,800	50				
天保元(1830)	429	3,985					
2	375	2,350					
3	414	300	80				
4	462	2,100					
5	420	500	30				
6	332	5,609	70				
7	87	7,050	23			95	
8	3	7,289		700			
9	36	8,300					
10		8,600					
11		8,800		1,200			
12		8,500		1,300			
13		8,130		700	20		
14		8,100		2,000			
弘化元(1844)		4,450		2,500			
2		2,500		500			
3		5,410					
4		9,570		1,500			
嘉永元(1848)		6,000		1,000	500	300	
2		8,650		4,000	85	1,836	銭30貫文
3		1,000		13,500		830	
4				16,000		1,650	
5				14,000	377	786	
6				18,000	30	400	
安政元(1854)				15,580		2,100	銭15貫文
2				12,300		1,500	
3				13,700		500	
4				15,700		400	
5				18,400		921	
6				17,400		1,600	
万延元(1860)		10,000		2,026		2,300	
文久元(1861)		10,000		5,782		941	

文久2		10,000		4,200			
3		10,000		4,650			
元治元(1864)		11,000		360			
慶応元(1865)		10,000		9,093			
2		10,000		4,000	300	1,500	
3		10,000			200		
明治元(1868)		10,000		2,800	257	1,300	
2					20,000	600	
3				6,000	150	150	金札1000両

出典：安国良一「一八・一九世紀の通貨事情と別子銅山の経理」(『住友史料館報』32、2001年)第1表および同「別子銅山の損益と泉屋大坂本店」(『住友史料館報』33、2002年)第6表・第8表を改変
注：表記の単位未満四捨五入

表4－3　別子―大坂間の現送貨幣

年次	大坂→別子			別子→大坂	
	金	銀	銭	金	銭
	(両)	(貫)	(貫文)	(両)	(貫文)
天保5(1834)	50	260	328		
6		120			
8	200	80			
9	575	90		400	
10	1,050				
11	3,400	小玉1			
12	1,700				
13	50				
14	3,300	小玉1	101		
弘化元(1844)	1,050		200	1,600	
2	4,030	小玉1			
3	4,800				
4	3,230	1	200		
嘉永元(1848)	5,035		10		
2	6,100		50	2,300	
3	4,035		50		
安政4(1857)	2,600				
5	4,940	小玉1	50	1,000	
6	3,760		50、百1万	2,550	百9,584
万延元(1860)	2,000	25			
文久元(1861)	3,500				
元治元(1864)	8,965	100			
慶応元(1865)	8,000+				
3	10,500+	80			

出典：安国上掲「一八・一九世紀の通貨事情と別子銅山の経理」第2表を補訂
注：表記の単位未満四捨五入、「百」は百文銭、+印は記録に脱漏があるため表記の数値以上であることを示す。

の六拾四匁八分之金を受取、六拾八匁五分ニ相渡候義ニ付、纔ニ壱両之手前ニ而銀三匁七分之利潤有之

西条藩領では金銀相場を実勢（六八匁五分）より銀高のまま六四匁八分に据え置いていたらしく、別子銅山側はそのことが銭札の通用不安を醸成すると懸念を表明し、その解決策として引替所の開設を願ったのである。他領からの商人が金を入手するためにやってきて両替用の正金が減少するというのである。銀は銭匁と連動してい

表4－4　別子山内の両替レート

A(安政2年3月)	B(安政4年正月)	B/A×100
金1両＝銀64匁81	金1両＝銀70匁	108
金1両＝西札107匁366	金1両＝西札117匁05	109
銀1匁＝銭106文	銀1匁＝銭102文	96
西札1匁＝銭64文	西札1匁＝銭61文	95
金1両＝銭6870文	金1両＝銭7140文	103
銀1匁＝西札1匁656	銀1匁＝西札1匁672	100
(山銀1匁＝銭100文)	(山銀1匁＝銭100文)	

出典：安国前掲「一八・一九世紀の通貨事情と別子銅山の経理」より作成

るので、史料を「金1両＝64・8匁×67文＝68・5匁×63文余」と数式にあらわしてみると内容が理解しやすい。金を基準とすれば、銀安傾向が続くなかで銭一匁あたりの文数を下げなければならなくなっていた。銀目の空位化とよばれる秤量銀の流通からの撤退と金相場の上昇によって、価値尺度としての秤量銀は経済の実態を反映しなくなったのである。藩当局にとっては金銀相場の動向をにらみながら、細かな為替管理を実施しないと、外貨というべき金貨が領外流出するという事態を招きかねないことになる。

このような状況下で、別子銅山では銀・西条札より金との連動性を強め、銭＝山銀通貨圏を堅持し、隔絶した物価の世界を維持した(14)。表4－4から安政二年と同四年の両替レートの変化をみると、金の相対価値は確かに上がっているが、西札（西条札）と銀の価値下落が激しいだけで、銭＝山銀は三％ほど下落したにすぎない。こうして価値尺度として役立たなくなった銀目の廃止という次の統合の段階をむかえる。

四　維新期――新たな統合へ――

維新政府は銀目廃止、太政官札（金札）の発行に着手したが、地方において小額貨幣は不足した。その要因は、太政官札の信用が不足したこと、小額札の発行が遅れたこと、近世の信用体系や物流構造が崩壊し鋳貨への需要が急増したこと、藩の行く末に対する不安から藩札の信用が低下したこと、などによる。明治初期に各地で藩札

表４－５　年表（別子銅山の通用札）

年次	月日	事項	関連事項
寛政６（1794）	——	西条銭匁札発行、その後別子でも流通	
11（1799）	11月	西条札最近通用停止、通用便利につき松山銭札引替願	
文化11（1814）	10月11日	銀歩下げ方協議のため小松・西条・今治・三島の銭札用掛西条に集まる	
12（1815）	２月・３月	西条藩・小松藩にて引替多く出る	
	８月	川之江にて銭札発行計画、大庄屋ら住友に依頼のため来坂	
文政元（1818）	５月26日	小松藩、銀引替のため大坂千艸屋より借用	
	６月	小松札信用不安、月末通用停止	
	９月15日	小松藩、大坂で札印刷の見積を取る	
２（1819）	７月20日	松山藩手附方よりの銅山通用預札発行の勧めを断る	
６（1823）	５月10日	銀歩高騰につき諸色高値	
７（1824）	４月12日	西条銀札場差支え、来坂にて住友より銀200貫目借用	
９（1826）	７月	西条札不人気、稼人集めのため山内正銭遣いを計画	
天保元（1830）	７月１日	松山札加判の新札発行、銅山でも引替	
４（1833）	７月６日	当盆前過払い西条札・松山札取交払い、取遣54文、西札は銅山加印のうえ通用	
14（1843）	12月	勘定向銀建てに変更、1匁を銀7分2厘とする、過銀札渡しにつき、銀7分2厘は銭72文渡し	
安政元（1854）	６月24日	西条5匁札当9月限り停止	
	閏７月10日	松山札引替多く不都合、銀歩引き下げ	
２（1855）	３月	金相場高騰のため両替損失多く、西条藩あてに拝借金利足用捨願を提出	
	３月13日	西条札1匁65文通用、金1両67匁通用に変更、稼人両替歩銀これまで通り	
４（1857）	正月25日	西条領分金銀歩立替につき金1両70目、西条札1匁61文通用に変更、稼人両替歩も変更	
５（1858）	５月15日	西条札1匁63文通用に変更	
慶応３（1867）	10月	西条札両替停止につき迷惑、広瀬ら藩あてに銅山方にて両替引受願提出	
明治元（1868）	正月28日	西条札衰弱、銭50文通用、金1両札140匁、正金渡しか140目定めを藩に要求	閏4月19日金札発行布告、5月9日銀目廃止、5月15日太政官札発行、5月28日大坂長堀に貨幣司出張所設置、通貨増鋳
	２月16日	銅山への正金下しを依頼	
	７月14日	川之江陣屋、銀札発行を布告（実態は銭匁札）	
	９月	銅山支配人広瀬宰平、上納金と引き換えに西条札発行意見を藩あてに上申	

明治元(1868)	12月20日	節季過払い金札遣方差支えにつき正金払い	
明治2(1869)	5月	広瀬、銅山通用楮幣新造願を川之江役所あて提出	
	8月26日	金札通用正金同様につき金1両60目定め、当季払いより実施	
	(11月)	預手形之矩則制定、5000両発行、発行高7歩の金札準備、本店で3印、予州で2印押捺	
3(1870)	正月15日	手形6種、銅印・水牛印を大坂より発送、返送用雛形同封(以後2,3月に札廻着)	
	9月21日	里方にても預手形発行、西条札払いも預手形渡し	正月(大坂)金札相場正金同様、1両70目
	10月6日	小札差し支えにつき5分札発行、小判型調印	
4(1871)	6月11日	広瀬(新貨条例をうけて)、預手形廃止の積にて過分の発行を慎むよう指示	
	9月3日	各藩へ楮幣停止布告、川之江県の指示に従うこと、1匁以下払方に必要なので時が至れば交渉	5月10日新貨条例制定、7月14日廃藩置県詔書、藩札引替予告
5(1872)	4月	あらためて西条札停止を諸役場に通達	
6(1873)	8月	銅貨出回らず、歩役札発行願(30日愛媛県許可)	
	10月7日	歩役預り木札発行	
9(1876)	5月29日	歩役札通用停止、立川出店・銅山会計方にて銅貨に引替	

出典：安国前掲「一八・一九世紀の通貨事情と別子銅山の経理」、「別子銅山と天保・嘉永期の経営危機」(『住友史料館報』34、2003年)より作成

その他の札発行が続くのはこのような理由による。地域の貨幣の流動性が求められたのである。

別子銅山では買請米制度という幕領年貢米の払い下げをうけ、代価の延べ払いが可能であったが、これが廃止されたため、住友がすべて自前で米を買い付け、山内に供給せざるをえなくなり、大量の現金下しが必要となった。賃金支払いに充てる藩札（おもに西条藩札）の流通も、版籍奉還を経て廃藩が予想されるなかでいつまで継続されるか不安視された。別子銅山では政府の許可を得て明治三年（一八七〇）に山銀札を発行して山内の賃金支払などに充て、さらに新貨条例発令後も円銅貨の流通不足を根拠に、山銀一匁以下の小額札を維持するため、明治六年歩役札（貨幣単位の紙札は禁止）に改変して許可を得て、明治九年まで流通させた。貨幣の発行を国家が独占するようになっても、円貨が地方の小

額貨幣の流通を代替するようになるまで、山銀通貨圏のような例がしばらく存続維持されたのである。

おわりに

銭匁勘定は、銀を領外取引貨幣とし銭を領内取引貨幣とする西日本の諸地域において、領内経済の独自性と領外取引の容易さを実現する計算貨幣として成立した。一八世紀中頃からは、藩札と結びついて銭一匁の枚数が固定する固定銭匁勘定が普及した。

天保期に入ると、伊予など秤量銀貨を価値尺度とする地域においても金単位貨幣の流通が進み、銀目の空位化とよばれる秤量銀貨が流通界から撤退する現象がみられた。幕末期に金銀相場の急激な変動によって金高・銀安が進むと、銀銭相場との関連で生まれた銭匁勘定も影響をうけ、領内外の相場変動に応じた為替管理を藩当局は迫られた。秤量銀貨はその価値尺度機能を減退させ、やがて銀目の廃止という次の統合の段階をむかえる。

住友が経営した別子銅山は、近世後期に東予の一つの銭匁勘定領域として存立していた。銀安が進むと、その影響をうけないように銭＝山銀は銀との連動を絶って金との関係を強め、維新期を経て明治六年（一八七三）まで山銀札を発行、歩役札に改変して明治九年まで通貨圏を維持したのである。

（1）　三上隆三『円の誕生』（東洋経済新報社、一九七五年）、岩橋勝「近世三貨制度の成立と崩壊　―銀目空位化への道―」（『松山大学論集』一一―四、一九九九年）。

（2）　一九九〇年の社会経済史学会全国大会共通論題「小額貨幣と経済発展」は、こうした論点を世界的な規模で検討したシンポジウムであった。その記録は翌年『社会経済史学』五七―二（一九九一年）誌上に掲載された。とりわけ本論と関係深い論文として、岩橋勝「小額貨幣と経済発展」、藤本隆士「徳川期における小額貨幣　―銭貨と藩札を中心に―」、三上隆三「徳川期小額金銀貨」が掲載されている。
(3) 安国良一「一八・一九世紀の通貨事情と別子銅山の経理」(『住友史料館報』三二、二〇〇一年)。
(4) 岩橋勝「伊予における銭匁遣い」(地方史研究協議会編『瀬戸内社会の形成と展開　―海と生活―』雄山閣、一九八三年)。
(5) 岩橋勝「江戸期貨幣制度のダイナミズム」(『金融研究』一七-三、一九九八年)によれば、中国・四国地方で固定銭匁勘定への移行時期は、萩藩(八〇文、以下藩名のあとの数字は固定銭文数を示す)が元文期(一七三〇年代後半)、伊予松山藩(六〇文)・土佐藩(八〇文)が宝暦期(一七五〇年代)、今治藩(六六文)・西条藩(六七文)が明和期(一七六〇年代)、岩国藩(七六文)が安永期(一七七〇年代)である。幕領備中倉敷でも明和期に七五文銭に定着したことが、古賀康士「備中地域における銭流通」(『岡山地方史研究』九九、二〇〇二年)で明らかにされている。
(6)「年々諸用留　四番」(『住友史料叢書』)記事番号二一三。
(7) 安国良一「別子銅山の損益と泉屋大坂本店」(『住友史料館報』三三、二〇〇二年)。
(8) 住友家文書「(銅売買並別子立川銅山覚帳)」による。安国前掲「一八・一九世紀の通貨事情と別子銅山の経理」の史料1に翻刻した。
(9) この場合の「銀歩」の意味については、安国前掲「一八・一九世紀の通貨事情と別子銅山の経理」の註(25)において検討した。この場合の固定銭匁勘定と銀歩の関係は、数式であらわすと次のようになる。固定銭匁のa文銭札x匁がb文銭札y匁に相当し、銀歩がそれぞれα文、β文のとき、ax／α＝by／β＝銀匁である。
(10) 引用はそれぞれ『小松藩会所日記』文化十一年九月晦日条および十月十一日条(『愛媛県編年史』第八、四〇五頁)による。
(11) 引用は『小松藩会所日記』文化十二年三月朔日条(『愛媛県編年史』第八、四〇九頁)による。
(12) 安国前掲「別子銅山の損益と泉屋大坂本店」。
(13) 安国前掲「一八・一九世紀の通貨事情と別子銅山の経理」の註(43)に翻刻した安政二年四月「御内伺書」。
(14) 金相場の上昇が続くなか藩札の一匁を金に固定させる例があらわれる。加藤慶一郎・鎮目雅人「幕末維新期の商品流通と貨幣・信用：東讃岐の事例から」(社会経済史学会第八〇回全国大会パネル・ディスカッション報告、二〇一一年）で、安政六年以降高松藩札一匁は金一両＝七四匁五分の相場で固定され、すなわち七四・五分の一両の「金札」になったと述べ、同様の「金札」として、和歌山藩が伊勢松阪で発行した松阪札も金一両六四匁の相場が設定された例を紹介した。その後、高松藩の例については、加藤・鎮目によって「幕末維新期の商品流通と貨幣・信用　―東讃岐の事例から―」（平成20〜23年度科学研究費補助金基盤研究（B）研究成果報告書『日本における近代通貨システムへの移行の世界史的意義　―「決済」の視点から―』二〇一二年）、「幕末維新期の商品流通と貨幣の仕様実態について　―東讃岐地方の事例から―」（『社会経済史学』七九‐四、二〇一四年）として刊行された。加藤には関連論文として「近世後期における通貨　―高松藩を中心に―」（『松山大学論集』二四‐四（二）、二〇一二年）もある。

第二部　貨幣の機能

第五章　金銀貨の機能とその展開

はじめに

近世は、日本史上でも貨幣経済が大いに発展した時代と認識されてきた。徳川幕府の成立とともに統一的な貨幣制度が確立していき、地域によっては私札や藩札など多様な貨幣の流通をみた。やがて幕府財政の窮乏化によって改鋳がおこなわれ、社会的混乱を招いたが、それはいっぽうで商品生産の発展と照応した貨幣流通量の増加として積極的に評価されてきたのである。さらに近年では、単なる貨幣量の増大ではなく小額貨幣の増発であった点に、庶民にいたる貨幣経済の広範な進展と近代への経済発展の基盤を確認しつつある[1]。

いっぽう中国貨幣史との比較から、近世の金・銀・銭の三貨体制を封建鋳貨のなかでも際立って安定的で整備された制度とみる考えが提示された[2]。わが国の三貨は比価も比較的安定し、さらに近世後期には、計数銀貨のように素材価値をはるかに超えて通用する貨幣も出現した。国際的な貨幣市場から隔離した「鎖国」がそのことを可能にし、逆に開港後の貨幣的混乱を招くことになったという。

右の研究成果をみても、流通手段としての機能の重視と、国際的条件としての「鎖国」の規定性を指摘できる。だがわれわれは、その点に拘泥するあまり、貨幣のもつ広範な機能やその質的発展を考察することに無頓着であったように思われる。日本近世の幣制が安定的であったという比較史の視座からの重要な指摘を活かすためにも、商品経済と幕府財政からみる旧来の立場を超えて、近世貨幣史を貨幣制度自体の内在的展開、すなわち素材価値を超えて通用する貨幣の流通性はどのように獲得されていったのかという視点で再検討する必要があろう。

また日本の貨幣は「鎖国」によって国際的市場から隔離され独自の展開を遂げたが、けっして国際社会と無縁ではなかった。外交儀礼の場でも日本の銀貨は授受されたし、一八世紀中頃以降には外国金銀の輸入も開始された。ここには彼我の貨幣をどうみるかという貨幣観と国家意識の問題が存在する。すでに、豊臣秀吉による天正大判の製造が、輸入銭に依存した日本の中世国家と背後にある明帝国からの自立意識を秘めていたとの指摘や、寛永通宝の新鋳が東アジアの私貿易経済と関連した私鋳銭への対応とみる視点も提示されている(3)。貨幣は為政者の国家意識を反映しており、それゆえに経済的側面からでは十分に読み解けない政治性を帯びた存在であった。

このようにわれわれには、近代とは異質な貨幣流通のあり方、貨幣に対する考え方の特徴を明らかにすることが求められている。この課題に応えるため本章では、とくに貨幣の質に留意しつつ、第二節で切り裂けた小判などの切れ金や規定の重量に不足する軽目金《かるめきん》など、不良貨幣を素材にその経済的機能の発展の方向を明らかにし、第三節では対外関係で授受された貨幣をとりあげ、為政者の国家意識と関連した貨幣観に迫りたい。貨幣の質に注目するのは、流通手段としての貨幣に慣らされた現代とは最も無縁なこの点に、近世貨幣を読み解く鍵があると考えるからである。以上によって、元禄改鋳以降金銀貨の質が低下していくなかで、安定的な貨幣流通がいかに実現可能であったのか、為政者の貨幣観が現実の政策にどう影響したかについて明白となろう。

一　近世貨幣の特性

(1) 三貨制度の成立と流通の特質

近世の三貨制度の先蹤は、永禄十二年（一五六九）三月十六日上京にあてた織田信長の「精銭追加条々」といわれ、米による売買を禁じ、金・銀・銭の比価を公定し、輸入品取引に金銀を使用するよう命じた(4)。ちょうどこのころ畿内を中心に西日本全域で銭の使用率が低下し、かわって米の貨幣的使用が増えていた(5)。中世末の諸階層は悪貨を排除し、自らの利益を確保するため撰銭行為に走り、諸権力は撰銭禁令を制定して収拾をはかったが、効果は乏しかった。これは私鋳銭の横行による低劣な銭の流通など国内的要因のみならず、中国からの銭供給の途絶という事態に起因するという説(6)が有力になっている。「追加条々」は従来の撰銭禁令とは違い、米の貨幣的使用を志向する当時の民衆の新たな動きへの対応を含んでいた。信長は米の貨幣的使用の道を閉ざして、比価の公定によって銭と金銀とを対応させ、銭使用を一定の枠内にとどめて貨幣制度の安定をめざした。しかし京都を中心に米使用から銀使用へと変化したのは、ようやく一七世紀に入ったころであった。

中国銭やその模鋳銭を主体とした中世の銭の流通は不安定なものであったが、そのなかで銭屋が精銭を選んで銭緡《ぜにさし》形態（一定数の銭を紐に通したもの）の銭貨通用を進めようとする動きもあり、出土備蓄銭を精銭の範疇でとらえる見解が示されている(7)。だが全国的な銭の統制は当時は困難であり、統一権力はまず金銀との比価の公定を選択し、ついで寛永通宝の鋳造を経てようやく銭の統一を成し遂げたといえる。寛永通宝は自国年号を有する良質な銭貨であり、幕府は寛永十三年（一六三六）の発行とともに同二十年には私鋳を禁じ、以後銭は幕府の許可した特定の銭座において鋳造するのを原則とした。こうして銭自体は幕府によって法定されたが、銭緡形態の流通には銭を選別した銭屋などの信用が付与されていたと考えることができよう。

いっぽう金銀貨については、一六世紀中頃からの金銀山の開発によって、銀が最大の交易品として中国へ輸出されるとともに、国内的には金銀の貨幣的使用が本格化した。金銀比価の関係から一七世紀初頭には金が一時的に輸入されたこともあった。内外の動きはけっして無関係なものではなく、東アジアの私貿易体制のもとで金銀の国際的商品としての性格が国内の金銀貨の流通性を支えていた。このころの金銀貨は金匠・銀匠の手で特定の支払のため注文生産されたもので、贈答・賞賜・軍資金などに用いられたが、けっして一般の通貨ではなかった。限られた流通圏のなかで、彼らは極印料を取って自らの墨書や極印によって金銀貨の価値を保証したのである。

通貨として画期をなすのは、徳川幕府の成立とほぼ時を同じくして開始された慶長金銀の鋳造と公定比価の制定である。関東における金貨と永楽通宝、上方における銀貨と鐚銭の優位性を認めつつ、統一的な比価が公定され、地域と階層を超えた貨幣の換算が可能となった。従来の金匠・銀匠の有力なものが金座・銀座として指定され、金銀の独占的な鋳造がおこなわれた。法制度のうえでも、金銀の偽造は、近世初頭の京都においてすでに死に値する重罪であり[8]、一七世紀後半には磔という最高刑に処せられる罪として定着した。金銀貨の偽造が国家的な犯罪として認識されたのである。岡山藩では明暦元年（一六五五）の銀貨偽造事件の一件書類を「御国吉利支丹之帳箱」へ入れて横目が預ったという[9]。ここに象徴されるように、にせ銀作りは、キリスト教信仰とともに国家的犯罪であるとの認識が一般化しようとしていた。

金銀貨は包金銀という貨幣形態をとって流通した[10]。紙片に包まれ封印された包封は、それ自体偽造の対象ともなる一種の貨幣であった。ここには近世貨幣の特徴がみえる。金銀貨は金座・銀座の極印によって品位や重量が保証され流通したが、流通過程における価値までがそれによって保証されていたわけではない。個々の貨幣の真贋や良否を検査し、重さを計量して封包をおこなう両替商は、近世の貨幣流通を担う不可欠の存在であり、彼の押印をもって流通する包金銀は別個の信用を付加された貨幣であった。なかでも幕府上納金銀を検査した金銀改役（のち金改役）後藤庄三郎の後藤包や大黒常是による常是包が最も信用を得たのである。

三貨の流通は、近世の国家的法制によってのみ支持されていたわけではない。三貨の法定、鋳造の独占、偽造の禁止はもちろん重要であったが、貨幣史における中世の達成、すなわち金匠・銀匠あるいは銭屋の信用によって貨幣の安定性をはかる方式のうえに、近世の貨幣制度が構築された。国家的法制のもとで、金座・銀座が金銀貨を独占的に発行し貨幣自体を保証したが、両替商の信用がさらにそれを流通過程で支えたのである。

(2) 金座・銀座の経営と性格

元禄改鋳以前の金座・銀座は、一定の品位・形状の金銀を独占的に製造・販売した鋳造業者であり、その独占権は、幕府の収納した筋金・灰吹銀（金銀の地金）から金銀貨を鋳造し上納することで保障されていた。慶長十四年（一六〇九）五月三日に「諸国銀子灰吹幷筋金吹分」を禁止し[11]、また九月には灰吹銀の輸出を禁止して丁銀輸出に代えた[12]。内外の通用を慶長金銀に限り、金座・銀座の独占的な権益を保護して、私的な発行を排除する目的があったと考えられる。この時期には丁銀より上質の灰吹銀がかなり流通しており、丁銀と偽って輸出されることもあったため、長崎の銀座が輸出銀の取締のため設置された。このころ京都でも灰吹銀による支払いが禁止されたことが確認でき[13]、灰吹銀は銀座で交換することが命じられた[14]。

金貨の鋳造は手前吹という方式でおこなわれた[15]。それは、幕府の金銀改役である後藤庄三郎配下の小判師たちが自らの工房で原判金を製造し、それを後藤方で検査して極印を打ち貨幣として完成させるというもので、鋳造原料を小判師たちが独自に確保する場合と、幕府直轄金山の山出し金などを原料として金貨鋳造を請け負う場合があった。いずれも製造経費は彼らの自弁であったが、公用金を利用する場合には、幕府から分一金や金吹費などが給与された。これに対し、小判師が独自に原料を確保する方式が彼らの本来の営業部分であり、金産出高が比較的多かった一七世紀中頃までは利益の中心であったと思われる。京都でも後藤配下の小判師三〇人ほどが、薩摩産など地金を買い取り小判・一分金を製作したが、「寄金之員数何方へ断申儀も無之候」[16]と、この方式が届を要しない独自の営業であったことを示している。

銀貨の鋳造もこれに類似していた[17]。広義の銀座は、銀貨発行を幕府から許可された銀座人と、吹所の大黒常是から構成され、前者が鋳貨原料を受け入れ、銀貨を発行して銀座の経営にあたったのに対し、後者は銀貨を鋳造し、極印を打って品位を保証し、さらに幕府が授受する銀貨の包封をおこなってその内容を保証した。銀座の営業には、原料である灰吹銀を市中から買い上げ銀座丁銀を鋳造して売り出す自家営業と、公儀灰吹銀を幕府から預かりこれを原料とした公儀丁銀を上納する御用達の二つの方式があった。自家営業の場合、鋳造高から灰吹銀代と鋳造経費を引いた差額が収益となり、幕府へは銀座運上が上納されたが、後者の場合、寛永十四年（一六三七）頃から鋳造費として分一銀が支給されたにすぎなかった。収益のうえでも、時代をさかのぼるほど自家営業方式による収入が多かったことが指摘されており、幕府御用として公儀灰吹銀から銀貨鋳造をおこなう代わりに自家営業を保障されていた構造を認めることができる。

しかし、このような金座・銀座の経営形態は元禄改鋳を機に変化した。一七世紀に金銀産出量が減少していくなかで経営の基本であった自家営業による収益は減少し、同方式による営業そのものの将来も危うくなっていった。元禄改鋳はこの変化を決定的にした。これまで金蔵の出納を司る金奉行とともに留守居の支配下にあった金座・銀座が、改鋳に先立つ元禄二年（一六八九）に勘定頭の支配に移され、幕府財政機構は勘定頭が全面的に掌握することになった(18)。鋳造は、元禄八年に江戸本郷に金銀吹所が設置され、金貨の場合、後藤のみならず江戸・京都の小判師も同所に集められ、一貫製造に従事した。元禄十一年に同吹所が閉鎖されたあとも、後藤役所・金局（金座人役所）・金吹所が後藤役宅内に集められて江戸金座として確立した。京都でも後藤役宅内に御用場が設けられ、小判師の手前吹は消滅し、これ以降直吹が中心となった。この段階での鋳造原料はほとんど公用金あるいは改鋳時に回収された旧貨であったから、収入は分一金が主体となった。銀座の場合は鋳造方式の転換はなかったが、産銀量の減少によってやはり分一銀収入を主体とした収益構造に変化していた。このように改鋳を契機として、幕府財政のなかに貨幣発行が定置され、両座は分一収入に重点を置いた幕府の貨幣発行機関ともいうべき存在へと転生したのである。

その後の貨幣史を考えるうえで重要と思われる点を二つ指摘しておく。一つは、両座が幕府の地金による貨幣鋳造によって利益を得る集団となった点である。改鋳は金銀比価をにらみながら、分一収入にたよる両座の経営状況の均衡を考慮して実施された。幕府財政の窮乏化とともに近世後期には小額計数金銀貨を中心に改鋳が連続したが、それに拍車をかけたのは両座のこのような収益構造であった。幕末期にアメリカ総領事ハリスが、日本の造幣局は多大な利益を得る一種の恩給施設であると推断したのも無理はなかった[19]。もう一つは、両座は金銀貨について極印をもって保証したが、流通過程には関与しなかったことである。御金改役後藤や大黒常是が検査するのは幕府への上納金銀に限られ、不良貨幣を排除するだけで修理を義務づけられてはいなかった。流通過程で生じる不良貨幣を、希望に応じて修理したにすぎず、費用も所持者の負担であった。貨幣発行機関とはいえ、けっして貨幣の管理をおこなっていたわけではなかった。

二　経済的機能の深化

(1) 元禄・宝永改鋳と不良貨幣問題

元禄・宝永改鋳は、幕府財政や商品経済の視点から論じられてきたが、貨幣の質に注目すると、そこには別な改鋳の矛盾がみえてくる。とくにここでは計数貨幣である金貨が重要である。小判やその四分の一の価値・重量をもつ一分金の表面には、それぞれ「壱両」「一分」という金額が打刻されていたが、その額面と素材の価値との大幅な乖離が新たな事態を招くことになった。

元禄改鋳がもたらしたのは、まず貨幣の偽造であった。「新金既ニ純金ニ非ズシテ、偽ヤスキニ因テ、偽造ノ罪人多出来テ磔刑ヲ被レリ[20]」といわれ、元禄十一～正徳元年（一六九八～一七一一）の一三年間に五四一人の逮捕者を出したという[21]。長崎においても、元禄十一年から同十四年の間に三件の偽造一味が磔に処せられた[22]。幕府は金銀鋳造を本郷の鋳造所に限り、同所以外の鋳造を禁じて、偽造する者を訴え出るよう命じた。一般に、貨幣の名目的な価値が素材の価値を上回る度合が大きいほど偽造の利益も大きい。したがって額面通用した金貨がとくに標的とされた。新旧貨を同価値で通用させ、両者の差を出目《でめ》として収公しようとした元禄改鋳は、偽造に格好の条件を生み出したのである。

改鋳による新貨の鋳造は、切れ小判などの不良貨幣をいったん解消するはずであった[23]。しかし改鋳後の劣位の貨幣は、不良貨幣となった場合に地金に近い評価を受ける可能性があり、新旧貨の同価値通用を強制した幕府はこの新たな問題の解決を迫られることになった。とくに金貨の場合、問題は深刻であった。正徳三年五月の正徳改鋳の触書中に「元禄の金は折れ損し候につれて、其通用難義候由を聞召及はれ[24]」て宝永期の乾字《けんじ》金の鋳造が始まったと説く。前々年の十月十一日に将軍徳川家宣の遺命を伝えた「被仰出之趣」にも「新金の事、或は火にあひ候てハ流れうせ、或ハ物にふれ候てハ折損し、其宝を失ひ候輩有之由、聞し召及はれ、やむ事を得られす、先其品をもとのことくに改め造るへき由被仰出候、其形の少しく候事ハ不可然候[25]」とある。この「新金」とは元禄金を指す。ここでは、焼流れによって損害を被るといった一般論をいっているのではない。低品位の元禄金が損傷を受けた場合、額面で通用する貨幣ではなく地金としか評価されず大きな損失となることを述べているのである。

幕府はこの事態に対処するため、宝永七年（一七一〇）に慶長金と同位ながら約半分の重量しかない乾字金を鋳造した。小形の乾字金に合わせるように、秤量銀貨も三つ宝・四つ宝とさらに品位を落としていった。貨幣の偽造や不良貨幣の問題に対して、幕府は結局、低品位貨の価値をいかに維持するかではなく、旧来の高品位貨を小形にして発行することでその解決をはかったにすぎなかった。乾字金は、「民間に偽造の者もなく、欺を受る患もなきゆへに民之を便とせり」[26]と評され、小額の遣い勝手のよさも手伝って、享保金時代になっても長く流通した。また本来重量単位であった「両」はこの改鋳によっていったんその意味を失い、金貨の貨幣単位として定着し始めたのである。

宝永二年十月、御蔵金・通用金とともに使用に支障のない切れ小判は、両替屋で歩銀をとることを禁じ、支障のある分は後藤庄三郎方で歩銀を出し交換するよう命じ、同三年・五年と同趣旨の法令を繰り返した。使用に耐えないという基準は具体的ではないが、この法令によって初めて金貨に通用限度を設ける姿勢が示された。支障のないものは額面通用を強制し、それ以外は、所持者の負担において無瑕の金貨と交換することを求めた。ここに示された徳川綱吉政権の姿勢は、宝永四年の札遣い禁令や、上方・西国での金銀貨の区別のない通用を命じた法令とともに、公儀としての性格を前面に押し出し、幕府の発行する金貨が額面通りに全国的に浸透していくことを狙ったものであった。金貨を不当に評価する両替商は処罰の対象となったのである。

しかし民衆の間では金銀の純分の多寡による評価を必然的に生みだし、時に応じて有利な貨幣が選好されるようになった。たとえば小判に対する一分金の評価は、両者を交換する際の歩銀すなわち切賃相場の動向から判断できるが、宝永二年八月に江戸における切賃は上昇し、一分金の需要が高まった。小判の修理は後藤役所で応じたが、このような施設は江戸と京都以外には存在しなかったから、遠国への送金には無瑕の小判あるいは一分金に需要が集中することになり、相場上昇をまねいた[27]。これが額面通用をめざす幕府にとって好ましからざる事態であったことは間違いない。民衆は状況を見極めながら、小判ほどには素材の状態に左右されない一分金や銭を選好するなどして自己の利益を維持しようとした。近年明らかになってきた銭遣いを主体とする地域の存在や、一定枚数の銭を一匁と計算する銭匁勘定の成立も[28]、安定的な価値尺度を求める動きの一つであろう。

(2) 不良貨幣と通用限度

元禄改鋳を契機に表面化した不良貨幣の通用問題は、その後も長く貨幣政策上の課題となった。ここではまず金貨の通用限度など法制的整備についてみておきたい。

瑕金・軽目金については、元禄改鋳以前から後藤役所へ両替屋が持参して修理することがおこなわれた。『両替年代記』による切れ小判の初見は万治二年（一六五九）であり、明暦大火後に幕府御用が繁忙であったため後藤庄三郎による小判の直しが行き届かず、切れ小判が割引されて通用した状況を伝えている。また同書は、延宝年間以来元禄改鋳まで「不絶瑕小判を直シニ出せし也」とも記している。だが修補に応じる金座側の態勢は必ずしも十分ではなかったといわれる[29]。後藤役所・金座の業務の中核はあくまで金貨の製造であり、修理は希望に応じたものにすぎなかった。

不良貨幣の規定は宝永二年（一七〇五）令では曖昧であったが、享保六年（一七二一）六月には、不良金貨の通用限度が具体的に示され、以後これが基本となった。享保三年には慶長金銀と同位の新金銀が標準貨幣となったが、このころには慶長の古金も流通していたから、同時に古金の切れ金や軽目金の不通用が問題化した。新金銀が流通し始めていたこの時期に不良金貨の通用限度が示されなければならなかったのは、このような事情があった。ここでは、小判の三分（〇・九センチ）までの切れ一か所、金目三厘（〇・一グラム強）までの重量不足は額面通用とし、限度内の小判について歩銀を取ることを禁じ、基準を超える分は金座で修理することを命じた。また一分金については、少々の瑕や重量不足には構いなく通用とした。この規定は幕府への上納金にも適用され、後藤包にも封入するはずであった。その後の通用限度の変化については表5-1に示した。切れ金の基準は、品位を上げた新金通用後の享保八年にはいったん解消されたが、寛延三年（一七五〇）には五分までと規定され、さらに文政改鋳後の天保四年（一八三三）には再び解消された。軽目金については、享保二十年に四厘まで通用

表5－1　小判の通用限度

年次	切れ金	軽目金	備考
享保6(1721)	三分まで	三厘まで	
8(1723)	切れ瑕大小構いなし	同上	享保11・17・18年も同旨
20(1735)	同上	四厘まで	延享2・寛延2年も同旨
寛延3(1750)	五分まで	同上	安永7・天明8年も同旨
天保4(1833)	切れ瑕構いなし	同上	

出典：鶴岡実枝子「天明期江戸両替屋役金一件」(『史料館研究紀要』15、1983年)第1表を改変・補訂

に変更された。後述するように、文政改鋳によって不良貨幣は改善されたので、天保四年令を例外と見なせば、全体として通用限度は緩和の方向にあった。一分金についても小判に準じた扱いとなっていった。

再三触書が出ていることから、この通用限度は幕府の方針通りには遵守されなかったことがみてとれる。幕府への上納金を検査した後藤役所でも、上納金の包封からわずかな瑕金を排除し、両替商の非難を浴びることもしばしばであった。上納金の検査を役儀とした後藤なればこそ、厳密な検査をおこなった結果ともいえ、一般の両替商もこれに倣った。だが安永二年（一七七三）令の「近年後藤庄三郎方ニ而上納包之節、少々之瑕も彼是申候ニ付、自ら両替屋共其外ニ而も少々之瑕金をも不請取(30)」という状況は明らかに法令違反でありながら、後藤に対する処罰や命令は厳格さを欠いた。幕府御用の一環として厳密な上納金検査をおこなった後藤に対し、金貨の通用限度を強制できなかったといえる。ここで後藤が直し（修理）の収入を見込んで検査を厳しくしたという見方もあるが、これは成り立ちがたいように思われる。享保年間の瑕金の修理賃は小判一両につき銀五分、金一両＝銀六〇匁として一〇〇〇両あたり八両一分強であるのに対し、小判鋳造の分一金は一〇〇〇両あたり後藤に一〇両、金座人役所・吹所分を合わせると二五両になる。修理賃の配分や、直しと吹立ての経費の差が不明であるので厳密な比較はできないが、修理による利益は劣るようだ。また幕府が天明年間に両替役金上納の代償とした瑕金修理賃の無料化は、江戸の本両替にとって意味のある額

ではなかった点が指摘されている(31)。瑕金が少なかったというより、後藤・金座が小判の修理に積極的でなかったことのあらわれであろう。通用限度の引き上げが、金座側のさしたる抵抗もなく進められたことも、修理による収入が重要ではなかったことを物語っている。

享保七年十二月に江戸町年寄奈良屋から本両替に通用限度の引き上げが諮問されたことがあったが、その返答に「後藤ニ而上納包之節、其品々無差支包候へば不苦候かと答ル(32)」とある。安永二年令にも同様の状況が示されていた。ここから、後藤方で封包するか否かで金貨の通用が判断されたことがわかる。総じて貨幣の流通は、その発行者である幕府・金座・銀座が滞りなく受け取ることで保障されたのであり、これが確立されない限り、通用限度の指示も意味をもたなかったのである。

次に銀貨の場合を一瞥しておこう。『三貨図彙』によれば、鋳銀や折銀の発生が問題化したのも元禄改鋳からであったというが、それが表面化しなかったのは秤量貨幣であったためであろう。重量で多寡を示した銀貨は、金貨のように実質と額面との乖離が問題にならず、流通形態が包銀であったことも寄与した。だが正徳三年（一七一三）八月三日付の大坂の町触によれば、「京都常是包にも相除く故、大阪にても其通りに相心得、切銀不引替候由申立候(33)」とあり、銀貨の場合にも、幕府への上納銀を検査した常是が包むか否かが、その流通にとって重要な意味をもったことがわかる。

天明八年（一七八八）正月末に京都の市街地の大半を焼失させた大火は、貨幣の価値を考えるうえで好材料を提供してくれる。同年八月、京都町奉行所が焼流れ金銀を金座・銀座・下買の者へ売り渡すよう命じたのに加えて、焼流れの程度や極印の明瞭度に応じた文字銀・二朱銀の引替割合を示した。「銀座之儀も焼銀引替候儀、平日諸向ニ而手馴不申儀ニ付、代り銀割合等危踏候哉(34)」という状況下で触れ出された引替割合は、貨幣と地金の区分を形状や極印の明瞭度を基準にして初めて公にしたものであった。判断の基準は極印が明瞭か否かにあり、文字銀ではそれぞれ五～七％引き、二朱銀では二％引きから半額の地金として評価されるなど、貨幣の種類によって差は大きかった。重要なのは差の大きさではなく、貨幣と地金の差が拡大していたからこそ基準が示されなければならなかった点である。高品位の貨幣の段階では細かな基準は不要であった。その後不良銀貨の扱いについては、寛政元年（一七八九）三月に全国法令として整備され、鋳銀や六、七分までの折銀・割銀、極印の判別できる焼銀は上納包方に用い、八分以上の折銀・割銀や極印不明の焼銀は使用を停止し、銀座・下買にて歩銀を払って直すことを命じた。大坂においても、寛政三年・同四年の大火を経てこの法令の趣旨に沿った取扱いが定着していった。この段階にいたって、上納包への封入や焼銀の判別基準など、銀貨の通用限度が総括的に示されたのである。

(3) 計数銀貨の登場

安永元年（一七七二）に発行された二朱銀は、金貨体系に包摂された初の計数銀貨で、幕府の金貨による貨幣統合、金本位への志向を示すものと評価されている[35]。ここでは二朱銀の流通を不良貨幣との関連でとらえることによって、その意義を明らかにしたい。

二朱銀は素材価値に比し高額での通用を強制されたから、発行当初はきわめて不評であり、二朱銀と小判を交換する場合の切賃（二朱銀の場合継賃とよばれた）は逆打で、二朱銀を差し出す側が歩銀を支払った。本来、切賃は高額の貨幣を出す側が支払う本打が一般的であったから、この事態は異例のことであり、二朱銀の不人気を示している。幕府ははじめ二朱銀の切賃についても本打あるいは無打であることを望んだが、やがて二朱銀自体が流通することを優先させ、幕領各地で無利子貸付をはかるなど流通促進策をとった。大坂では為替金の二五両差、すなわち金一〇〇両の四分の一は二朱銀を混入させた。やがて二朱銀の流通は着実に進み、評価もしだいに上がっていったようである。大坂では寛政中期以降、二朱銀の切賃相場が本打に転じている[36]。二朱銀に対するこのような評価の逆転の原因を、京都を例にみてみよう。

文化八年（一八一一）八月、西陣を持ち場とする古久保勘十郎・早川新四郎の両町代から提出された切金取扱いに関する調査報告によれば、西陣織屋が仲買から代銀を受け取る際、切れ小判が多く迷惑している様子を述べ、かわりに二朱銀に交換してもらおうとすれば、「切レ金軽重ニより替賃を取弐朱判と仕替相渡候由、近来仕来り之様ニ相成御座候由」といい、「切レ金代と唱へ壱両ニ付壱匁弐三分[37]」を差し出したという。西陣織屋が切れ小判に代えて二朱銀の受取りを好んだことは、小判が切れによって減価されて授受されるのに対し、二朱銀はそのような性格を免れた存在であったことを示している。また同じころ、西陣絹織屋惣中から従来の小判の通用限度を両替屋・銭屋が遵守するよう求めた願書にも同様に、商売人は歩銀の支払いを迷惑として「弐朱判而已相好、兎角小判取不申」と記し、仲買では「弐歩刺」といって一〇両のうち八両を二朱銀、残り二両を小判で支払う方法が採用されていたという[38]。二朱銀はもとより素材価値が重視されない貨幣であったから、小判のような危険負担を免れた貨幣として定着していったのである。

切れ小判が問題となったのは京都に限らなかった。金貨の流通が進行しつつあった大坂では、寛政五年（一七九三）・同十年と小判の通用限度を確認する触が出ている。江戸では文化六年に十組問屋が冥加金を上納する際、世間で通用しないほどの切れ金・軽目金の上納が命じられ[39]、幕府がこのような方法で回収しなければならないほど通用が滞っていたのである。秤量銀貨もまた封包に手数料や余分の目方を要したことによって、流通経費は負担となった。そのような状況下で二朱銀は、田沼意次政権崩壊後に一時鋳造を中止され、秤量銀貨が増鋳されたこともあったが、寛政十二年から鋳造が再開された。二朱銀は従来の金銀貨に替わる流通貨幣として、評価の高まりとともに流通量を増加させ、その役割を増大させていったのである。

(4) 不良貨幣の放逐と計数貨幣の流通

計数銀貨の発行とともに、近世後期の貨幣史のもう一つの重要な要素は、貨幣改鋳とくに文政改鋳である。ここでは幕府財政からの視点ではなく、貨幣制度の側面から再評価してみたい。

文政改鋳は、文政元年（一八一八）の真字二分金の新鋳とそれによる瑕金引替を第一段階として始まった。瑕金の回収は、不良貨幣の一掃と新貨の鋳造原料確保という点から重要な意味をもった。国内産金が減少するなかで、小判・一分金より劣位の二分金を新鋳して瑕金引替をおこない、原料を確保しつつ本格的な改鋳を準備する手順は、かなり巧みなものと評価できる。また文化十二〜十四年（一八一五〜一七）には足赤金、文政年間に入って紋銀などの外国金銀の輸入も拡大していた。[40]切れ小判の不通用が問題となるなかで、瑕金引替をまったくの方便ととらえることは一面的で、むしろ通貨の安定という社会的要求を反映した政策と見なすことができる。文政改鋳はけっして無秩序な乱鋳ではなく、国内の貨幣流通と産金銀事情を考慮しながら、かなり計画的に進められたのである。[41]

瑕金引替高は漸次減少し、しだいに無瑕の旧貨も二分金と交換されるようになったが、瑕金の回収は継続された。文政五年九月五日には、「小判、弐分判、壱分判、瑕金其外取計方之儀、御吹直し御用中は大瑕、小瑕並軽目金共無代にて引替遣し、其外焼ケ金、蠟継又は耳摺候体之軽目等之義は、是迄仕来り之通、夫々直し代為差出候上相直し遣し候様可取計事」[42]として、改鋳期間中の瑕金・軽目金の無代引替を認め、新たに手間を要する焼金などの場合には、従来通り直し代を徴収した。天保改鋳期の天保十三年（一八四二）五月にも重量不足分の足金目代や修理代の改定を含めて同様の無代引替を指示した。[43]また天保三年十二月には、焼二朱金のうち極印が明瞭なものについては「当分無代にて直し遣し」と指示し、重量不足分だけを受け取るとした。[44]

瑕金・軽目金の無代引替を継続した幕府が、新旧貨引替を促進することによって鋳貨原料を確保する意図をもったことは事実であろう。だが改鋳事業が連続するなかで、臨時的な不良貨幣の回収が継続され、しかも幕府は通用限度をわずかに超えた瑕金などを無代で交換しようとしたから、客観的にみれば不良貨幣の放逐という点で大きな成果をあげたといえる。田沼政権末期に両替商への役金賦課との組合せで実施されようとした瑕金の無代引替は、役金賦課に対する両替商の反対によって失敗に帰した。[45]だが今回は、不良貨幣の回収に成功し、天保四年五月以降は、不良金貨の通用限度を示した触書も確認できなくなる。

新旧貨引替の方法が充実した点も見逃せない。文政改鋳に先立つ元文改鋳では、幕府の為替御用を扱った三井組・十人組の御為替組が江戸・京都・大坂においておいて引替にあたったが、三都の引替所は改鋳の発布から二年半後の元文三年（一七三八）十一月には閉鎖され、以後の引替は金座・銀座でのみおこなわれた。しかも鋳造所が存在しなかった大坂では、はじめ京都での引替を余儀なくされ、元文元年九月に引替所が設置されてもなお受渡しに日数を要した。改鋳事業が軌道に乗り、新貨をあらかじめ大坂に送れるようになってようやく即日引替が実現したにすぎなかった。

これに対し文政改鋳時には、鋳造が江戸でしかおこなわれなかったにもかかわらず、引替所が多数設置され、上方における引替も周到に準備された。まず江戸での引替所は、貨幣の種類によって違いはあったが、後藤三右衛門役所や銀座のほか、右の御為替両組の御用取扱所、勘定所御用達、本両替、脇両替の一部などが指定された。京都・大坂における瑕金・二分金引替は三井組が担当したが、本格的な改鋳が始まると上方との新旧貨の運搬は両御為替組の手でおこなわれ、両組の御用取扱所が引替所に指定された。大坂では銀貨引替から住友が加わり、[46]さらに文政七年から鴻池屋善右衛門ら一五名の有力豪商による十五軒組合が引替を開始した。十五軒組合は、成員に西国大名の館入を務めるものが多く、西国諸藩における引替を期待して幕府が組織したものであった。[47]このほか三都以外にも引替所が存在し、文政十二年時点では東海以東の代官所領内に置かれていた（表5−2参照）。

表５－２　諸国引替所一覧（文政12年）

引替所	所在地
代官多羅尾靱負・村田七右衛門	伊勢四日市宿
代官平岩右膳・半次郎	武蔵所沢村
町人戸谷半兵衛	武蔵本庄宿
代官大貫次右衛門・理八	甲斐下谷村
代官江川太郎左衛門	伊豆
代官羽倉外記	駿府
代官寺西蔵太	陸奥
松平丹後守預所百姓町人	信濃
代官林金五郎	越後
代官池田仙九郎	陸奥
代官柴田善之丞	陸奥

出典：三井文庫所蔵史料「吹直金幷一朱金引替御用一巻」

引替が期待通りに進捗しないなかで引替所は継続して設置されたから、三都の引替所は常設の状態にあり、不良貨幣の回収もこのような体制に依拠して進められたのである。

改鋳によって金銀貨の構成も変化した。幕初以来金貨は小判・一分金を基本としたが、文政改鋳では両者の構成割合が変更されたようである。史料的制約から全体の比率は明らかではないが、京都・大坂において引き替えられた新旧貨の比率からその割合を推定できる。引替の最盛期である文政二～七年を例にとれば、旧貨＝元文金において一分金が占める割合は京都二八％、大坂一八％に対して、新貨＝文政金では京都一二％、大坂一四％である。丁銀・小玉銀の場合も同様に、文政三～八年の京都における元文銀に占める小玉銀の割合は二三％であるが、文政銀では一五％にすぎない。また文政金銀の鋳造量は鋳造期間が短いこともあって、元文金銀にくらべてはるかに少なく、小判・一分金は六三％、銀貨で四三％にすぎなかった。このように鋳造量が減少するなかでとくに一分金や小玉銀の割合が低下し、それに代えて、文政七年以降は二朱銀の改鋳、一朱金の新鋳など小額の計数金銀貨の発行が続き、改鋳は新たな段階をむかえたのである。ここから旧来の小判や丁銀は高品位の高額貨幣として残し、それ以下は一分以下の計数金銀貨をもって換えようとする構想がうかがえる。しかも小額貨幣は、比較的高品位の一分金や小玉銀を減少させ、新たに低位の計数貨幣のみを増鋳した。ここで一分金や小玉銀の大幅な減少にならなかったのは、引替の際に一分金や小玉銀の所持者の要求に応えるため、一定量を確保したことによると思われる。

その結果、計数金銀貨の切賃（打賃）相場は大きく変化した。その相場を当面する文政・天保期（一八二〇〜四〇年代）にかけて継続的に明らかにすることは難しいが、唯一明らかな大坂の場合、『近世大阪の物価と利子』[48]所収の天保元年以降の相場表や、『大阪金銀米銭并為替日々相場表』[49]所収の断片的な数値からみる限り、天保改鋳による一時的混乱期をのぞいて、二朱銀・二分金・一分金のいずれも打賃の低下傾向を指摘できる。二分金のように新鋳以来逆打であったもの以外に、本来本打であった一分金でさえも逆打に転じている。すなわち遣い勝手のよさによって小額貨幣の方が相場が高い状態は終焉し、小判に対する需要が小額貨幣のそれを上回る事態となったのである。天保から嘉永年間の状況を伝える『守貞漫稿』は、一分銀を金貨に換える場合に打賃を要する理由を、「銀幣にて金に准ずものは平日専用となり世上に多く、小判・一分判及五両判等の真の金幣は富者の貯蓄に宜き故也」と述べ、さらに金貨のなかでも、二朱金や一分金より小判が高値状態にあったことを示している。その理由として、計数銀貨が世上に多く流通し、金貨が「蓄にかさ高ならず、他国に贈るに飛脚賃下直」であるためその需要が高まっていたことをあげている。小判は流通量の減少とともに交換手段としての機能を後退させ、富の蓄蔵手段あるいは儀礼的な用途としての機能に重きを置いていく。小判と計数銀貨の間で機能分化が起こっていたのであり、二朱金などは中間的な存在と見なせよう。

開港前後の「通用金銀」はもはや小判や丁銀ではなく、二朱金や一分銀であった。いわゆる金貨流出にともなう小判の不足によって金銀相場が建たず、安政六年（一八五九）五月から江戸・大坂とも「有合建《ありあわせだて》」すなわち小判以外の金貨を含む値建てに変更された。これ以前から小判建ての金銀相場は、小判一枚と秤量銀貨との実物相場という本来の性格から、金銀の換算相場という意味に変化していた[50]。上方において、秤量銀貨はすでに「銀目の空位化」という言葉に示されるように実物が取引されることは少なくなり、年貢納入などのため正銀を入手しようとすれば多額の打賃を要した[51]。安政改鋳発令直前の江戸でも、小判一〇〇両につき銀二〇〇匁を超える打賃となった。[52]この現象がこの時期特有のものなのかなどさらに検討を要するが、ついに小判も交換に歩銀を要する打物となった。かつて大坂でおこなわれた為替金の二朱銀二五両差と比較して、今回の「有合建」には金貨のなかでの区別はなく、いわば金の貨幣単位「両」についての相場として形成されることになったと判断できる。新旧貨引替においても天保年間から、小判・一分金の引替に二分金を混ぜたり、一朱金など小額金貨の場合には計数銀貨と交換されたこともあり、貨幣間の区別はことに小額金貨において解消されつつあった。小判を中核とし貨幣間の厳然たる区別をともなった金貨の体系は、このように貨幣単位を同じくする貨幣の体系としての性格を獲得しつつあったのである。

三　対外関係と貨幣の政治的意味

(1) 外交儀礼における銀

「鎖国」の時代に日本が国家間の外交関係の体裁をとっていたのは朝鮮と琉球に対してであり、将軍の代替りの際などには使節が来航し、江戸城中や道中で接待がおこなわれた。しかし相互の関係はけっして対等な国交ではなく、日本側からいえば、自らを武威の国、他を弱小国と見なす差別意識に支えられて、相手国を朝貢国と位置づけようとするものであった。使節は江戸城中で将軍に謁見して、国書を交換して進物を披露し、返礼をうけた。将軍のみならず御三家や老中などとの間で贈答がおこなわれる場合もあった。

贈答の内容が比較的よくわかる正徳元年（一七一一）の朝鮮通信使の場合、朝鮮国王から将軍への進物は朝鮮人参・虎皮・豹皮など朝鮮の産物であり、将軍からは朝鮮国王へ太刀・鎧・屏風が贈られた。屏風の図柄も合戦図などが選ばれ、武威の国にふさわしい内容であった。また使節への下賜物は、正使・副使・従事の三使へ銀五〇〇枚・綿三〇〇把ずつ、上々官三人に銀二〇〇枚ずつ、上官・次官・小童へ合わせて銀五〇〇枚、中官・下官へ合わせて銀一〇〇〇枚、学士へ銀三〇枚、上判事三人に銀五〇枚ずつが主なものであり、このほか曲馬の関係者へ合計銀二〇〇枚、御三家や老中以下からも銀や綿などが贈られ、銀だけで三使へ二〇一〇枚、上々官七一〇枚であった[53]。当時対馬からの輸出銀は年間一〇〇〇貫目を切っていたから、右の贈答の合計銀高二八八貫目余の大きさがわかる。日本側の返礼の中心は銀であり、朝鮮側からの進物に対し過剰とも思える銀が、使節に対して贈られた。元来、寛永元年（一六二四）までは朝鮮国王への返礼はなく、使節にのみ銀や武具・屏風が贈られたが、寛永十三年から国王へ武具や屏風、使節へ銀や綿を贈るのが例となり、その数量もほぼ固定した。

贈答からみる限り、両国間に対等な関係は認めがたいように思われる。日本側は使節に大量の銀を与えることで優位に立とうとしたが、朝鮮使節は銀の受取りを辞退し、自国内に持ち帰ることを極力忌避する姿勢を示した。銀を対馬藩に給付して朝鮮人被虜の送還費用に充てたり、のちには釜山の東萊府に留めおいて公用に充てたりしている。寛永元年には銀の一部が使臣の階層・職種に応じて分給されたこともあったが、寛永二十年以降は東萊府での利用が定式化したようである[54]。使節各員には日本金銀の密売買が厳禁されており、官吏への統制的側面があったことは否定できない。日本側の史料でも、使節が銀の持ち帰りを忌避するのは、賄賂と見なされるからだとしている[55]。だが朝鮮側は銀を回収すればすむはずである。しかも朝鮮は一方で対馬藩を通して大量の日本銀を輸入しており、銀は対中国朝貢貿易に不可欠で、欲求度の高い品であった。にもかかわらず朝鮮側のとるこのような姿勢は、将軍から政治的儀礼の場で与えられた多量の日本銀に、朝貢使節に対する回賜の意味合いを読み取っていたことを示すものであろう。

宝永七年（一七一〇）の琉球使節の場合、琉球からの進物は太刀・馬・布（芭蕉布・太平布など）・泡盛であり、国内諸大名の献上品に準じた内容であった[56]。将軍の返礼は、中山王へ将軍代替祝儀分が銀五〇〇枚・綿五〇〇把・金襴二〇巻、中山王襲封について銀五〇〇枚・羽二重一〇〇疋・八丈縞五〇反、美里王子・豊見城王子へ銀二〇〇枚・時服一〇ずつ、両使の従者惣中へ銀三〇〇枚ずつ、楽童子・小姓へ小袖三ずつが贈られた。全体の数量は祝事の内容や使者の人数によって増減したが、中山王や従者への銀・綿の賜与の数量は変わらなかった。おもな返礼品が銀であり、相手の進物に対して多額である点は朝鮮の場合と変わりないが、琉球の場合には中山王との贈答が中核を占めた。これは薩摩藩の実質的な支配下にあった琉球の政治的位置によるものであり、贈答からみる限り、内なる異国としての性格が強かった。

ところで銀貨の品位の低下は、外交の場で授受される銀にもおよんだ。宝永七年の琉球使節の場合は不明であるが、翌年の朝鮮使節に対しては、当時通用の銀を遣わすはずであることを京・大坂・駿府などで音物《いんもつ》を与える者たちにも伝えるよう命じた[57]。当時通用の銀とは、「御三家様諸方より被遣候銀子は二ツ宝字銀にて被遣候」[58]とある通り二つ宝銀であった。すでに国内ではこれより低位の銀の鋳造が始まっていたが、外交使節への賜銀を二つ宝銀としたのである。享保期になると通用銀は慶長銀と同位となったから、使節に対してもこれを用いたと思われる。だが元文改鋳によって再び低位となると、幕府は朝鮮・琉球使節に対する賜銀について、銀座に命じて享保銀と同位の銀を特鋳させた。寛延元年（一七四八）に両使節来航のため銀座に命じたのが最初で、朝鮮使節については宝暦十三年（一七六三）、文化三年（一八〇六）の二度、琉球使節については天保三年（一八三二）にいたるまで、特鋳銀の鋳造が命じられた。

勘定奉行荻原重秀の時代には、貨幣政策は低品位化の方向で推移し、これが貿易や外交儀礼の場で授受される銀にまでおよんだ。貿易用には、朝鮮貿易における「人参代往古銀」や琉球渡唐銀の元禄銀への吹替など、幕府の統制下で例外的に高品位の特鋳銀が交付されたこともあった[59]。だが元文改鋳後に通用銀が再び低位になると、外交儀礼用の銀として享保銀と同位の特鋳銀を賜銀とするようになった。享保期をはさむこのような変化の意味を探るためには、やはり新井白石の貨幣論に言及しなければならない。

(2) 新井白石の貨幣認識

経済思想としての進歩性と復古主義が同居する白石の貨幣論を考えるとき、その根底にあった内外貨幣の比較の視点は見逃せない。すなわち彼は、宝永六年（一七〇九）十一〜十二月におこなわれた潜入宣教師シドッチに対する尋問を通じて、わが国の貨幣についての認識を深めていった。

大西洋邏馬国の人にあひ候時、万国の中にて通じ行はれ候金銀の事をも承り、其持来り候物共を見候にも皆々むまれながらの物にて、其出候地方によりて其品は同じからず候へども、銀銅などを以て金銀に雑造り候て宝とし候事はなく候由相聞候、しからば当時のごとくに天地より生じ出され候人間の大宝を、人のなし、わざによりて其品を乱り候事は天下人民の怨み憤り候のみにあらず、天地神明のにくみきらひ給べき事に候へば、不可然御事に候

右は正徳三年（一七一三）六月提出の「改貨議」[60]の一節である。ここで白石はシドッチの所持金を見て、日本貨幣の質の悪さを痛感したはずである。そして金銀は純粋な形で維持されるべきものと認識しつつ、低品位の金銀貨を発行することは民衆の怨みをかい、天地の神の嫌悪するところだとして、当局者（荻原重秀）に対する批判の根拠としている。別の箇所の記述によれば、「人民の怨み」以下の内容は、具体的には物価の上昇や災害の頻発を指すようである。

また白石は、シドッチが日本の貨幣を所持し、彼がローマ教皇の財力に支えられた布教活動の有様を伝え、自らルソンに手紙を書けばいくらでも金銀を送ってよこすと言った点が気になっていた。シドッチの所持金には、ルソンで入手された日本の小粒一八個と寛永通宝七六枚が含まれていたが、その実態は「我国新製の金と銭」すなわち元禄一分金と荻原銭であった[61]。そして正徳三年の冬、シドッチの獄中での布教が発覚したあと、白石は次のことに気づいた[62]。

其国にて我国黄金の製と、銅銭の製との改まりしを伝へみて、国財以の外に窮したり、国民さだめてくるしみなむ、民くるしむ時は、命の行はれざる所あり、たとひ其禁なを行はるとも、金銀もてみちびきなば、其禁開く事ありぬと、おもひ謀りしにやとおもひしかば、此のちは、金銀等の事は、いひも出す事はせざりき

わが国の貨幣の質が低下したことから、シドッチは、国の財政難や民衆の困窮を知り、この機に乗じて金銀をもって民衆を誘惑すれば布教活動の再開も可能であると考えた、と白石は判断した。屋久島に上陸したシドッチが、村人に方形の金を与えた事実も白石は知っていた。白石の思考のなかで、貨幣の質が国の富や統治の反映であると認識され、元禄金のような劣悪な貨幣では海外から侮られ、やがて禁教令も有名無実化するという危惧にまで到達した。貨幣の質が、対外的な国の威信にまでつながる問題としてとらえられ、禁教令という国家の根幹部分まで揺るがしかねない可能性を警戒したのである。

白石は、かつてシドッチの処分案を提出した経緯から、保身のためか公言することをはばかったため(63)、右の認識が実際の改鋳事業のなかで喧伝されることはなかった。だがその貨幣観には彼の国家意識がかいま見える。金銀の海外流出の防遏に力を注いだ彼は、武威の国であるわが国が、抜け荷など利益追求のため「国威」を損なうことを憂い、貿易制限や取締をおこなうことによって「外国のものどもの、我国の法を侮るといふ事もなくして、我国の威は、万里の外迄に行はれ、我国の財は、万世の後迄に足りぬべし(64)」として正徳新例の制定にまでいたる。最後の対句にあるように、武威の国としての威信の回復と永続的な金銀の確保が密接な関連をもって語られている。金銀の豊富さは過去のものとなったが、元禄改鋳を経たわが国の貨幣を海外と対比するにおよんで、金銀の質に対する認識を新たにしていった。

荻原の時代の貨幣政策が経済的見地から貨幣輸出の抑制をめざしたのに対し、正徳改鋳は金銀貨の品位を高めることに深い政治的意味を秘めていたといえよう。前述のように、国内における災害の発生や物価上昇につなが

る貨幣政策の誤りを正し、対外的にも国の対面・威信を守ることをめざした。元文改鋳後にいたっても、朝鮮・琉球使節に高品位の銀が与えられたのも、幕閣において貨幣の質が国の対面・威信を保つという認識が保持されたからであろう。このように貨幣は、とくにその質的側面において政治的役割を担っていた。そして貨幣の質が国内統治状況の反映であり、対外的に国の威信を体現しているとの考えは、その後も長く為政者の貨幣観を規定したようである。

(3) 安政通商条約にみる貨幣観

安政五年（一八五八）の五カ国通商条約の締結によって、わが国から小判の大量流出が起こった。その原因が条約中の貨幣条項にあったことは周知の事実である。とくに同種同量の原則と、銅銭をのぞく日本貨幣を輸出できると規定したことが問題であった。同種同量の原則は、金貨は金貨、銀貨は銀貨と、品位とは無関係に同重量で交換するというもので、一分銀三一一個がメキシコ銀（洋銀）一〇〇個と等価とされた。当時は一分銀がおもに流通しており、この一分銀四個を小判一枚と等価とした国内の通貨体系における金銀比価が、当時の国際水準と比べて大幅に金安であり、しかも小判が輸出可能であったことによって大量流出が生じたのである。

このような不利な条約を締結した原因は、世界の通貨事情にうとい幕府当局者の無知と、アメリカ総領事ハリスの強引な交渉に帰せられてきた。しかしハリスをも驚嘆させた日本貨幣の輸出は日本側の提案によるものであり、同時に洋銀から日本貨幣を鋳造する際の再鋳費受取りの条項も削除されたのであった。以下、本項では条約成立の過程を追いながら、交渉に関わった幕府当局者の貨幣認識を明らかにしたい。

近世中期以降、金銀地金の評価は双替方式によっていた。これは、金座・銀座が国内各地の山出し金銀を買い上げたり、細工用金銀を払い下げる際に用いられた評価法で、一定量の金銀地金に対する秤量銀貨の重量で表示するものである。安政元年の日米和親条約締結後、アメリカ船への物資供給のためアメリカ貨幣の評価が双方で討議されたが、その際にも同方式による評価が示された。だが秤量銀貨は当時あまり流通しておらず、アメリカ側はその評価法を不可解に思い、「通用金銀」すなわち当時一般に流通していた二朱金や一分銀との交換を望んだ。日本側は、「通用金銀」は極印によって素材価値以上に通用しており、外国金銀との交換にはなじまないと返答した。アメリカ側は、国際常識にしたがって、両国通貨の交換を地金同士の交換と位置づけたのに対し、日本側は、相手通貨だけを地金として扱い、これを自国通貨で評価したのである。だが当面はアメリカ側の必要品を供給しアメリカ貨幣を受領するだけであったから、日本側の主張は一応受け入れられ、貨幣問題の解決は将来の交渉に委ねられた。

安政三年七月に着任したハリスは、下田奉行に対し必要品買入れのため銀貨の交換を求めた。これに対し下田奉行は、必要品は幕府から支給すること、日本の法では日本貨幣をアメリカ人に与えるのは禁止していることを回答してこれを拒絶した。日本側はもとより相手通貨の受取りしか想定していなかった。ハリスは双替の不当性を主張し、九月以降の交渉のなかで、両国通貨の含有金銀量を明確にしたうえで交換率を決定することも提案したが、日本側は自国通貨の含有金銀量を明らかにすることを避け、やむなく同種同量方式を受け入れたのである。この交渉にあたった下田奉行井上清直・岡田忠養、海防掛目付岩瀬忠震らが、自国通貨の内実を知らなかったはずはない。ことに井上・岡田は勘定吟味役出身である。彼らは、すでにアメリカ側が日本金銀の解析を終えていると判断し、ドル金銀貨に比し純量が劣るその実態を熟知していればこそ、「此上議論を重ね候ハヽ、語路切迫いたし、終ニ彼方申条ニ相屈し候様成行、御体裁をも失ひ可申」と考え、実態が明白になるのを回避した。井上らは九月十一日付の伺書をもって交渉結果の報告をおこない、これをうけた老中は、今後は再鋳費の増額につとめるよう求めた。そして洋銀と一分銀との交換の申請があっても「正金は不相渡、壱分銀代其員数之紙札等相渡候積」と指示して、あくまで通貨を渡すことに抵抗した[65]。銀貨以上に金貨の交換を拒んだのは、安政四年十二月十七日の箱館奉行支配組頭から下田奉行同役への問合せに対する回答にあるように、「本邦金成丈ケ不遣訳は、金性洋金ニおとり候儀も可有之間、手心を以差控へ候よし」と、二朱金の劣位にあったことを暴露している[66]。

安政四年五月二十六日に下田協約が締結され、第三条で同種同量の原則と、洋銀から日本銀貨への再鋳費として六％分を付加することが定められた。この再鋳費の決定にあたっては勘定所系統の吏僚の働きが大きかった。当時外国使節との交渉を担当した海防掛は、勘定と目付の二つの系統の役人から構成され、その間でしばしば意見の対立があったことが知られている。洋銀との交換を有利に進めようとした勘定方役人に対し、目付衆は別の角度から貨幣問題を論じていた。

下田協約の交渉過程にあった安政三年十月、老中あてに岩瀬忠震をのぞく海防掛大目付・目付から提出された上申書は、わが国においても「諸国普通用之金銀」が必要であり、洋金銀同様の品位の高い金銀を鋳造することを決定するよう求めていた[67]。一見、国際感覚に優れ先取的な進言とうけとれる。だが考え方の筋道は、経済的見地から物事を論じた勘定方役人の場合とかなり相違していた。まず再鋳費の引上げなどには全く顧慮せず、それどころか「ドルラル同量之金銀出来迄ハ、吹直料差出ニ不及旨御諭相成候ハヽ、承伏仕、御国正直之御処置可奉感戴哉」と、その取得を辞退することが日本の政治に対する評価を高めることだと理解していた。そして交易を開始すれば、洋金銀が国内に流入することが確実であるから、日本の通用金銀の質が良くなくては、富商や豪農らが洋金銀を貯えるようになると予測し、「金銀之品位善悪ハ、人情向背之所係、加之通用金銀品位を慕ひ候心より、遂ニは彼国之政事も正敷儀と心酔仕候様ニ而ハ、邪教之侵入難防候」として、改鋳による金銀貨の品位の引上げを提言している。彼らは目付として、政治的あるいは国の防衛的見地から貨幣問題を論じたのである。ここで注目すべきは金銀貨の質と政治との関係である。金銀の品位が民衆の政治に対する支持をはかる指標とされ、洋金銀よりも劣る貨幣では民心をつなぎとめることはできず、洋金銀が流通するにつれて、やがて外国の政治への評価は高まり、ついには邪教（キリスト教）の国内布教にもつながると警戒している。類似の考えは新井白石の場合にもみられた。しかし白石の場合はその予感にすぎなかったが、黒船来航以降の眼前の国際関係のなかでは現実の危機として感じられた。彼らは、洋金銀と比較した「通用金銀」の品位に負い目を感じ、民心の離反と武威の国の崩壊の危機をみていた。

さて通商条約のアメリカ提示案と最終条文との大きな相違点は、日本側の希望によって第一に再鋳費六％の規定を不要としたこと、第二に日本貨幣の輸出禁止規定を排し銅銭をのぞく日本貨幣の輸出を容認したことである。

第一の提起は、前述の目付衆の意見書を前提に理解することができる。安政四年十二月二十三日の下田奉行井上・目付岩瀬とハリスとの会談で、日本側は、手数を省くため、洋金銀と日本貨幣の交換を不要とし、直接洋金銀による購買を認めるから、再鋳費の取得を止めることを提案した。(68) さらに日本側は再鋳費を受け取らないことを条約文に明記するよう求めたが、アメリカ側はいったんこれを拒否している。日本側には、洋金銀の通用を開港場に限ることによって、不利にはならないとの目算があったようだ。ここでは、下田協約で確定をみた再鋳費について一転してその廃止を提案し、日本の為政者の度量の大きさ、恩寵のほどを明らかにして、それを条約に盛り込むよう求めたのである。そして結局条約文では「向後鋳替のため分割を出すに及はす」と明文化され、日本側の要求は実現している。

第二の日本貨幣の輸出禁止規定は、当時の国際的常識に則って、アメリカ側の条約案に記載され、すでに安政四年八月の日蘭追加条約、九月の日露追加条約にも同様の規定があった。幕府の意識はこれと相違し、自国通貨の劣位を秘すため日本貨幣の引渡しを拒む立場を貫いていたにすぎなかった。これが急転回して翌年正月の幕府案において輸出解禁となったのは、十二月二十三日の日本側提案による。すなわち日本側は、洋金銀が交換なしに通用するよう命じるから、もしまだアメリカ側が懸念するなら、洋金銀と日本貨幣の出入りが差し支えないと記載すればどうか、というのである。アメリカ案（翻訳）では、「日本臣下ハ、外国の金銀貨幣を、亜米利加国人より受取り、之を所持し、或ハ亜米利加人に払方を為すため用ゆる事を得、且此貨幣を、日本司人江渡すに及ばざるべし」と記していたが、アメリカ側は、洋金銀通用のためこの箇所を残したいと回答した。幕府案および条約文ではこの部分は削除されている。前述の目付衆の上申書の主張を勘案すれば、日本側はこの部分の削除を狙ったものと思われる。洋金銀を可能な限り日本の貨幣と交換することなく開港場において限定的に使用させるのが日本のねらいであり、洋金銀が国内で自由に通用することを回避したのである。

ところで条約文によれば、日本産の金銀地金と銅銭は輸出することができなかった。これは一七世紀以来の法であったが、貨幣であると否とにかかわらず金銀を輸入することは認められていた。交渉の過程で幕府は「一躰外国より金銀を輸入し、自国よりは輸出せすと申は、公平之儀に無之候間、追々改革致し候積」とし、一五年を待たず輸出入を自由にすると約束した(69)。ここには「公平之儀」という一種の相互主義の考え方が示されている。幕末外交に携わった田辺太一も、貨幣条項と洋銀引替問題に関して「これは条約を議定する際に、双方ともにただ公平ということだけに着目して、実地を顧みる暇がなかったことから生じたのである(70)」と語っている。右の「金銀」は直接には地金を意味すると思われるが、一八世紀中頃からわが国に地金として輸入された金銀はおもに外国貨幣であり、開港後も引き続いて長崎において輸入された(71)。日本貨幣の輸出を認めた背景には、このような外国貨幣の輸入に対する相互主義による見返り策としての意味があったように思われる。日本貨幣が劣位であるにもかかわらず敢えて輸出を認めたのは、やはり外国に対する恩恵策ではなかったか。輸出解禁を提示したのは、先の将来にわたる検討を約束したわずか三日後であった。

当時の国際的常識からかけ離れた日本の提案の背景には、前述のような貨幣を政治の反映とみる独自の貨幣観が存在した。彼らにとって条約は日本の為政者の恩寵を海外に示す方策であったに違いない。しかしそれが国際社会で通用するはずもなかった。条約によって門戸を開いたところは東アジアの銀貨経済圏であり、欧米商人が小判との交換のため大量の洋銀を調達できた地域であった。日本にとって切り札とされた安政六年の二朱銀鋳造は列強の抗議によって断念させられ、翌年の万延改鋳による金貨の軽量化によってようやく小判流出は止んだ。やがて幕末の幣制は物価高への引金となっていくのである。

おわりに

近世における貨幣経済の発展は、なによりも幣制の安定によった。従来鋳貨の安定は国家の法制と素材価値に依拠し、紙幣の流通は商人などの信用にもとづくものとされてきた。だが中世末に、金銀匠や銭屋によって作られた包金銀や銭緡という貨幣形態は、鋳貨の流通にとっても信用付与が重要であったことを示しており、それ自体まさに中世の達成と見なすことができる。このような信用の付与が近世の貨幣流通を支え、幣制の安定に寄与したのである。だが金銀産出量の減少は必然的に低位な貨幣の発行を招くにいたる。素材価値を超えた貨幣の流通には課題が多く、元禄改鋳後一世紀以上をかけて、金貨の通用限度の設定、計数銀貨の流通、不良貨幣の排除など法制度の整備がはかられ、貨幣の経済的機能は高まっていった。また信用にもとづく貨幣は紙を素材にさまざまに生成したから、鋳貨の流通に支障ある時は規制をうけることになった。

いっぽう近世幣制の成立には国家意識が重要な契機となった。天正大判の製造、寛永通宝の鋳造など、中華帝国を意識した日本の貨幣は、質・量ともに優位を誇り、武威の国の豊かさを象徴するはずのものであった。熊沢蕃山『集義和書』の「日本は小国にて金銀多し、異国よりのぞむといへども、武国故に取得ず」という言葉はこれを端的に表現している。朝貢貿易になぞらえられる近世の貿易体制のもと、礼をもって来航する国家・人々にのみ日本の金銀が与えられた。やがて金銀の豊かさは過去のものとなり貿易制限も強化されたが、金銀貨の質は維持すべきであるとの観念が、国家意識の高揚とともに、時に現実の政策に反映された。これが正徳改鋳や儀礼上の特鋳銀の思想的背景となり、幕末の危機にあたっても再びこの観念が生起した。黒船来航は武威の危機であり、低劣な鋳貨の流通は政治の危機を象徴するものととらえられた。金銀貨の質の問題は近世国家の根幹にかかわっていたのである。

（1）岩橋勝「小額貨幣と経済発展」（『社会経済史学』五七―二、一九九一年）。

（2）足立啓二「中国からみた日本貨幣史の二・三の問題」（『新しい歴史学のために』二〇三、一九九一年、のち『明清中国の経済構造』汲古書院、二〇一二年に再録）。

（3）朝尾直弘「鎖国制の成立」（歴史学研究会・日本史研究会編『講座日本史4　幕藩制社会』東京大学出版会、一九七〇年）。のち朝尾『将軍権力の創出』（岩波書店、一九九五年）、『朝尾直弘著作集　第三巻　将軍権力の創出』（岩波書店、二〇〇四年）に再録。

（4）朝尾前掲「鎖国制の成立」。信長の撰銭令を三貨制の先がけと評価することについては、藤井讓治による批判がある。本書第一章注(20)参照。

（5）浦長瀬隆「一六世紀後半西日本における貨幣流通」（『ヒストリア』一〇六、一九八五年）。のち浦長瀬『中近世日本貨幣流通史　―取引手段の変化と要因―』（勁草書房、二〇〇一年）に改稿のうえ収録。

（6）黒田明伸「一六・一七世紀環シナ海経済と銭貨流通」（『歴史学研究』七一一、一九九八年）。のち歴史学研究会編『越境する貨幣』（青木書店、一九九九年）、黒田『貨幣システムの世界史』（岩波書店、二〇〇三年）に再録。

（7）鈴木公雄「出土備蓄銭と中世後期の銭貨流通」（『史学』六一―三・四、一九九二年）。のち鈴木の成果は『出土銭貨の研究』（東京大学出版会、一九九九年）にまとめられた。

（8）『板倉政要』。

(9)『御納戸大帳』(備作史料研究会、一九八四年)。
(10)滝泰子「近世包封金銀考」(『日本史研究』三六二、一九九二年)参照。
(11)「駿府年寄衆連署奉書」(佐治家文書研究会編『佐治重賢氏所蔵 小堀政一関係文書』思文閣出版、一九九六年、七号)。
(12)『当代記』。
(13)『京都町触集成』別巻二、二六九号。
(14)『京都町触集成』別巻二、二九七号。
(15)以下、金座の組織と経営については、東京市役所編・刊『徳川時代の金座』(一九三一年)、鈴木俊三郎『別編金座考』(塚本豊次郎『日本貨幣史』財政経済学会、一九二三年所収)参照。
(16)「京都役所方覚書」中(『京都町触集成』別巻一所収)。
(17)以下、銀座の組織と経営については、田谷博吉『近世銀座の研究』(吉川弘文館、一九六三年)参照。
(18)大野瑞男「江戸幕府勘定頭制の成立」(『東洋大学文学部紀要』四四 史学科篇一六、一九九〇年)。のち大野『江戸幕府財政史論』(吉川弘文館、一九九六年)に再録。
(19)ハリス『日本滞在記』(岩波文庫、一九五三・五四年)一八五七年三月二日(安政四年二月七日)条には、「刻印を捺すために造幣局に役人の一団が揃って止宿し、彼らの若干は極めて多額の俸碌をとっていることなどを認めた。私は彼の言葉によって、造幣局はこの国では一種の救恤賜金施設であると推断した」とある。
　貨幣鋳造について金座・銀座役人が多額の利益を得ていたことは、幕府役人も問題視するようになった。慶応二年(一八六六)に幕府勘定奉行小栗忠順が新規に一両銀判を鋳造しようとして、フランスへ発注したことが、薩摩藩南部弥八郎報告書の記事にみえる。「会計長小栗上野介目論見ニ而新規壱両銀小判形ニ而鋳造可有之積、右吹立是迄之姿ニ而は失費のミ相嵩ミ、銀座役人之利徳のミ相成候間、仏国江貨幣鋳造之蒸気機誂相成候、其上右壱両銀吹立之積」(『鹿児島県史料　玉里島津家史料補遺　南部弥八郎報告書二』所収、第一六八号　寅八月廿九日報告〔風説書〕のうち「六外国所置方等其筋より伝聞之記」)とあって、これまでの銀座における鋳造では座役人の利得を含め費用が多くかかるので、それを避けるため洋式製造技術の導入と、フランスへの機械発注をおこなったことがわかる。なお、この一両銀判の打刻型が近年フランスで確認され、その製作にいたる経緯について、中島圭一「一八六六年のフランス製一両銀」

（『史学』七九―一・二、二〇一〇年）が詳しく明らかにしている。中島論文に付け加えるに、わざわざフランスに発注した背景には右にみたように銀座の過分な利益を回避する目的があったと考えられる。

（20）太宰春台『経済録』。
（21）三上参次『江戸時代史』（冨山房、一九四八年）。
（22）『犯科帳』。
（23）元禄改鋳の契機を金貨通用問題に着目して再検討した成果に、西脇康「小判の損傷と量目問題の発生　―元禄改鋳を射程に―」（『計量史研究』二二―一、二〇〇〇年）がある。
（24）『御触書寛保集成』一八〇〇（一）号。
（25）『御触書寛保集成』一七九七号。
（26）太宰春台『経済録』。
（27）『両替年代記』。
（28）銭遣い地域や匁銭・銭匁勘定については、藤本隆士と岩橋勝による一連の業績がある。藤本『近世匁銭の研究』（吉川弘文館、二〇一四年）、岩橋の業績は本書序章注（19）参照。
（29）鶴岡実枝子「天明期江戸両替屋役金一件」（『史料館研究紀要』一五、一九八三年）。
（30）『御触書天明集成』二八七三号。
（31）鶴岡前掲「天明期江戸両替屋役金一件」。
（32）『両替年代記』。
（33）『三貨図彙』巻一二。引用は『日本経済叢書』版による。
（34）『京都町触集成』第六巻、一六七一号。
（35）中井信彦『転換期幕藩制の研究』（塙書房、一九七一年）。幕末期に向けて計数銀貨の果たした功罪については三上隆三『円の誕生』（東洋経済新報社、一九七五年）参照。
（36）背景には、上納に二朱銀を混ぜてもよいという触書が出されたことが関係していたらしい。寛政二年十月、西国三三か国に対し二朱銀の通用を促した触があり（『大阪市史』第四上、触三五八〇。本文は『大阪編年史』第十三巻、二七

○頁参照)、「諸納皆銀納ニ致来り候場所も多有之候へ共、向後ハ時之相場を以、金二朱判とも銀納之内へ勝手次第取交可相納候」と記す。

(37) 京都府立総合資料館所蔵「古久保家文書」町代日記。

(38) 『京都冷泉町文書』第三巻、一二四八号。

(39) 『日本財政経済史料』巻三。

(40) 『通航一覧 続輯』第八巻、五〇号。

(41) 畑中康博「播磨屋中井両替店記録から見た文政改鋳」(『秋大史学』四九、二〇〇三年)は、文政改鋳における計画性の有無について原論文を批判されたが、筆者は十分な地金が入手し難いなか改鋳を進める手順についてはかなり練られていたと考え、その意味では計画的に進められたと評価している。

(42) 『金局秘記』「三十二 新金瑕直し一件」(塚本前掲『日本貨幣史』所収)。

(43) 『金局秘記』「九十八 保字金瑕直法」(塚本前掲『日本貨幣史』所収)。

(44) 鈴木俊三郎『別編金座考』「流通不便貨幣取扱手続」の項(塚本前掲『日本貨幣史』所収)。

(45) 鶴岡前掲「天明期両替屋役金一件」。

(46) 住友がなぜ大坂における引替を引き受けたのか。これまで理由が必ずしも明らかではなかったが、「別子銅山公用帳十一番」(『住友史料叢書』「別子銅山公用帳　十番・十一番」二三二〜二三七・二四一〜二四四頁所収の記事によって、事情がしだいに明らかになってきた。江戸本両替の一員であった住友は、主人泉屋吉次郎の名義で文政元年から江戸における二分金・小判などの新金引替御用を務めたが、文政三年七月に勘定所から命じられた新銀引替については、本両替仲間五軒が相談のうえ断ることになった。新金引替を引き受けているうえに、嵩高い銀貨まで取り扱うと混雑することになるとの理由からであった。これに対し平両替(脇両替)の井筒屋善次郎・島屋吉兵衛・石川屋庄兵衛の三軒が新銀引替を引き受けたいと出願したこともあって、勘定所からは「外平之両替三人之者相勤度願出候、然ル処其方共者本両替も致候ニ、御免相願候者心得違ニも可有之哉」とかなり強い調子で説得され、ようやく「引替銀子集次第」上納という条件をつけて引き受けの請書を提出した。しかしけっきょく本両替に新銀引替御用の下命はなかった。
　この知らせを江戸中橋店から受けた住友の大坂本店では、中橋店で断ったのは不都合であると判断し、大坂ではぜひ新銀引替を引き受けるので下命願いを江戸で出すよう、願書下書を添えて中橋店に指示した。大坂から送った案文には、江戸本両替仲間の決定に引きずられて断ったような、仲間に対し差障りのある文言も含まれていたので、その部分を書き換え、これまで銅座掛屋御用や正徳・享保改鋳の銀吹分け御用を務めてきた実績を強調し、西国は銀の流通も多いので、ぜひ大坂豊後町店で引替御用を務めたいと出願したのである。

このように大坂で引替御用を引き受けた背景には、江戸本両替の一員として新銀引替を断った経緯があり、汚名返上とばかりに大坂での下命を出願したのであった。文化八年に銅山御用達の肩書と住友の苗字使用を許された泉屋住友は、文政期に入って、金銀引替御用や大坂銅座掛屋御用を積極的に引き受けるなど、幕府の御用商人として地位向上をめざして活動していた。こうした背景があって機敏に動いたのであろう。

(47) 本書第六章を参照。
(48) 宮本又次責任編集『近世大阪の物価と利子』（宮本又次、一九六三年）。
(49) 『大阪金銀米銭幷為替日々相場表』巻一・巻二（三井家編纂室）。
(50) 遠藤佐々喜「江戸時代貨幣制度に於ける銀問題の研究」（『社会経済史学』九‐七・八、一九三九年）。
(51) 田谷博吉「幕末期関西の流通貨幣」（『歴史研究』一二、一九七二年）。
(52) 国文学研究資料館所蔵播磨屋中井両替店記録『改五拾八番日記』。
(53) 『通航一覧』巻九八・巻一〇五。
(54) 三宅英利『近世日朝関係史の研究』（文献出版、一九八六年）。
(55) 『方長老朝鮮物語』。
(56) 横山學『琉球国使節渡来の研究』（吉川弘文館、一九八七年）。
(57) 『御触書寛保集成』二九七六号。
(58) 『通航一覧』巻一〇五、享保己亥使記録。
(59) 改鋳が朝鮮貿易に与えた影響については、田代和生『近世日朝通交貿易史の研究』（創文社、一九八一年）が詳しい。人参代往古銀については田谷前掲『近世銀座の研究』も参照。琉球貿易における日本銀の調達については、改鋳時の対応を含め、梅木哲人によって研究が進展した。梅木「薩摩藩の琉球貿易」と銀の問題について」（『第九届中琉歴史関係国際学術会議論文集』二〇〇二年）および「薩摩藩・琉球国の中国貿易における日本銀の調達について　―薩州御渡銀と銀座―」（『沖縄文化研究』三五、二〇〇九年）。いずれも改題のうえ梅木『近世琉球国の構造』（第一書房、二〇一一年）に所収。

(60)『白石建議』四（『新井白石全集』第六）。

(61)「長崎注進邏馬人事」・『西洋紀聞』上巻、いずれも日本思想大系『新井白石』所収。

(62)『西洋紀聞』上巻。

(63)宮崎道生『新井白石の研究』（吉川弘文館、一九五八年）。

(64)『折りたく柴の記』下巻。

(65)『大日本古文書　幕末外国関係文書之十五』一四号。

(66)『大日本古文書　幕末外国関係文書之十六』一九五号。

(67)『大日本古文書　幕末外国関係文書之十六』九〇号。

(68)『大日本古文書　幕末外国関係文書之十八』二〇四号。

(69)『大日本古文書　幕末外国関係文書之十九』二〇二号。

(70)田辺太一『幕末外交談1』（平凡社東洋文庫、一九六六年）一三一頁。

(71)山脇悌二郎『長崎の唐人貿易』（吉川弘文館、一九六四年）。文久三～慶応三年には、長崎の産物会所によって外国金銀輸入と見返りとしての銅輸出が一時盛んにおこなわれた。中村質「終末期における長崎会所の会計史料　―ことに産物会所との関連において―」（『九州産業大学産業経営研究所報』五、一九七四年）に史料紹介がある。

第六章　貨幣改鋳と新旧貨引替機構——文政期、十五軒組合の設立を中心に——

はじめに

文政の貨幣改鋳は、一八世紀中葉の元文改鋳以来の大規模な改鋳であり、また幕末にいたるたび重なる改鋳の初発をなすものである。老中水野忠成を中心に推進されたこの改鋳については、幕府財政の窮乏を打破すべくおこなわれたもので、出目獲得のため無計画に貨幣の貶質・濫鋳が繰り返されたと評価されてきた。(1) こうした幕府による貨幣鋳造の濫用という旧来の見解に対し、本章では視角を変え、改鋳を実施するうえで不可欠な新旧貨の交換過程をとりあげ、それを担う引替機構とその役割を検討する。幕府の財政問題に起因した改鋳という視点からいったん離れて、改鋳を遂行すべく設置された引替所の存在から、近世社会における貨幣流通を支える仕組みの一端を明らかにしたい。

さてここで扱う十五軒組合とは、文政改鋳期にあたる文政七年（一八二四）に大坂において設立された新旧貨引替組織であり、別名十五人組合とも称した。その十五軒とは、文政改鋳期に限っていえば、鴻池屋善右衛門・加嶋屋久右衛門・加嶋屋作兵衛・米屋平右衛門（のち鉄五郎）・鴻池屋新十郎・鴻池屋善五郎（のち他次郎）・辰巳屋久左衛門（のち弥吉）・近江屋休兵衛・炭屋なを（のち安兵衛）・平野屋五兵衛・升屋平右衛門・嶋屋市兵衛・鴻池屋庄兵衛・米屋喜兵衛・天王寺屋忠次郎の諸家を指す。(2) そののち構成員に多少の変化はあったものの、組合は幕末まで存続し相次ぐ改鋳の度ごとに新旧貨引替を担った。

十五軒組合については、『大阪市史』以来、吉岡源七、小葉田淳、田谷博吉の論著でとりあげられ(3)、その後鴻池家の史料によって引替過程の具体的分析をおこなった作道洋太郎(4)の業績が画期となり、実証の水準は上がった。こうした実態分析に刺激されて引替過程についての研究は、その後も新しい史料の発掘とともに十五軒組合に限らず引替組織ごとの分析が進み(5)、三都に限られていた対象地域も近年では大名領にまで広がっている(6)。

十五軒組合についての考察は、制度的側面や両替商経営の一端を明らかにする点で成果をあげてきたが、組合設立は旧来の引替所（三井組・十人組・住友）の増設であり、その成員は両替商であるとの認識が一般的であった。右の見解は、組合の設立事情や引替実態の分析の不十分さに起因するものであり、幕府政策上の差違を見落とす結果となっている。両替株の所持をもって新旧引替所を同列に扱うことができないのはもちろん、組合成員についても巨大な両替商という言葉のみではなく、他との質的差違が明確にされねばならない。右の意味において、十五軒組合に対する分析は幕府経済政策の解明に寄与すると同時に、大坂の金融社会の研究にも資するところがあると考える。

以上の観点にもとづき、本章では文政改鋳期すなわち天保八年（一八三七）までの十五軒組合を対象とし、設立の目的および引替の実態を考察して組合成立の歴史的位置づけをおこなう。そのうえで改鋳にともなう施策が貨幣の流通性にいかなる寄与をしたのか、近世貨幣史において客観的に評価する手掛かりを得たい。

一　組合設立の前段階

(1) 大坂における新旧貨引替の実情

本節では、十五軒組合成立以前の新旧貨引替の実態について考察し、これによって組合成立の背景を明らかにする。

文政改鋳は、文政元年（一八一八）の真字二分判新鋳に始まり、同二年小判・一分判改鋳、同三年丁銀・小玉銀改鋳へと移り、同七年以降種々の計数貨幣の鋳造を展開した。これら新旧貨の引替所として設定されたのは、江戸では本両替と脇両替の一部、後藤役所・銀座役所、および三井組・十人組の両為替御用取扱所であり（貨幣の種類によって多少の変化あり）、京・大坂では両為替御用取扱所であった。さらに大坂では、文政三年に住友が引替所として追加された[7]。このように新旧貨引替は三都を中心におこなわれ、「江戸・京・大坂其外引替所相立有之場所より他国えは新金銀を以可相渡」[8]と新貨の全国的拡散が企図されていたのである。ことに大坂は「所々より金銀取引多分ニ候」[9]土地柄から、その経済的地位に依拠した引替の進展が期待されていた。

ところで新貨鋳造をおこなう金座・銀座が当時江戸にしか存在しなかったため[10]、上方における新旧貨引替には新貨を江戸から輸送し、逆に引き替えた旧貨を上方から返送する必要があった。この新旧貨輸送も為替両組が担当したが、まずその仕法について一瞥しておく[11]。

金貨の場合でその要点を記すと、為替両組は新貨を後藤役所から受け取り、荷造りしたうえで老中の宿継証文とともに伝馬所へ手渡す。そして新貨は上方へ発送され、京あるいは大坂の為替御用取扱所に到着、そこで引き替えられるのである。これに対し旧貨返送の際には、為替各組より各地の町奉行所に対し、所司代または城代の宿継証文の下付を願い出て交付を受け、その証文とともに伝馬によって旧貨を江戸の為替御用取扱所へ送付し、後藤役所へ納入するという過程をとる。この際注意を要するのは、上方に到着した新貨が為替両組に半分宛に分割され引き替えられる点である。旧貨は各組ごとに返送されるのであるが、江戸からの一回の発送分の全過程は両組ともに後藤役所に旧貨を納入して完了することになる。だから両組にとって、ほぼ同時に引替を終えて返送し、同時に後藤役所に納入することが望ましい。実際に大坂からの発送は同日となっているのが通例である。以上が江戸・上方間新旧貨輸送仕法の概要である。大坂において文政三年に住友が引替所として追加されても、輸送にはやはり為替両組があたり、住友への割渡し額を合算した金銀高の輸送がおこなわれた。

ただここで注意を要するのは、為替両組および住友の性格についてである。ほんらい為替両組は、勘定所の下にあって幕府公金の為替送金業務をおこなう組織であるが、貨幣改鋳時にあっては三都における新旧貨引替とその間の貨幣輸送を担った。前述のごとく文政改鋳時にあってもその点は変わりない。そこでの引替所としての為替両組は、旧貨の回収と新貨の全国的拡散のための窓口の役割を果たしているにすぎない。大坂の場合も例外ではない。後述するように、町奉行所による引替奨励や為替両組と取引両替商間の個別的関係を通じた引替はみられても、町奉行あるいは為替両組独自による両替商等の組織的動員はみられない。両替株の有無にかかわらず、幕府為替御用を担う為替両組は一般両替商とは異質な存在であり、両替商を組織しうるような立場にはなかったのである。銅山御用を務める住友の場合にも同様のことがいえよう。幕府・奉行所側は引替の窓口として彼らを設定したにすぎなかったのである。

ついで引替の展開を小判・一分判引替を中心に述べる。

為替両組はお互いの引替の迅速なる達成に腐心しており、「此方（三井組）元金引替切候節者、拾人組へ引替ニ参候様申達、又十人組元金切候者、此方江参候様申達、大躰平等ニ引替出来候様致度、且引替候金子江戸表江差立候儀も両三日之遅速者見合、御証文一緒ニ申立候様取斗[12]」っていた。これは前にも述べたように、両組がともに古金を後藤に納めて初めて新旧貨引替の一回の過程が終わるという手順に規定されたものである。しかしこの申合せにもかかわらず、早くも文政三年五月に問題が起きている。大坂で両替商炭屋安兵衛の一統を動員した十人組に対し、そのような関係をもちえなかった三井組の古金差立が延引したのである。これは一時的なものであったが、全体的な引替もけっして順調ではなかったようだ。大坂町奉行所では七月六日に引替を督励する口達触を出し(13)、さらに十七日には両替商および一般町人に対し貯金高の封書による差出を命じ、合計六万両余の引替高を達成している(14)。このほか両組独自での引替案内や、江戸の勘定役須藤市左衛門の命により大坂近郷・兵庫辺の古金六万両余りの引替も三井組にておこなわれたりしたが、それらも一時的なものにすぎなかった。文政四年四月四日には江戸において為替両組・住友に対し大坂における引替進捗が命じられ、同月二十一日に再び銘々貯金高差出の触も出された(15)。ただこの時の封書金高合計は四〇〇〇両ほどでしかなかった。また同年十月八日には奉行所からの諮問に対して金方引替進捗のための存寄書を為替両組連名で提出している。そこでは大坂町中での引替がほぼ終了しつつあることを認めたうえで、両替屋等金銀取扱いの者に対し引替高を指定すること、近国・西国筋はなお新金が行き届いていないから引替を督励すべきこと、慶長金等古金類引替を奨励することなど(16)を求めている。これらはただちに実行されることはなかったが、西国筋における引替はのちに十五軒組合の成立によって大きな進展をみることとなる。

表6－1　新金到着─古金差立期間別差立回数

年次	1ヶ月未満	1～2ヶ月	2～3ヶ月	3ヶ月以上	差立金高
文政2年	1				20,000両
3年	10		3		430,000
4年	4	4	1		350,000
5年	3	4	2		240,000
6年		6	6	1	140,000
7年	(2)	(3)	1(1)	4	120,000

出典：三井文庫所蔵史料「御吹直金引替御用一巻」
注：三井組分のみの回数を示したが、十人組分も同じ。括弧内の数字は新金到着高が1/3または2/3になったのちの差立回数。差立金高欄は住友分を含む全額。ただし、文政7年の一朱金3,000両をのぞく。

　金銀引替の督励は文政五年四月にも発令されるが(17)、引替は依然停滞気味で、同年九月に後藤役所は仕法改正を打ち出す。

　　追々引替方捗取兼候ニ付而者、元高ニ相満候を不待合、三手之内引替高取集壱万両ニ相成候ハヽ、差下、若又一手ニ而も引替高壱万両ニおよひ候ハヽ、三手不待合、一手斗先キ江早々差下候様相心得、猶此

上出情可取斗候[18]

後藤役所は新貨鋳造のため吹元確保に腐心しており、旧貨の順調な回収を期待していた。結局ここでは全部でなくとも旧貨の迅速なる回収を狙っているのである。だがこれも功を奏さず、引替の停滞はますます深刻化していった。表6-1は新金到着から古金差立までの期間別に差立回数を示したものである。差立期日を基準に整理してあり、同時に住友分を含む全差立金高も提示した。これによれば、先の差立仕法改正もあって一回の差立額が減少しているにもかかわらず、全体として差立延引すなわち引替遅延の傾向が指摘できる。ことに十五軒組合成立直前の文政七年には差立延引は決定的であった。このように為替両組・住友による引替は一定の限界にきていたのである。

(2) 組合成立以前の鴻池屋善右衛門店

次に、十五軒組合成立以前の鴻池屋善右衛門店をとりあげ、新旧貨引替にどのように関わったかを考察する[19]。

文政二年（一八一九）十二月十四日、鴻池屋善右衛門は自らが掛屋を務める広島藩蔵屋敷に対し小判・一分判引替の触書の写を差し出した。これに対し同藩の松嶋久助は、西国筋の引替はどうなっているのか、江戸において諸藩への命令はあるのかを問い合わせてきたので、鴻池では手代を三井両替店へ遣わし、次の回答を得た。

一此度新吹金為引替当所江登り合有之員数者、昨十三日ニ而先引替相済、余者明春追々引替ニ相成申候哉事

一諸家様方金者、其御館入衆店方江引請引替候ハヽ、当所助候事故、決而相済可申哉事

一西国筋之義者、いまた何等も承り不申候得共、元文年中之例ニ而者、三井組・拾人組引請ニ相成、於当所引替ニ相成申候、定而此度も左様被仰出可申哉事

一諸家様方江者、於江戸表被仰出も可有之哉と察申候事[20]

ここで注目すべきは第二条である。三井側では、諸藩の古金はそれら諸藩と財政的・金融的に密接な繋がりをもった館入衆を通じて引き替えてもらえるなら助かると希望したのである。その方が大量引替という点でも有利であったに違いない。当時大坂の有力な商人たちは多くがいずれかの藩の館入を務めていたし、また一軒でいくつもの藩の館入を兼ねる者もあった[21]。鴻池屋善右衛門はその代表的な存在であり、鴻池善右衛門家旧蔵文書中に現存する数多くの諸家「掛合控」はこのことを明白に物語っている。三井は、このような諸藩と関係をもつ館入の存在に注目し、彼らを新旧貨引替に動員しようとしたのである。

じっさい広島藩では、こののち鴻池を通じて引替をおこなっていた。文政四年十一月には小判一万二〇〇〇両・一分判四〇〇〇両を、同五年三月には小判二〇〇〇両・一分判一万二〇〇〇両・銀一〇貫目を、それぞれ国許より大坂へ輸送して、鴻池に対し引替を依頼している。後者の例では、三井において引き替えられたことが知られる。

来ル廿四日頃迄ニ引替御下し被成度候様被仰付候ニ付、三井両替店へ早速掛合申候所、此節金小判・小玉銀ハ登リ合御座候得共、壱歩判無御座候ニ付、右之趣御屋鋪へ申上候所、壱歩判此節引替リ申候分御下しニ相成、残り之分追々登り次第引替御下しニ相成候事[22]

このように手元に一分判が不足していたため、三井ではまず二〇〇〇両分のみ引き替え、残り一万両分を早速大坂へ送るよう江戸の両替店に掛け合っている。けっきょく残金一万両分は四月二十七日着の新金二万両（うち一分判一万二〇〇〇両）によって処理されたが、江戸両替店への掛け合いのなかで「鴻善殿是迄古金銀外仲間へ引替ニ不差出、此方江毎事差出引替被申候ニ付、此度之儀等閑ニ致置かたく御座候[23]」と述べ、鴻池屋善右衛門と三井が新旧貨引替において以前から関係を有していたことを示している。文政四年十一月の場合もおそらく三井において引き替えられたものと思われる。

鴻池は三井と広島藩との間にあって引替の仲介者的役割を演じた。それは、藩と財政・金融上の関係を有した館入としての機能に由来するものであった。鴻池がこのような役割を他の取引諸藩との間でも有したのか、また三井あるいは十人組、住友は館入衆を新旧貨引替に十分に動員できたのか。これらの点については現在のところ結論は下せない。しかしここで示した鴻池と広島藩との関係およびそれを媒介とした引替は、他の館入衆においても十分想定できるし、引替の一つの型を示しているといえよう。十五軒組合設立にあたって、幕府側がこのような型を念頭に置いたことは想像するに難くない。むしろ武家方の引替を出入りの町人を通じておこなうことは、早くから幕府が命じているところでもあった(24)。右にみた鴻池の動きはその一端を示すものにほかならない。ただこの段階では、各引替所は引替の窓口として設定されているにすぎず、それ以下における具体的な引替過程・方法についてはとくに定められておらず、幕府側が関与することも稀であった。この点、引替の目標を当初より定められた十五軒組合とは段階を画するものといえよう。

二　十五軒組合の成立

(1) 組合設立の目的

文政七年(一八二四)三月十四日、鴻池屋善右衛門ほか一四名が呼び出され大坂東町奉行所において次のような書付が渡された。

(十五軒名前略)

吹直金銀引替之儀、是迄為替両組幷住友吉次郎江被仰付相勤罷在候得共、追々引替高減少いたし候付、此度其方共江も右引替御用被仰付候ハ丶、出精相勤可申哉、左候ハ丶、右御用相勤候に付而者、引替之元金銀も渡置候事故、証拠ものとして銘々所持之田畑又者家屋敷ニ而も御役所江差出可申、尤其方共儀、定而江戸表ニ出

店等も可有之間、引替元金銀於江戸表右出店引請人共江夫々相渡、銘々勝手ニ飛脚便りを以、当表江為差登、引替済之金銀も取集次第、右之振合ニ而江戸表出店江差下シ、出店引受人共より金銀座江相納候得者、猶又代り金銀相渡可申候、且右往返之飛脚賃者別段ニ可被下、尤飛脚道中ニ而万一故障紛失有之候ハヽ、其分者弁金差出可申候事

但、銀之分引替方ニ付而者、諸入用として銀百目ニ付銀四分ツヽ被下候事[25]

為替両組・住友による大坂における新旧貨引替が行き詰まりをみせていたことは前にも述べた。その状況を打破するため十五軒組合の設立が企図されたことは明らかである。幕府御用を引き受けるため田畑・家屋敷を担保として提出させ、彼らの江戸出店と大坂本店との間を飛脚便をもって新旧貨の輸送をおこなうよう命じているのである。後段はとくに注目される。すなわち従来の為替両組・住友とまったく別の引替組織を設定する意図がそこにあったからである。従来のやり方では、為替両組が新旧貨の輸送を独占し、住友も両組から新貨の配分を受け、回収した旧貨を両組へ納付するという形態をとっていた。ところが十五軒に対しては、輸送過程を含めた新たな組織の設立が目論まれていたのである。

さっそく十五軒はこの命を受諾するか否かを協議し、多くは承諾することになったが、辰巳屋久左衛門・鴻池屋又右衛門（新十郎家）・近江屋休兵衛・天王寺屋忠次郎の四軒は、引替の際の金銀改めが行き届かないとの理由で赦免願を提出した[26]。だがこれは奉行所の聞き入れるところとならず、結局十五軒全員が引替御用を務めることになった。彼らは承諾するに際し願書を提出し、引替御用の担保は文化七年（一八一〇）の御用金未返済分をもって代えること、江戸出店は存在しないので大坂町奉行所で新旧貨の出納をおこなうことを願い出た。これらは江戸へ問い合わせのうえ認められ、四月十日に正式に十五軒に引替御用が命じられた。大坂町中への触れ出しは翌日のことであった[27]。ここに十五軒組合が成立したのであった。しかし従来の組織とは別の引替組織を設立す

るという当初の意図は、彼らに江戸出店が存在しなかったことによって大きな変更を余儀なくされた。十五軒組合の設立が引替の行き詰まりを打開することを目的としたものであったことは明らかであるが、それはいかなる方法によって実現されるべきものであったのか。この間の幕府側の意図を直接示す史料は見当たらないが、三井両替店の大坂・江戸間の書状中に、次のような記事がある。

一躰此度之儀者、出羽守殿より被仰出候儀ニ而、迚も御沙汰止ニ相成候事ハ相成不申候得共、其方達夫程迄致心配事ニ付、未乍極内此方よりも無腹臓相咄し遣候、古金銀引替之儀明年限り位ニ而、御停止触之儀四五日中ニ者差出候積ニ有之候、右ニ付而も西国筋大名ニ者囲置候も有之、此度拾五人之者ども右大名方へ出入候者も有之、左候得者勝手ニも相成、一際引替方片付可申事ニ而、右之通被仰出候(28)

これは、三月二十七日に三井三郎助・竹川彦太郎の三井組・十人組の各代表者が、「此度之儀」すなわち十五軒組合の設立に関して、勘定組頭高山弥十郎に対し申入れをおこなった際に同人より内密に得た情報である。為替両組の申入れの具体的内容については後述するが、ここで明らかなことは、第一に十五軒組合の設立が勝手掛老中水野忠成の強い意思によっていること、第二に、引替を急ぐ幕府が西国筋諸大名に出入りする十五軒組合の諸家の立場を利用して引替の促進をはかろうとしたことである。引替の進展にとって、依然古金銀の多く存在する西国筋での引替が重要である点は、既述の文政四年十月の為替両組の存寄書に記されたところである。また大名家出入りの町人を介した引替という点では、前節で考察した鴻池屋善右衛門の例がこれにあたる。十五軒組合はこれらを組織的かつ大規模におこなおうとするものであった。

以上のように、十五軒組合は老中水野忠成の命によって設立された。その目的は、十五軒組合の成員を通じて西国筋大名の古金銀を引き替えさせ、引替の行き詰まりを打開しようとするものであった。

(2) 組合の構成

ここでは、十五軒組合の構成員について、彼らがいかなる階層に属し、どのような性格を有していたかを検討する。

鴻池屋善右衛門の別家筋にあたる草間直方は、十五軒組合の成員について次のように認識していた。すなわち、名前はいちいち記していないが融通御用金株一二家と、このほかに平野屋五兵衛・鴻池屋庄兵衛・米屋喜兵衛・天王寺屋忠右衛門（忠次郎の誤りか）の名をあげている[29]。後述するように、ここには若干の誤り（合計一六軒となり計算上不都合である）があるが、十五軒組合にかなり近い者の認識として、この直方の記述は注目される。

では融通御用金株の者とは具体的に誰を指すのか。ここでいう融通御用金株とは、文化七年および同十年の御用金令に対し、多額の御用金高を引き受け、また後者において臨時御用掛屋をも務めた一四軒を指すことは明らかである[30]。その一四軒の名前と各年次の御用金引請高を示したのが表6-2である。十五軒組合の成員と

表6－2　融通御用金株と御用金引請高

店名	文化7年 御用金引請高	文政7年 同左残高	文化10年 御用金引請高
鴻池屋善右衛門	金27,200両	金15,060両	銀1,200.0貫
加嶋屋久右衛門	27,200	15,060	1,200.0
加嶋屋作兵衛	20,600	10,410	900.0
米屋平右衛門	16,500	不明	739.2
鴻池屋又右衛門	16,000	9,300	693.0
鴻池屋善五郎	16,000	9,300	739.2
辰巳屋久左衛門	16,000	9,130	693.0
近江屋休兵衛	13,600	7,860	600.0
炭屋なを(安兵衛)	13,600	7,580	600.0
三井	11,000	不明	640.0
平野屋五兵衛	10,000	5,750	430.0
升屋平右衛門	6,000	3,300	800.0
嶋屋市兵衛	4,000	3,100	92.8
炭屋善五郎	2,300	不明	44.8

出典：「御用金御仕法替手続書」(『大阪市史』第五)、鴻池家文書「吹替新金銀引替被仰付候一件控」壱番
注：鴻池屋又右衛門家はのちの新十郎家にあたる。

なった者については、引替御用の担保となった文化七年御用金の未返済高（文政七年時点）を合わせ示した。ここで明らかなように、融通御用金株のうち十五軒組合になったのは三井と最下位の炭屋善五郎をのぞく一二軒であった。この軒数は直方の記述と一致しているが、直方の場合、平野屋五兵衛を融通御用金株以外の者としている点が相違している。だが平野屋五兵衛が同株中に含まれていたことは確実であり、直方の認識は誤っていたと判断される。融通御用金株一二軒と鴻池屋庄兵衛・米屋喜兵衛・天王寺屋忠次郎の十五軒とするのが、数のうえからも正しいであろう。

ところで、十五軒組合の主要な構成員が融通御用金株の者で占められていたことは何を意味するのか。御用金の差出しを命じられ、相当の金額を拠出した者は有力上層町人であることは間違いない。またその引請高は各人の財力・資産に比例しているといってよい。この意味で、融通御用金株は大坂町人のうちでも最上層の者で構成され、したがって十五軒組合も同じ階層の者で占められていたと推測できよう。表6-3は、天保十四年（一八四三）の御用金令によって高額の御用金を命じられた者とその引請高を示したものである。これによれば、鴻池屋庄兵衛・米屋喜兵衛・天王寺屋忠次郎の三軒も融通御用金株の諸家と同等あるいはそれに次ぐ階層であった。しかもまた、天保八年に升屋平右衛門が家業不振のため引替御用を赦免されたあと[31]翌年から組合に加入した近江屋半左衛門[32]や、天王寺屋忠次郎に代わって万延元年（一八六〇）から銀方引替を命じられた千草屋宗十郎[33]についても同様のことがいえる。以上によって、十五軒組合の構成員は財力において大坂の最上層町人であったことは明らかである[34]。

さて十五軒組合諸家の家業は何であったか。その全貌について明確にすることはできないが、次の史料によってほぼ察しはつく。

十五人之内両替商売之人、手前（鴻池屋善右衛門）・炭尚・米平・米喜・鴻庄・平五六人ハ仲間ニて、跡九人

表6－3　天保14年御用金引請高と十五軒組合

店名	御用金引請高	備考
鴻池屋善右衛門	銀　4,550貫	○
加嶋屋久右衛門	4,550	○
加嶋屋作兵衛	3,900	○
米屋平太郎	1,300	○
鴻池屋善五郎	910	○
辰巳屋弥吉	1,755	○
炭屋安兵衛	1,350	○
平野屋五兵衛	3,250	○
嶋屋市兵衛	650	○
米屋喜兵衛	750	○
天王寺屋忠次郎	420	○
千草屋宗十郎	1,300	○(万延元年～)
近江屋半左衛門	1,200	○(天保9年～)
鴻池屋庄兵衛	700	○
炭屋彦五郎	800	
米屋長兵衛	500	
鴻池屋新十郎	200	○
近江屋休兵衛	350	○
三井	金　10,000両	
住友	金　10,000両	
泉屋甚次郎	260	

出典：「御用金御仕法替手続書」(『大阪市史』第五)
注：○印は十五軒組合。鴻池屋新十郎・近江屋休兵衛の引請高が低いのは当時家業不振であったため。米屋平太郎は平右衛門家の当代。

　ハ仲間ニ無之素人也、両替商売之人ハ引替出来兼候共不被申出、無余義御受仕候ニ決談いたし候ニ、素人之向者不手訓(馴)を申立、御赦免願ニ決着いたし候、併素人九人之内ニも善五郎様抔両替同様ニ店改もいたし候事ゆへ、強而御赦免も申かたく、加久も諸々懸屋等相勤、加作・近休とも出店ニ両替有之ニ付、強而も難申上[35]

これは、先述の文政七年三月十四日の十五軒組合設立の申渡しに対し、十五軒が引替御用を引き受けるか否かを協議した際のものである。彼らのうちには両替業を本業とせずとも、これと関連した業務を営んでいた者が多かったのである。少し時期が下がるが、文政十一年の「大阪両替屋所附」[36]には先の六家と天王寺屋がその名を連ね、そのうち鴻池屋善右衛門・同庄兵衛・米屋平右衛門・平野屋五兵衛は指導的立場にある十人両替であった。

また両替商ではないが、手形が多く回るということで鴻池屋善五郎・加嶋屋久右衛門・同作兵衛・升屋平右衛門が記載されている。加嶋屋作兵衛の別家作五郎も十人両替としてその名が見える。このように十五軒組合成員には両替商および関連業務を営む者が多かった[37]。だがいったん赦免願を提出した辰巳屋久左衛門・鴻池屋又右衛門・近江屋休兵衛・天王寺屋忠次郎にしても、「外商売いたし候共、皆金銀を以取引致候事故、不手馴とハ難申筋ニて候、辰巳屋・近江屋等炭材木等手広ニ致し居候へ者、尚更金銀不手馴とハ如何ニ思召候[38]」として異議は認められなかった。十五軒組合は両替商に限定されることなく、手広く取引をおこなう最上層町人に強制的に命じられたものといえよう。

いっぽう十五軒組合の各成員が多くの大名家と繋がりをもっていたことは、組合の目的を考えるうえで重要な点である。表6-4は十五軒組合の各成員が蔵元・掛屋を務める藩名を示したものである。これによれば諸藩との繋がりは明白であり、そのなかでもとりわけ西国大藩との密接な関係が判明する。著名な例では、鴻池屋善右衛門と広島藩・岡山藩、加嶋屋作兵衛と熊本藩との関係などがある。またこの表にあらわれないまでも、彼らは多くの藩に館入として出入りし領主財政に深く関わっていたのである[39]。このような諸藩との繋がりは、彼らが大坂の最上層町人であることからすれば当然であろう。それが十五軒組合設立の前提であり、西国筋大名の旧貨を引き替えさせるために、これら諸家と財政・金融的関係をもつ彼らの活躍が幕府に期待されたのである。両替株をもつ者は多かったが、かならずしも彼らは両替商の組織ではなく、右のような性格を有する集団として理解されなければならない。

表6－4　十五軒が務める蔵元・掛屋

店名	①	②	③	備考
鴻池屋善右衛門	岡山、広島	岡山、福岡、広島、高知	岡山、広島	
加嶋屋久右衛門	中津		高崎、中津、福井、津和野	
加嶋屋作兵衛	熊本、宇和島(紙)	宇和島、熊本	肥後新田	
米屋平右衛門	宇和島、龍野、岡崎、岩国(紙)	西条	一橋家摂津領、沼田、仙台、久留米	
鴻池屋新十郎				
鴻池屋善五郎	福岡、萩(紙)		福岡	
辰巳屋久左衛門	金沢		金沢、岩国	阿波問屋、伊予問屋、土佐問屋、日向問屋
近江屋休兵衛	延岡	延岡	一橋家播磨領、盛岡	材木屋拾人、日向材木問屋、播磨問屋、紀州問屋、日向問屋、大隅問屋、薩摩問屋
炭屋なを（安兵衛）			清水家、忍、大村	
平野屋五兵衛	松山、姫路、岡崎、土浦、徳山、同(紙)	松山、姫路、徳山	土浦、松山、姫路、徳山	
升屋平右衛門	古河、館林		桑名、川越、岡	
嶋屋市兵衛				
鴻池屋庄兵衛	佐土原(紙)、高知(紙)		山形、林田、津	
米屋喜兵衛	長岡		長岡、庄内	
天王寺屋忠次郎				

出典：①および備考欄は享和元年『難波丸綱目』(野間光辰監修『校本難波丸綱目』中尾松泉堂、1977年)ならびに天保10年『日本国花万葉記』。両者は類本で、当該部分についてはほとんど異同がない。詳しくは前掲『校本難波丸綱目』の解題参照。②は文化6年『大坂袖鑑』(大阪府立中之島図書館所蔵)。③は天保10年『大坂袖鑑』(大阪府立中之島図書館所蔵)
注：(紙)は諸藩の紙の蔵元・掛屋等を示す。

三　組合による引替の開始とその実態

(1) 三井組の対応と新旧貨受渡し仕法の確定

本節では、十五軒組合の設立に対し、為替両組・住友という旧来の引替組織の側がいかに対応したかを検討し、為替両組が組合分の新旧貨輸送ならびにその受渡しをおこなうようになった経緯を明らかにする。ここでは史料的制約から三井組の対応を中心に記述するが(40)、為替両組・住友は協議のうえ同一歩調をとっている場合が多いので、三者の立場にはさほど差違はなかったと想定している。

文政七年（一八二四）三月十四日、十五軒に対し引替御用の命が伝えられると、三井大坂両替店名代は十六日付書状で京・江戸の各両替店名代あてにこの件を報じた。そしてもし十五軒が「一同御請申上候時者、弥引替捗取申間敷と致当惑罷在候」(41)と述べ、十五軒組合の出現によって、自らの引替が一段と行き詰まることを懸念したのである。そこには次のような理由があった。

　此度被仰付候拾五人之者共儀者、手広之ものニ御座候故、是迄私共引替之手先ニ而目当之者ニ御座候処、右之者へ被仰付候之時者、私共引替不進ニ相成候儀者眼前之儀御座候間、何共当惑仕候(42)

これは、三月二十七日に三井三郎助・竹川彦太郎の為替両組代表者が、勘定組頭高山弥十郎に十五軒組合設立の中止を申し入れた際のものである。十五人の「手広之もの」が別組織となることで、為替両組の側は有力な「引替之手先」を失い引替が進まなくなるというのであった。前述の例では、三井組と鴻池屋善右衛門、十人組と炭屋安兵衛一統の関係が想起されるが、彼らを失うことは旧来の引替組織にとって確かに大きな痛手であった(43)。

さらに別の問題もあった。三月十八日付江戸名代あて書状には次のように記されている。

　未御治定ハ無之候得共、定而往返差立方ハ両組へ可被□（仰）付候由、内々御噂有之候之儀ニ御座候、右者其御地

より如何御下知可有御座、弥右之通被仰付候時者、外方引替世話而已ニ而、此方引替弥捗取申間敷候□(と)奉存候[44]

十五軒分の輸送業務を引き受けることによって「外方引替世話」に忙殺され、自らの引替が停滞することを懸念している。それゆえ同月二十二日付京名代あて書状では「往返差立方取扱之儀、何卒相遁レ候之様御同意奉希候[45]」と書き送っている。大坂方では自らの引替の進捗を期し、十五軒分の新旧貨輸送業務を回避することを希望したのである。

ところが十五軒組合の設立が確実視されるにおよんで、この方針は変更される。

何れ両組へ為登下し共住友同様可被仰付候様御内意有之候段得御意候得共、万一御役所より御役所へ御証文ニ而為登下しニ相成、御役所より十五人之者へ御割渡、其上ニ而十五人之者引替捗取、両組者不捗取ニ而者、両組脇ものニ相成、是迄相勤候無詮事ニ相成、何共残念成筋ニも思召候間、為登下し之儀外方引替世話而已ニ而、内実者御好御願候儀ハ無之候得共、前件之通相成候時者、何分両組難相立、為登下しニ而も致世話相勤罷在候得者、両組是迄骨折相勤候趣意相立可申歟ニ付、弥十五人之者へ被仰付候ハヽ、為登下し之儀者両組ニ而何様ニも可奉相勤段、是より御願候程之御心組ニ而、先一ト通り御組頭様へ御内意御願[46]

大坂方の意向をうけながらも、江戸では為替両組相談のうえ右のような方針を決定した。従来の引替御用としての立場を保持しようとして、輸送関係業務を引き受けることで妥協したのである。実際四月十日の十五軒組合成立に際しては、為替両組に対して新旧貨輸送のことが命じられた[47]。ただ、同様に両組が新旧貨輸送を担った住友分の場合と違うのは、新貨の割渡し・旧貨の回収がいったん町奉行所を通じておこなわれる点であり、両組の仕事は荷造り・差立に限定された。これが十五軒組合側の希望によるものであったことはすでに述べた。勘定所側でも、文政五年に摂津兵庫の橋本藤左衛門・喜多風荘右衛門に引替を命じた際、手数がかかるからという理由で彼らに断られたいきさつから、今度は「両組多用相察、余程勘弁致取扱[48]」ったのである。

しかしこの形態は長続きしなかった。為替両組にとって、同じ輸送業務を務めるにしてもこのやり方は本意ではなく、当初から「可相成者、住友同様金銀着坂之上、私共より十五人之もの江割渡、彼地より差立之儀も、私共へ請取、荷造仕差立候様仕度[49]」と江戸で願い出ていた。また大坂町奉行所でも「拾五軒引替代り金銀役所江持来、夫より為替方江相渡候儀、彼是雑用相掛り、費之儀ニ付、役所ニ而取扱候姿ニ而、為替方江直々持行候様可取斗積[50]」であるとして、仕法変更の意向を三井組に内密に伝えた。さらに十五軒組合の側でも、当初は先の形態を望んだものの、為替両組の意向を確めたうえで「是迄元金銀共御役所ニおゐて御下ケ渡在之候へとも、人歩等失脚多く、且雨天等ニ者至而難渋ニ付、以来之処御為替組より受取申度[51]」と願っている。ここに三者の思惑が一致をみたのである。けっきょく文政七年十月二十六日に仕法の改訂が認められ、為替両組にて新貨を割渡し、回収した旧貨は鴻池屋善右衛門・米屋平右衛門の両掛屋から為替両組へ納付する形態に変更された[52]。住友の場合と同様、為替両組において新旧貨の出納をおこなう方式が確定したのである。

なお為替両組が心配した引替高の減少は現実にはあまり顕著なものとはならなかった。すでに勘定組頭高山弥十郎からも「最早両組、此度十五人之者ニ打勝候様心配ニ者および申間敷、一ト通ニ相勤可申候[53]」との内意を得ていたが、表6-5に示した金・二朱判引替高（大坂差立高）をみる限り、主力は十五軒組合に移っているものの、為替両組・住友の比重も依然として大きい。ことに二朱判の場合は明瞭である。旧来の三者も、引替所としての機能をまだ十分に維持していたといえよう。

以上のように、為替両組は引替所としての機能を保持しつつも、十五軒組合設立に対する妥協策として組合分の新旧貨輸送業務を担っていく。ただ新旧貨受渡し仕法の確定には、幕府・十五軒組合を含めた三者の意見一致をみるまで若干の日時を要したのである。

表６－５　金・二朱判引替高(組織別)

年次	金(両)				二朱判(両)			
	三井組	十人組	住友	十五軒組合	三井組	十人組	住友	十五軒組合
文政２年	10,000	10,000						
３年	218,000	202,000	10,000					
４年	130,000	130,000	90,000					
５年	90,000	80,000	70,000					
６年	46,000	47,000	47,000					
７年	41,200	41,200	37,600	70,000	10,000	10,000	10,000	10,000
８年	20,200	20,200	19,600	131,000	60,200	60,200	59,600	130,000
９年	9,050	8,700	8,250	5,000	30,000	30,000	30,000	70,000
10年	8,100	8,450	7,450	93,000	15,000	15,000	15,000	45,000
11年	10,200	10,200	9,600	40,000	20,000	20,000	20,000	49,000
12年	11,900	11,900	11,200	61,000	15,000	15,000	15,000	63,000
天保元年	17,000	17,000	16,000	50,000	10,000	10,000	10,000	17,000
２年	10,200	10,200	9,600	5,000	4,000	4,000	4,000	5,000
３年	8,300	7,800	6,900	31,300	2,700	3,000	2,300	4,500
４年	（　以	下	不	明　）	800	800	900	0
５年					1,000	700	1,300	6,000
６年					500	500	500	3,000
７年					350	325	325	2,000

出典：「御吹直金引替御用一巻」「御吹直金幷一朱金引替御用一巻」「南鐐引替御用留」(以上、三井文庫所蔵史料)
注：十五軒組合分には若干の疎漏があるが、他との比較のため敢えて同一の史料によった。

(2) 文政改鋳期の引替

作道洋太郎は十五軒組合による新旧貨引替の具体的過程を分析し、それを、新貨の到着—引替—旧貨の回収—旧貨の包改め—上納—手当銀の交付、という一連の手順として跡づけた[54]。本項では、まず制度的側面について作道の所論によりつつ必要な限り補訂を加えながらまとめ[55]、ついで十五軒組合による引替の実態からその特徴を明らかにする。

為替両組と十五軒組合の間の新旧貨受渡しについては、その確立過程を含めて前項で考察したので省略するが、新旧貨の受渡しが為替両組においておこなわれるようになっても奉行所への届出は必要であった。為替両組から新貨到着の案内があると、十五軒組合月番から月番町奉行所の地方役へ新貨到着・受取の旨の届書を提出した。ただ月番町奉行所とはいえ、東町奉行所においては文政十二年（一八二九）六月までは金貨しか扱っていない。到着した新貨は組合月番の手で十五軒に割賦され、各店において引き替えられ、各店では引替高・新旧貨の種類・引替主の名前・住所を記した留帳が作成された。引替済み旧貨は、各店から鴻池屋善右衛門・米屋平右衛門の両掛屋へ集められた。その際、鴻池屋へは両加嶋屋・鴻池屋善五郎・升屋平右衛門・嶋屋市兵衛・鴻池屋庄兵衛・天王寺屋忠次郎の七軒から、米屋へは他の六軒から集められるという方式がとられたが、いっぽうで月番の店が両掛屋へ分納することになっていたため、必ずしも掛屋ごとに各店が分属していたわけではない。両掛屋では旧貨の包改めをおこない、為替各組（引替元の新貨を扱ったのと同一の為替組）に納入した。このときも町奉行所への届出が必要であったことは前述の通りである。

そして最後に手当銀が交付される。銀座で作られる秤量銀の場合には一〇〇目につき四分、二朱判の場合には一両につき三分の入用銀が支給されることになっていたが、これは旧貨が江戸の銀座役所へ納入されたのちに、為替両組の手を経て支払われ、さらに組合内部で包料・駄賃を勘案して各店に配分された。いっぽう金貨の場合には、引替高に応じた入用銀という形はとらず、一年間の全引替高を考慮した褒美銀が毎年下賜された。

以上は、十五軒組合各店にほぼ均等に新貨が配分される場合（「十五軒分」と称した）の引替仕法であるが、これ以外に組合中の一部の者が新貨の下渡しを特別に願い出る場合があった。これを「別段願分」あるいは「別段分」と称したが、仕法としては、大坂町奉行所に対し別段願の願書を当該者より提出し、それが江戸に通知されて新貨が着坂するのを待つということ以外は、先の場合と大差はない。包改めも両掛屋がほぼ半額ずつおこなっている。

さて引替仕法のうえで右のような相違をみせた十五軒分・別段願分はその内容においてどのような特色をもったのか。次にこの点を考える。

十五軒分の場合、均等配分された新貨が各店で引き替えられるのであるが、ここで注意を要するのは各店の引替能力の差である。表6-6は文政七年七月六日現在の各店の古金銀集まり高を示し、これによれば各店間での集まり高の差は歴然である。問題は、このような引替能力の差がありながら、旧貨を上納する際にそれがどのように処理されるかという点である。これを示す史料を次に提示する。

表6-6　店別古金銀集まり高（文政7年）

店名	金(両)	銀(貫)
鴻池屋善右衛門	1,000	20.0
加嶋屋久右衛門	700	8.0
加嶋屋作兵衛	1,000	11.0
米屋平右衛門	640	20.0
鴻池屋新十郎	100	17.0
鴻池屋善五郎	50	5.0
辰巳屋久左衛門	780	21.0
近江屋休兵衛	700	30.0
炭屋なを	1,000	20.0
平野屋五兵衛	1,000	30.0
升屋平右衛門	860	14.5
嶋屋市兵衛	150	1.0
鴻池屋庄兵衛	700	30.0
米屋喜兵衛	1,000	20.0
天王寺屋忠次郎	80	28.0
計	9,760	275.5

出典：「拾五軒古金銀集之扣」、「吹替新金銀引替被仰付候一件控」壱番（以上、鴻池家文書）

> 金銀共少々上納分ニ不足いたし候ニ付、此方より古金銀持出し、仲間不引替分へ立用いたし、金銀とも都合いたさせ、七月八日・九日金子受取、米屋・手前（鴻池屋善右衛門）ニて包立、十日・十一日銀子受取包立、行司米屋より十日ニ御届奉申上候事[56]

これは表6-6に示した旧貨を上納した際のものである。店によっては上納に不足する分を、鴻池屋善右衛門が立て替えたことがわかる。このときには天王寺屋忠次郎・鴻池屋新十郎・鴻池屋善五郎に合計金二七〇両、加嶋屋久右衛門・嶋屋市兵衛・鴻池屋善五郎に合計銀二四貫五〇〇目が立て替えられている[57]。またこれ以前の七月二日にも銀三〇〇貫目が上納されているが、そのときにも立替え上納がおこなわれている。

> 中間割之通、集り高軒別弐拾貫目宛揃不申候ニ付、此中余慶集り候処より持出し譲り合三百之高ニ相成ル、依之此方（鴻池屋善右衛門）抔三拾貫目・加作（加嶋屋作兵衛）三拾九貫目・炭尚（炭屋なを）三拾貫目持出し等ニて都合いたし候[58]

このように上納に際しては、引替高の多い者から立替え上納がおこなわれたが、それはあくまで組合内部の処置であり、表に出ることはなかった。

覚

一銀八貫弐百目　御為替両組より受取、内訳弐千五拾貫目分

（但書略）

一同拾八匁　　申七月十一日加久殿へ四貫五百目振替分、同人より

一同四拾目　　同十一日鴻善五殿へ拾貫目振替分、同人より

一同四拾目　　申七月十一日島市殿へ拾貫目振替分、同人より

（以下略）(59)

右は文政八年五月二十二日に、鴻池屋善右衛門に支払われた引替済古銀に対する手当銀の算用書である。ここでは先の文政七年七月十一日上納立替分の手当銀が各人より別に支払われており、しかもそれらは鴻池屋善右衛門が独自に引き替えた分に対する手当銀（第一条目）と別の箇条として計上されている。手当銀が各人の引替高に応じて為替両組より渡されることは前述したが、その引替高とは奉行所へ上申された引替高のことである。このことからすれば、奉行所へはいわば表向きの引替高が上申され、それに応じて手当銀が支給され、さらに手当銀の交付を受けたあと実際の引替高に応じて再計算され配分されるのである。言い換えれば、立替え上納は組合内部の処理であり、奉行所への上申引替高は形式的なものにすぎないのである。史料的制約から十五軒分のすべてについてこうした内実を明らかにすることはできないが、このような組合内部での立替は頻繁におこなわれたと想定される。それは納入を急ぐ組合側の姿勢と、組合各店の引替能力に差がある以上必然的なものであり、鴻池屋善右衛門のような引替能力に余裕のある大店の存在を前提として機能したのである。

次に別段願分について、文政七年の最初の事例を紹介する。

此度引替方御用被為仰付、去ル五月吹直元金銀共十五人之者へ御下ケ渡被為成下、夫より追々引替相済、銀子之分ハ一建三百貫目去ル二日奉上納、其刻金子之分員数不相揃、漸々相運ひ今日一建分壱万両奉上納、一統之者難有奉存候、右引替義者、被為仰付候節より奉申上候通、金銀共当地之分ハ追々引替相済、取引向不残新吹ニ相成、彼是他国より之登せ金銀目当ニ仕候事ニ而、御趣意速ニ運ひ兼奉恐入候、既ニ銀子之方ハ其中ニも引替少し者果《ママ》取候趣ニ候へ共、金子之方ハ兎角集り兼申候、依之私共義も御用被為仰付候最初より、兼而御出入仕候諸家様へ罷出、御国方御取調御登せ金御座候様ニと相願、折々相伺候而、少しも引替方出情ニ相運ひ候様心懸申候、然ル処此節西国筋之方より凡壱万両斗差登し候義、聢と承知仕候、無程着船可仕、其上新吹元金ニ引替可申之処、十五人仲間元金者、今日上納ニ相成、残金引足り不申候、依而御願奉申上候、何卒別段元金壱万両御取登せ被為成下候者、難有奉存候、右往返之内ニ者古金着可仕、左候者元金着御渡被遊次第早速引替、古金壱万両奉上納度奉存候

前件奉蒙御用候刻より出情仕、少しも相進ミ候様心懸、諸家様之内へ自分願仕候ニ付、壱万両御指立ニ相成候義ニ御座候へ者、別段ニ元金御取登し御下ケ渡も被為成下候者、難有奉存候、此段御聞届被為成下候者、重畳難有仕合奉存候、已上

文政七年申年七月十一日　　米　屋平右衛門
加嶋屋久右衛門
鴻池屋善右衛門

御奉行様(60)

この別段願の願書で注目すべきは以下の点である。第一に、十五軒組合成立当初より、彼ら自身引替の目当て

を他国からの登せ金銀においており、その手段として出入りの諸藩に対して引替を促すという方法をとっていたことである。別段願の願書は時期によって内容に粗密があるが、これに関する文言はのちにいたるまで絶えず願書面にあらわれている。さらに文政八年六月二十一日の引替督励に対する請書のなかでも「私共義、多分西国筋諸家様江御立入仕、既是迄引替元金銀別廉御下渡之儀奉願候ものも御座候ニ付、此上一際出精仕、西国筋古金銀引替方手配仕候ハヽ、出高も相進ミ可申」[61]と、館入としての立場を利用した西国筋諸藩での引替が組合の引替進捗にとって重要であることを指摘している。前述した幕府側の意図通りに引替が展開しようとしていたのである。第二に、この願書が西国筋某藩からの古金登せを契機にその引替を目的として提出されたことである。この事例からは、それ以上詳しいことはわからないので、別の例をあげる。

（文政十年）三月四日広島より申参り候、古金四、五万両引替ニ御登せ有之由、其中先弐万両者当月朔日御積出し有之候旨、逐一相分り申候ニ付、弐万五千両御別願被遊候、則五日旦那様直ニ御出勤、地方ニて弓削様へ御渡し、御聞届有之事[62]

これは鴻池屋善右衛門と広島藩との関係を示す史料であるが、藩より古金発送の通知を受けた鴻池では、その額に見合うほどの新貨下渡しを地方役与力に願ったのである。だがこの別段願分の新貨が直接この引替に用いられたのではない。鴻池では新貨を四月二十二日に十人組から受け取っているが、すでにこれ以前「三月十日御国より引替金相登リ、兼而御頼ニ付手配リ仕置、早々引替相調候」[63]とある。引替の依頼を受けた段階で、前もって手配して新金を確保し、それをもって引替をおこなっている。おそらく他の引替所各店に依頼したのであろう。鴻池では、藩からの引替依頼を前提に、自身の手元留保分や引替所各店留保分を勘案したうえで新貨下渡しを願っているのである。このような例は岡山藩との間でもおこなわれていた。

一備前より古金銀左之通御登せ有之様ニ申参候ニ付、別願致ス

（古金銀高略）
右之通ニ候へ共、差略いたし、別願ハ金八千両・銀千九百貫目ニていたし可申ニ相談有之(64)

また、加嶋屋作兵衛と熊本藩との間でも同様に引替がおこなわれていた。

加作殿方へ此頃肥後より内々八百貫目余銀子登り候由、依之西様江一己願致度旨ニ此方へ進メ被申候、幸此方（鴻池屋善右衛門）も余分古銀無之ニ付申合、八百貫目ニ而願候(65)

こうした登せ金を目当てにした別段願は、いずれも前節で示した西国有力諸藩と組合の有力店との間でおこなわれたものであった。

このような態様を示す別段願分は、引替に要する期間の点でも十五軒分とはっきりした違いをみせる。表6‐7は、新貨受取りから旧貨納入までの期間別に十五軒分・別段願分のそれぞれについて納入回数を示したものである。これによれば、別段願分の方が十五軒分より引替に要する期間が短いことが判明する。時期が下がると引替が滞りがちで、全体として引替期間が長引く傾向は否めないのだが、どの時期をとっても別段願分の方が期間が短い特徴は指摘できる。いくら立替え上納がおこなわれたとはいえ、組合各店の引替がおおよそ完了するまで待ち合わさなければならない十五軒分に対し、はじめから目当てのある別段願分はより早く納入することができたのである。

以上から明らかなように、別段願分は十五軒組合各店の取引諸藩からの引替依頼に応じたものであった。下渡し額の申請には新貨の手元留保高等が考慮されたが、別段願は諸藩からの大口引替の依頼に対する措置であったといえよう。この意味で

表6－7　新貨受取～旧貨納入期間別納入回数（十五軒・別段願）

	1ヶ月未満	1～2ヶ月未満	2～3ヶ月未満	3ヶ月～1年未満	1年以上
十五軒分	9	20	8	43	5
別段願分	36	5	4	1	

出典：「吹直新金銀引替被仰付候一件控」壱番、「吹直金銀引替被仰付候一件控」弐番、「金銀引替御用之元帳」二～五・七・八番、「吹直金銀引替一件之元帳」五・六番（以上、鴻池家文書）
注：年代は文政7～天保8年（1824～37）。納入期日を基準として整理した。

別段願は、十五軒組合自らが当初より主張した引替促進の手段にかなったやり方であり、幕府の意図とも合致するものであった。だがそれが成功したか否かについては、量的な側面からの検討が不可欠である。

表6−8は、十五軒組合の新貨受取高を十五軒分・別段願分に区分し、貨幣の種類別・年次別に整理したものである。ここから、文政改鋳期を通じて金・銀において別段願分がかなりの比重を占めていたことがわかる。十五軒組合による引替において、別段願分すなわち諸藩からの引替依頼による部分が重要な位置を占めていたことが、量的にも確認できる。また別段願分における小判・丁銀の相対的な比率の高さ（表6−9参照）[66]も、大口引替としての特徴に対応したものといえよう。ついで表6−10は、表6−8中の別段願分を各店別に集計したものである。ここでも、金・銀においてやはり鴻池屋善右衛門・両加嶋屋・米屋平右衛門といった大店に額の集中がみられる。このように別段願分の引替高が特定の者に偏在していることは、一つには十五軒組合内部における引替能力の差を如実に示すものといえる。先に述べた立替上納のことを考え合わせれば、表向きの数字以上にその差は歴然であろう。さらに、別段願分の引替すなわち諸藩の新旧貨引替が組合内の大店を中心に展開したことを示している。前節において、十五軒組合成員が多くの藩と財政的・金融的関係を有しており、しかも彼らのなかの上位者には西国大藩と深い繋がりをもつ者があった点を指摘した。鴻池屋善右衛門や両加嶋屋など、西国大藩と密接に関わった十五軒組合の有力者によって、諸藩の引替は進められたのである。表6−11は鴻池屋善右衛門がおこなった引替を藩別に示したものである。史料的制約からすべてを網羅しているわけではないが、鴻池屋善右衛門の引替額に占める広島藩の比重の大きさが確認できる。両者の間の財政的・金融的関係を軸とした新旧貨引替は現実にも成果を収めたのである。

以上の検討から、十五軒組合をもって西国諸藩の古金銀を引き替えるという幕府の意図は、いちおう成功したと見なしうる。

表6－8　十五軒組合新貨受取高

年次	金(両)		銀(貫)		二朱判(両)	
	十五軒分	別段願分	十五軒分	別段願分	十五軒分	別段願分
文政7年	55,500	30,000	2,250	4,850	20,000	0
8年	95,000	81,000	3,495	8,650	125,000	5,000
9年	30,000	5,000	900	600	90,000	0
10年	15,000	78,000	900	1,900	45,000	0
11年	15,000	10,000	600	0	45,000	4,000
12年	75,000	16,000	550	800	30,000	8,000
天保元年	45,000	20,000	300	500	30,000	2,000
2年	30,000	14,000	250	0	0	0
3年	25,000	6,300	0	250	15,000	4,500
4年	30,000	0	0	0	0	0
5年	30,000	8,500	0	0	0	0
6年	15,000	7,000	0	250	0	0
7年	30,000	11,000	0	25	0	0
8年	15,000	25,500	0	0	0	0

出典：「御吹直金引替御用一巻」、「御吹直金并一朱金引替御用一巻」、「南鐐引替御用留」、「吹直元金銀御下ケ請取帳」一番(以上、三井文庫所蔵史料)。「吹直新金銀引替被仰付候一件控」壱番、「吹直金銀引替被仰付候一件控」弐番、「金銀引替御用之元帳」二～五・七・八番、「吹直金銀引替一件之元帳」二～六番(以上、鴻池家文書)
注：五両判7,500両(天保8年、十五軒分)は除外した。

表6－9　十五軒組合引替高(貨幣の種類別)

		金(両)					銀(貫)	
		小判	一分判	二分判	一朱金	二朱金	丁銀	小玉銀
新貨	十五軒分	246,500 51.3%	20,500 4.3%	116,000 24.1%	10,500 2.2%	87,000 18.1%	6,495 80.7%	1,550 19.3%
	別段願分	202,500 70.2%	31,000 10.8%	39,000 13.5%		15,800 5.5%	13,690 89.0%	1,700 11.0%
旧貨	十五軒分	168,200 41.8%	93,090 23.1%	53,760 13.3%	87,950 21.8%		3,755 65.9%	1,945 34.1%
	別段願分	137,100 67.5%	32,500 16.0%	19,000 9.3%	14,700 7.2%		9,432.5 92.3%	782.5 7.7%

出典：表6－8に同じ
注：各項下段の数値は金・銀の貨幣種別ごとの比率。年代は文政7～天保8年(1824～37)。五両判7,500両(天保8年の新貨、十五軒分)をのぞく。二分判は真字・草字とも。

おわりに

本章では、十五軒組合が老中水野忠成の命によって、西国諸藩の新旧貨引替をはかるべく設立されたことを明らかにし、さらにその幕府の意図が文政改鋳期において一応成功をおさめたことを数量的に裏付けた。十五軒組合各成員と西国諸藩がとり結ぶ経済的関係を基軸とした新旧貨引替が、そこでの基本であった。

表6-10　店別別段願分新貨受取高

店名	金(両)	銀(貫)	二朱判(両)
鴻池屋善右衛門	215,525+α	8,440	4,045
加嶋屋久右衛門	26,275+α	2,107	2,780
加嶋屋作兵衛	36,500	5,056	
米屋平右衛門	13,500	950	5,600
鴻池屋新十郎			4,000
鴻池屋善五郎	2,000	83	75
辰巳屋久左衛門		341	
近江屋休兵衛		9	500
炭屋なを(安兵衛)	2,000		1,500
平野屋五兵衛		367	
升屋平右衛門		93	
嶋屋市兵衛		120	
鴻池屋庄兵衛		210	
米屋喜兵衛	9,000	75	5,000
天王寺屋忠次郎		4	

出典：表6-8の各史料および、「入金覚帳」「引替済古金銀上納請取通」(以上、加嶋屋長田家文書、国文学研究資料館蔵)
注：+α は分配高不明分。その合計は3,000両である。

表6-11　鴻池屋善右衛門の藩別引替高

年次	広島藩	その他
文政4年	金16,000両	
5年	金14,000両、銀10貫	
7年	金10,000両	
8年	金36,000両、銀300貫	
9年	二朱判3,000両	
10年	金70,000両	金11,386両2分、二朱判126両、銀2,574貫余(岡山)
天保2年	金10,000両	
5年	銀23.8495貫	
6年	金4,482両2分1朱、銀4貫、二朱判374両	
14年		一朱銀1,000両余(長府)
弘化2年	銀24.7649貫	
嘉永元年	金250両、銀32.5貫	一朱銀8,389両2分(福井)

出典：「芸州御積目録并御相対御掛合之控」、「芸州用談一件控」、「長府掛合控」壱、「越前掛合控」五、「吹直金銀引替被仰付候一件控」(以上、鴻池家文書)

最後に、本章冒頭で述べた観点に沿って若干のまとめをおこないたい。

十五軒組合は特定の目的をもって設立された新旧貨引替組織であり、単なる引替所の増設にとどまる性格のものではない。組合成立以前の大坂における引替は、幕府の為替御用を務める三井組・十人組の為替両組と、銅山御用を務める住友がおこなっていたのに対し、十五軒組合の成員は大坂の最上層町人として大名領主金融に深く関与しているところに一つの特徴があった。両替店としての三井は民間金融にも関わっていたが、これとて十五軒組合成員とは異質であろう。また為替両組が江戸の勘定所支配下にあって、大坂における各御用取扱所が出張所的存在であったのに対し、十五軒組合は大坂町奉行所地方役の支配下にある別個の組織であった。新旧貨の輸送は確かに為替両組に依存していたが、これも両者が直接的従属関係にあるのではなく、輸送手段をもたない引替所として町奉行所を介した形で結びついていたにすぎない。はじめ町奉行所は輸送も含めて新たな引替機構を創設しようとしたのだが、十五軒組合成員が輸送手段をもたない現実と、新旧貨の輸送業務だけは確保しようという為替両組の意向との妥協の結果であった。

引替の窓口として、とくに対象を限られていなかった旧来の引替所と、初めから引替の対象を特定されていた十五軒組合との差異も明らかである。十五軒組合の場合には、組合成員と西国諸藩との結びつきを前提にした引替が政策の視野のなかに入っており、対象は明瞭だったのである。

以上のような新旧引替所の性格の差異、政策の進展をいかに理解すべきであろうか。旧来の引替所は大坂の中央市場としての経済的地位を前提にして、旧貨の回収および新貨との引替、新貨の拡散は、経済的取引に沿って時間の推移とともに展開する。各藩についていえば、幕府は直接的介入をなしえなかったものと理解されるが[67]、用達町人等を介した引替を命ずることによって、あるいは在地の経済的取引を通じて、引替の進展がはかられるものと考えられていた。いっぽう十五軒組合の設置は、大坂上層町人と西国諸藩とが取り結ぶ経済的関係に着目

表6-12　『両替手形便覧』記載の十五軒

店名	寛政11年	文化6年	文政11年	天保8年	天保11年	天保14年	嘉永2年
	手形便覧	大阪両替手形便覧	大阪両替屋所附	大阪両替手形便覧	大阪両替名所附	大阪両替手形便覧	大阪両替手形便覧
鴻池屋善右衛門	○	○	○	○	○	○	○
加嶋屋久右衛門			△	△	△	△	△
加嶋屋作兵衛			△	△	△	△	△
米屋平右衛門	○	○	○	○	○	○	○(平太郎)
鴻池屋新十郎					△	▲	△
鴻池屋善五郎	○	○	△	△(他次郎)	△(他次郎)	△(他四郎)	△
辰巳屋久左衛門					△(弥吉)	△(弥吉)	△
近江屋休兵衛					△	△	△
炭屋なを(安兵衛)	○	○	○	○	○	○	○
平野屋五兵衛	○	○	○	○	○	○	○
升屋平右衛門			△	△		△	△
嶋屋市兵衛					△	△	△
鴻池屋庄兵衛	○	○	○	○	○	○	○(庄十郎)
米屋喜兵衛	○	○	○	○	○	○	○
天王寺屋忠次郎			○	▲	△	△	△
近江屋半左衛門			○	○	○	○	○
千草屋宗十郎	○	○	△	△	△	△	△

出典：『大阪商業史料集成』第五輯
注：○は本両替、△は本両替ではないが手形が多く回る者、▲は南両替。

し利用した政策であって、具体的で迅速性・実効性のある施策であったと見なせよう。このような変化のなかに、諸藩の経済的な独立化傾向への対処をみたい。西国諸藩では専売制やそれと関連した藩札通用の強制が多くみられ、領内の金銀貨を藩当局が独占する傾向があった。広島藩のように「大坂置為替」なる仕法を実施して、大坂における自国荷主の受取金銀をも掌握しようとした例もあった[68]。このような閉鎖的領国に対して従来の引替方法がしだいに有効性を失うようになることは容易に想像できる。藩当局に鋳貨が集まるような状況下では、特定の用達町人と藩との繋がりを利用した引替の方がはるかに効果をもちえたと考えられる。いずれにしてもこの点は、各藩側からの引替実態の究明をまって今後深められるべき問題である。

　さて十五軒組合成員の諸家は必ずしも両替株所持者ではなく、また為替十人組のうちにも両替株をもたない者がいた[69]。諸藩の蔵元や掛屋業務を務める者であれ、幕府御為替御用を務める者であれ、その業務請負が領主と当該商家との個別的関係でとり結ばれている限りは、両替株は不可欠な要素ではなかったといえよう。両替株の取得については、自分包金銀の一般的通用や他店との決済の必要など、別の契機を考えねばならない。

表6-12は寛政期から嘉永期にいたる『両替手形便覧』等における十五軒組合成員の記載の有無について示したものであり、時期が下がるにつれて、本両替でなくとも手形が流通するということで記載される例が多くなっている。背景には手形の流通とそれによる決済の範囲が拡大していたことが想定できる。貨幣と手形の流通を保障する組織の整備と拡大が進んでいると考えるのは早計であろうか。文政期における一連の仲間規約の制定[70]も右の動きと連関したものと推測できる。そして『両替手形便覧』という一枚刷りが何度も改訂を加えながら出版され続けたことは、こうした最新の店舗情報が求められる社会へと変貌していたことを印象づける。金融の裾野が広がり、金融の社会化とでもいえる現象が進んでいた。そのなかで十五軒組合の諸家など有力者は、新旧貨引替のような公的な役割を担うべく期待され、位置づけられた。引替が利益の上がる商売ではなく、公金の管理に手間と神経を使わざるをえない御用であったことを示している。ここに、金融機関がもたざるをえなかった公的性格を見通すことができよう。

（1）田谷博吉『近世銀座の研究』（吉川弘文館、一九六三年）。いっぽう三上隆三『円の誕生　―近代貨幣制度の成立―』（東洋経済新報社、一九七五年）が幕末期に向かう計数銀貨の普及を評価して以来、幕府の無計画ぶりとの評価は当たらず、むしろ二朱銀発行から続く金貨単位貨幣による流通貨幣の一本化を積極的に評価する立場もある。

（2）「吹直金銀引替方御用掛覚」（大阪大学経済学部経済史経営史資料室架蔵、鴻池善右衛門家旧蔵文書、以下鴻池家文書

と略記）。なお文政七年三月十四日の引替御用の内意をうけた時点では、鴻池屋新十郎家は又右衛門の名義である。

（3）吉岡源七『両替商沿革史』（一九〇三年）。同書には「鴻池始メ他ノ重ナル十五軒」が幕府御用達として古金銀引替方を務めたとの記述はあるが、開始年代や十五軒組合の名称は明示されていない。小葉田淳『日本の貨幣』（至文堂、一九五八年）。田谷前掲『近世銀座の研究』。

（4）作道洋太郎「江戸時代の貨幣改鋳と鴻池両替店」（『バンキング』二〇四、一九六五年）、同「天保改革期の貨幣改鋳と大阪両替商」（『同志社商学』二〇-一・二、一九六八年）。いずれも同『近世封建社会の貨幣金融構造』（塙書房、一九七一年）に再録。鴻池両替店の経営の一面を検討する立場からの分析である。

（5）文政改鋳以降の住友家の引替業務を論じた宮本又次「金銀貨の引替業務と住友家」（『大阪大学経済学』三三-一・二、のち宮本『住友家の家訓と金融史の研究』同文舘出版、一九八八年に再録）、新旧貨の引替と運送にあたる三井組に焦点をしぼった山口和雄「貨幣改鋳と三井組」（創価大学『創価経営論集』八-一、一九八三年、のち山口『流通の経営史―貨幣・金融と運輸・貿易―』日本経営史研究所、一九八九年再録）、天保期以降の改鋳と両替商経営を幅広く扱った須賀博樹の一連の研究、すなわち「安政丁銀発行時における大坂両替商　―三井・住友・鴻池家を中心に―」（『日本歴史』六二七、二〇〇〇年）、「安政六年の天保通宝払い下げ　―大坂両替商と幕府の金融的対応―」（『日本歴史』六六五、二〇〇三年）、「江戸幕末の貨幣政策と出目獲得政策の破綻　―新旧貨幣引替えの検証―」（『金融経済研究』二〇、二〇〇三年）、「近江屋猶之助両替店の新旧金銀貨引き替えと金座下買役　―大阪商業大学所蔵近江屋森本家文書を中心に―」（『史友』三八、二〇〇六年）、「万延の改鋳と三井組・十人組・住友両替店・十五軒組合　―京都・大坂での新旧金貨引き替え―」（『大阪商業大学商業史博物館紀要』七、二〇〇六年）、「安政初年期の改鋳と引き替え　―嘉永一朱銀・安政二分判の再考―」（『大阪商業大学商業史博物館紀要』一六、二〇一五年）が発表されている。中川すがね『大坂両替商の金融と社会』（清文堂出版、二〇〇三年）も、大坂における両替商を中心とする信用社会成立への道程を貨幣改鋳との関係で丹念に描き出している。やや乱暴な整理かもしれないが、右の諸論稿は両替商研究の一環として改鋳と引替を分析しているが、筆者は貨幣史研究の立場からこの問題を扱い、貨幣流通に果たした新旧貨引替機構の公的役割を重視したものである。

（6）勝亦貴之「幕府貨幣改鋳と藩・地域　―三河国田原藩の新金引替を事例として―」（『松山大学論集』二四-四(二)、

二〇一二年）。

（7）住友が大坂における引替を引き受けた背景には、江戸本両替の一員として新銀引替を断った経緯があり、代わって大坂で積極的に下命を出願した。詳しくは本書第五章注(46)を参照されたい。

（8）『御触書天保集成』五九七五号。

（9）『大阪市史』第四上、触四五九九。

（10）田谷前掲『近世銀座の研究』、三二一～三八六頁。

（11）以下この節の記述は、おもに三井文庫所蔵史料「御吹直金引替御用一巻」による。また『三井事業史』本篇第一巻（三井文庫、一九八〇年）四八三～四八七頁参照。

（12）前掲「御吹直金引替御用一巻」。

（13）『大阪市史』第四上、触四五三七。

（14）『大阪市史』第四上、触四五三九。「両替屋通達写書」（『大阪商業史料集成』第五輯所収）七頁。

（15）『大阪市史』第四上、触四五六七。

（16）慶長金等古金類引替は文政三年八月以降に実施された（『大阪市史』第四上、触四五四三）。三井文庫所蔵史料「慶長其外古金類引替御用一巻」。

（17）『大阪市史』第四上、触四五九九。

（18）前掲「御吹直金引替御用一巻」。

（19）以下この節の記述は、おもに鴻池家文書「芸州御積目録幷御相対御掛合之控」による。

（20）前掲「芸州御積目録幷御相対御掛合之控」。

（21）森泰博『大名金融史論』（大原新生社、一九七〇年）。

（22）前掲「芸州御積目録幷御相対御掛合之控」。

（23）前掲「御吹直金引替御用一巻」。

（24）たとえば元禄改鋳期における『御触書寛保集成』一七五八号など。文政改鋳期においても、『御触書天保集成』五九六九号などに見られるごとく、この点に変化は認められない。

(25)　鴻池家文書「吹直新金銀引替御用被為仰付候御書下ケ」。
(26)　以下この項の記述は、鴻池家文書「吹直新金銀引替被仰付候一件控」壱番による。
(27)　『大阪市史』第四上、触四六七二。
(28)　三井文庫所蔵史料「京・江戸別通之控」（別三七一）文政七年四月十一日付大坂両替店名代書状（江戸両替店名代あて）。この史料は大坂両替店の名代書状控である。以下本史料による場合は、日付・あて所のみを記す。
(29)　「三貨図彙遺考」（『日本経済叢書』二八）五一七頁。
(30)　「御用金御仕法替手続書」（『大阪市史』第五所収）。
(31)　鴻池家文書「吹直金銀引替一件之元帳」六番。
(32)　『大阪市史』第四下、触五二九四。
(33)　『大阪市史』第四下、触六二八八。
(34)　彼らの署名順位も御用金引請高に対応している。署名順は後掲の表6-4の順である。
(35)　前掲「吹直新金銀引替被仰付候一件控」壱番。なお草間直方は「右人数之内、本両替株にて無之者六軒程有之」と記している（前掲「三貨図彙遺考」五一七頁）。人数の相違については不明である。
(36)　『大阪商業史料集成』第五輯、所収。
(37)　なお炭屋安兵衛・米屋平右衛門・米屋喜兵衛・鴻池屋庄兵衛の四軒は、大坂・江戸間の為替取引をおこなう本為替組に属している（国文学研究資料館所蔵播磨屋中井両替店記録『四番両替方日記』）。
(38)　前掲「吹直新金銀引替被仰付候一件控」壱番。
(39)　森前掲『大名金融史論』。
(40)　以下、この項における記述は、おもに前掲「京・江戸別通之控」による。
(41)　前掲「京・江戸別通之控」三月十六日付、京・江戸名代あて。
(42)　前掲「京・江戸別通之控」四月十一日付、江戸名代あて。
(43)　このことから為替両組は、とくに文政七年から開始された二朱判引替について、十五軒組合への申渡しに強く反対していた。

(44)　前掲「京・江戸別通之控」三月十八日付、江戸名代あて。
(45)　前掲「京・江戸別通之控」三月二十二日付、京名代あて。
(46)　前掲「京・江戸別通之控」四月十一日付、江戸名代あて。
(47)　前掲「吹直新金銀引替御用被為仰付候御書下ケ」。
(48)　前掲「京・江戸別通之控」四月十一日付、江戸名代あて。
(49)　前掲「京・江戸別通之控」四月十一日付、江戸名代あて。
(50)　前掲「京・江戸別通之控」六月十八日付、江戸名代あて。
(51)　前掲「吹直新金銀引替被仰付候一件控」壱番。
(52)　前掲「吹直新金銀引替被仰付候一件控」壱番。
(53)　前掲「京・江戸別通之控」四月十一日付、江戸名代あて。
(54)　作道前掲注(4)の二論文。
(55)　補訂は、鴻池家文書中の「吹直新金銀引替被仰付候一件控」壱番、「吹直金銀引替被仰付候一件控」弐番、「吹直金銀引替一件之元帳」弐～五番によった。
(56)　前掲「吹直新金銀引替被仰付候一件控」壱番。
(57)　鴻池家文書「拾五軒古金銀集之扣」。
(58)　前掲「吹直新金銀引替被仰付候一件控」壱番。
(59)　前掲「吹直金銀引替被仰付候一件控」弐番。
(60)　前掲「吹直新金銀引替被仰付候一件控」壱番。
(61)　鴻池家文書「金銀引替御用之元帳」二番。
(62)　前掲「吹直金銀引替被仰付候一件控」弐番。
(63)　前掲「芸州御積目録幷御相対御掛合之控」。
(64)　前掲「吹直金銀引替被仰付候一件控」弐番。
(65)　前掲「吹直新金銀引替被仰付候一件控」壱番。

(66) 表6-9では、細目の判明する分についてのみ、その実数・比率を示した。金の場合、十五軒組合が受け取るおもな新貨の種類には時期によって違いがあった。これは改鋳の展開に対応したもので、小判・一分判→草文二分判→二朱金という推移をたどるが、十五軒分がこの変化に照応するのに対し、別段願分は一貫して小判が相当の比率を占めている。また納入される旧貨には受け取る新貨と対応関係がある。すなわち、真文小判・一分判と草文小判・一分判、真文二分判と草文二分判、一朱金と二朱金という形で、その組合せが決まっていた。つまりこの関係で旧貨が新貨に入れ替えられたのである。

(67) 吉原健一郎「宝暦～明和期の江戸銭相場について」(津田秀夫編『近世国家の展開』塙書房、一九八〇年。のち吉原『江戸の銭と庶民の暮らし』同成社、二〇〇三年に改稿のうえ収録)によれば、幕府は、安永六年(一七七七)に真鍮四文銭を西国諸藩の領国内に通用させようとして諸藩の反対をうけ断念している。本書第十二章も参照。また文政八年(一八二五)十一月に大坂三井組は、三井本店の取引先で広島の長門屋与三郎を西国筋における三井組引替所の代理店にしようと江戸へ伺ったが、勘定所側は別に願人がいなければ広島藩と掛け合うことができないとして消極的態度しか示していない。結局この案は立ち消えとなった(三井文庫所蔵史料「御吹直金并一朱金引替御用一巻」)。

(68)『広島県史』近世資料編Ⅳ、一二六八号。

(69) 為替十人組は文政期には竹川・荒木・奥田・嶋田・小野の五軒で構成されていたが(松尾涼「江戸幕府大坂御為替について」『日本歴史』二八三、一九七一年)、『大阪商業史料集成』第五輯によれば、文政十一年以降、竹川・嶋田の二軒のみ本両替株の所持が確認できる。京都においても、天明四年の時点で本両替仲間に加入していたのは荒木伊右衛門のみであった(宮本又次「京都の両替商」、同編『史的研究・金融機構と商業経営』清文堂出版、一九六七年)。

(70)「本両替仲間申定書写」(『大阪商業史料集成』第五輯)、「仲間申定書」(『三和調査資料』三〇二、一九七二年)。

第七章　近世初期の撰銭令と銭貨の機能

はじめに

本章の課題は、近世初期の撰銭令を素材に、江戸幕府の銭貨政策の基調を銭の経済的機能との関連で探ることにある。

従来、近世初期の貨幣史については、地域的な偏差を含みながらも、金銀貨を中心にした貨幣統一、いわゆる三貨制度の完成に向けた一階梯として描かれてきた。ここには二つの問題点が含まれている。一つは、初期の貨幣史を近世の完成された貨幣制度の前史とみる視点では、それぞれの段階における政策的な意図が見失われかねないことである。当時の公権力が貨幣統一に向けた壮大な計画のもとに次々と施策を実行していったとみるのは実情に合わず、各時期の政治的課題に対処した結果とみるべきであって、貨幣史の流れも、これら個別の施策の検討から再構成する必要があろう。もう一つは、中世末に主要な貨幣であった銭が近世にどのように位置づけられたのか、金銀貨の通貨としての確立の陰に隠れて必ずしも明確になっていないことである。銭の統一が時期的に遅れ、寛永通宝の普及を待って完成するという認識もあり、金銀貨の下で、銭は単なる少額支払いのための補助貨幣と化し、貨幣政策のうえで副次的な存在となったかのごとく扱われてきた。だが筆者は、銭が近世社会において果たした機能を再評価する必要性を感じており、さもなければ寛永通宝鋳造の歴史的意義やそれ以前の銭流通を正しく理解できないと考える。

幕初以来三〇年以上におよぶ古銭の流通は、けっして中世の延長でも、過渡的という言葉で評価しうるものでもなかった。江戸幕府になって撰銭令が復活し、元和二年（一六一六）以降頻発されるのはなぜか。これらの問題は、銭の経済的機能と、幕府の政治的課題との連関のなかで明らかにされなければならない。

一　江戸幕府撰銭令の系譜

江戸幕府が発した撰銭令については、これまで撰銭の対象となった銭種に関心が置かれ、元和二年（一六一六）五月十一日令以降、大かけ・われ銭・かたなし・ころ銭・新（鐚）銭・なまり銭の六種がその対象として定着したことが知られている(1)。そして撰銭令の存在が、中世以来の銭価の不安定さが寛永通宝の発行まで継続した証左として扱われてきた。だが本章での関心は、法令の内容よりはむしろ法令の対象地域や発令の目的・背景にある。以下では、純然たる撰銭令以外に撰銭条項を含む法令もとりあげ、細かな内容の紹介は極力避けつつ、発令者や対象範囲、法の形式などをおもな関心事として摘記するにとどめた。

①慶長十一年（一六〇六）七月二十三日「しがみ銭佐倉以東通用令」（『徳川禁令考』三六八三号）

②慶長十三年十二月八日「永楽銭停止令」（『徳川禁令考』三六八四号）　江戸の高札。

①②とも備前（伊奈忠次）・対馬（安藤重信）・大炊（土井利勝）連署。安藤・土井は徳川秀忠付年寄衆、伊奈は代官頭で年寄に準じた権限をもったという。

③慶長十四年七月十九日「金銀銭相場定」（『徳川禁令考』三六八五号）　金一両＝永楽銭一貫文＝京銭四貫文＝銀五〇目を公定。①〜③は関東幕領に限定された法令と考えられる。

④慶長十九年十月十八日「大坂出陣衆宿賃等定書」（『大日本史料』杉浦文書）　安藤重信・土井利勝・酒井忠

利・酒井忠世連署、浜松など宿駅あて。「代物よりひき之儀、此已前如御法度可申付候、唯今路次ニ而事之外より候由取沙汰候、其心得可有候事」の箇条あり。

⑤慶長二十年四月晦日「京都所司代板倉勝重触書」(『京都町触集成』別巻二、二七五号)「銭遣候事、只今如御法度取やり可仕事」の箇条あり。五月二十三日冷泉町町人請書に大坂方残党への処置とともに「料足之とりやりニ付而、一切ゑり申ましき事」とある。

⑥元和二年三月十日「撰銭令」(『大日本史料』離宮八幡宮文書)大山崎あて、喜之助(伊丹康勝)・対馬守(安藤重信)・大炊助(土井利勝)・但馬守(秋元泰朝)・内膳正(板倉重昌)・右衛門佐(松平正綱)・隼人正(成瀬正成)・帯刀(安藤直次)・上野介(本多正純)・伊賀守(板倉勝重)の江戸・駿府年寄衆連署、勝重は京都で署名か。「永楽」「かいけん」を含む八銭を指定。街道筋で発令されたものか。

⑦元和二年五月十一日「撰銭令」(『徳川禁令考』三六八六号)諸大名へも高札案文を通達した街道筋あての法令、[2]⑥の連署者のうち成瀬正成・安藤直次・板倉勝重を欠くが、酒井備後守(忠利)が加判。「御定之鐚銭ニ而、路次筋米大豆売買不致ニ付、往来之者迷惑仕之由ニ候」、高札中に「六銭之外者、御蔵江も納候間、ゑらふへからす」の文言あり。

⑧元和三年五月二十日「木銭ニ付申達」(『東武実録』)安藤対馬守(重信)・土井大炊頭(利勝)・酒井雅楽頭(忠世)連署、東海道筋領主あて。将軍上洛前。「先年如被仰出候料足ゑらひ不申候様ニ堅可被申付候」の文言あり。

⑨元和四年二月十二日「金銀売買之儀下知」(『徳川禁令考』三六八七号)撰銭令違反者に対する罰則規程。連座過料規程の初出、町より家一軒につき一〇〇文、代官五貫文。

⑩元和四年二月十八日「撰銭令」(『徳川禁令考』三六八八号)高札か。町中過料同上、年寄過料五貫文。二

月二十七日付京都冷泉町請書（『大日本史料』・『京都町触集成』別巻二、二九六号）あり。

⑪元和八年二月「撰銭令」（『日本財政経済史料』）高札か、内容⑩に同じ。

⑫寛永二年（一六二五）八月二十七日「撰銭令」（『徳川禁令考』三六八九号）高札か。庄屋あるいは年寄過料五貫文、町中過料同上。

⑬寛永三年閏四月十一日「撰銭令」（『徳川実紀』）原文不詳、内容⑫に同じか。京都六月四日付同旨法令（『京都町触集成』別巻二、三一六号）あり、板倉重宗書判。

⑭寛永十一年五月七日江戸・京路次中撰銭禁令（『日本財政経済史料』）加賀（堀田正盛）・豊後（阿部忠秋）・伊豆（松平信綱）・大炊（土井利勝）・雅楽（酒井忠世）連署。

以上、寛永通宝以前の法令を列挙した。概観すれば、①〜③は関東の政権としての幕府法令であり、全国を対象としたものとは考えがたい。それ以降では、大坂の陣関連の④⑤や将軍・大御所の上洛と時期を同じく発令された⑧⑬⑭が特徴的である。(3) このほか⑦も内容からみて街道筋を対象としたことは間違いない。これら撰銭令と交通政策との関連については次節で詳しく検討することにする。ただし⑥は徳川家康が病床にあり、将軍秀忠も駿府に詰めた時期に、両年寄衆連署という稀な形式で発令されたもので、ちょうど駿府への下向途中にあった神竜院梵舜は「駿府ヨリ鳥目定札アリ、依御触厳重御定ニテ、路次中々安堵申也」（『舜旧記』）と評価している。当時銭相場は元和元年の銭一貫文＝銀二〇匁前後の水準から翌年には銀一六匁前後にまで急落しており（本書第二章の表2−1参照）、家康の見舞いに往来する者への対応を含めて緊急性を要したのであろう。

二　幕府の街道・宿駅整備と撰銭令

関ケ原の戦い以降、徳川氏による街道の整備が進んだ。まず慶長六年（一六〇一）正月に大久保長安らに東海道を巡視させ伝馬の宿駅を定め、翌年六月には東海道・中山道の諸宿に対し「定路次中駄賃之覚」をもって宿駅間の駄賃を公定した(4)。川渡し賃についても「定路次中船賃之覚」を定めた。東海道では保土ケ谷・見付・舞坂・新居・藤川の各宿と富士川渡し、中山道では熊谷・追分・小田井・岩村田・蘆田・塩尻・宮ノ越・福島・御嵩の各宿と呂久の渡し、美濃路では墨俣渡しについて、その内容がわかる。このうち東海道の保土ケ谷と中山道の諸宿・渡し、美濃路の渡しの賃銭が永楽銭を基準にしており、その他はすべて鐚銭基準である。そしていずれの定書でも、永楽銭一枚を鐚銭六文通用と規定した。慶長十三年のいわゆる永楽銭通用停止令以降は街道の諸賃銭規定に永楽銭による表示は見えないが、賃銭決定の基準銭は何かという点をみても、幕府の交通政策が銭貨と密接に関係していたことは確かである。

幕府による街道・宿駅の整備が、近世初期に頻繁におこなわれた将軍・大御所の上洛による交通量の増大によって促進されたことは、交通史研究の成果から明らかである(5)。駄賃についても、慶長十六年三月の家康上洛の際に規定額を遵守するよう命じている。ところが大坂出陣を前にした④の東海道宿駅あての定書には撰銭条項が含まれており、街道筋で撰銭行為が広がっていたことをうかがわせる。おそらく撰銭を口実とした増銭収取という事態が起こっていたとみられる。こうして撰銭行為は幕府の交通政策のなかで克服すべき課題として表面化してきた。元和三年（一六一七）の秀忠上洛、寛永三年（一六二六）の秀忠・家光上洛、同十一年家光最後の上洛の際にも、⑧⑬⑭にみられるように路次への撰銭禁止を命じたことは前述した通りである。

また⑦元和二年五月十一日令は、家康の死後江戸へ帰還した秀忠が出した重要法令で、これ以降に撰銭の対象となる六種が定まる。⑥が緊急性を要する臨時的な法令であったとすれば、⑦はこれを整備したものと評価できよう。諸大名へも高札案文を通達し、「御定之鐚銭ニ而、路次筋米大豆売買不致ニ付、往来之者迷惑仕之由ニ候」との文言が示すように、あくまで街道筋における銭流通と食糧需給の安定化を狙ったものと思われる。したがって触れられた大名の範囲は街道筋に限定されただろう（6）。

幕法における駄賃等の規程と撰銭令との近親性も見逃せない。まず伝馬・駄賃定と撰銭令の発令時期をみれば、元和八年二月・寛永二年八月・同三年閏四月の三度にわたってほぼ同時に発布されたことが確認できる（⑪⑫⑬）。また駄賃定のなかには増銭を取った場合についての町中に対する罰則箇条があり、一軒につき鐚銭一〇〇文宛、年寄五貫文の支払いを命じているが、これは撰銭令違反の場合と同様である。なお町中への過料は、元和二年十一月伝馬・駄賃馬の荷物目方基準の一本化に応じて、東海道・中山道の諸宿に対して出された駄賃・人足賃定書に初めて含まれ、撰銭令では⑨元和四年二月令からみられる。年寄への過料はこの撰銭令中のものが初見である。

以上、近世初期の撰銭令の発令の仕方からみれば、幕府にとっての銭貨政策は、一般的な都市の経済政策というより交通政策の一環として打ち出された性格が強いのである（7）。

三　銭の交通上の機能

撰銭令の発令が幕府の交通政策の一環に位置づけられるなら、銭は街道筋でどのように機能していたのであろうか。

豊臣政権下の天正二十年（一五九二）八月、関白豊臣秀次は京都・大坂から肥前名護屋までの継馬継夫の掟書および継舟掟を出した（8）。前者の第四条に「右之所々ニ一文つかひの精銭百貫文宛被置候条、次馬つき飛脚、如御定可相渡候事」とあり、第五条には馬は一里につき精銭一〇文、継夫は一里につき四文と賃銭高を定めている。朝鮮派兵のさなか上方―名護屋間の継馬・継飛脚の制度が敷かれたのであり、ここには継馬・継飛脚制度がもった軍事的性格があらわれている。注目されるのは宿駅ごとに精銭一〇〇貫文を配置し、それによって制度の運用をはかっていることである。宿継ぎという制度の性格上、実施には基準となるべき銭が街道筋に相当量必要であり、一般の通行者も旅費として金銀を携行し両替しながら銭で代価を支払うのが普通であった[9]。すなわち銭は街道筋における支払い手段として機能したのである。継舟掟においても、浦ごとに精銭一〇〇貫文を配置し運用したことは同様で、但書に悪銭を遣った場合は増歩を入れ授受するように命じている。海上交通路においても、銭は同様の機能を担ったと考えるべきであろう。

豊臣政権にとって陸上・海上交通路の整備とは、軍勢の迅速な移動や情報伝達を可能にする軍事的行動の基盤整備にほかならず、そこに敷かれた制度の運用には銭が重要な役割を果たした。江戸幕府治下においても、このような銭の機能とそれへの領主の関心は変化なかったと考えられる。

慶長十三年（一六〇八）に永楽銭が通用停止され、その後は鐚銭＝京銭が通用銭として流通することになった。京銭とは、上方において当時上銭と称された古銭を主体とした銭貨を指す言葉であるが[10]、この時期の銭の機能についても確認しておこう。

豊前小倉の細川忠利は、寛永九年（一六三二）加藤氏改易後の熊本城受け取りに通行する幕府上使のため、領内における京銭使用を臨時に認めることを決めた[11]。上使が旅宿で使った京銭を、のちに忠利が買い上げるという内容である。江戸の父忠興へこの措置を報知した六月二十七日付書状には、「所々に其国々銭別々にて、旅人迷惑可仕候間、京銭を請取せ、以来吾等買取可遣候間、可心安由申付候事」とある。流通する銭は地域的に異なり、細川領内でも独自の銭が鋳造されていたが[12]、このような状況が街道の通行者にとって不都合であったこと、そして幕府上使への特別の計らいとして京銭の使用が認められたことがわかる。京銭自体の特性や機能については次節で述べるとして、事例からは、銭が旅行者の支払い手段であったことが確認され、また領主が交通と銭流通との関係を十分に認識していたことが看取できる。そして円滑な往来という面では、領国を越えた通用銭が必要とされていたのである。

四　京銭による銭貨統合の時代

大局的にみれば、永楽銭の通用停止は、関東を本拠とする幕府が全国政権として確立する一階梯であった。永楽銭優位の銭貨体系が街道筋において鐚銭体系と早晩矛盾を起こすのは予想されたし、前掲細川氏の史料が伝えるように、地域的に異なる銭流通が交通の阻害要因となったことは確かである。慶長七年（一六〇二）の駄賃定に永楽一文鐚銭六文通用と規定しながら、同十三年には四文通用としたうえで永楽銭停止を命じたことは、永楽銭を全国的な通貨とすることやその価値を維持することの困難さを物語っている。

永楽銭の停止とともに、鐚銭＝京銭の専一的流通が幕府の基本方針となった。しかし前掲史料からも明らかなように、大名領国における独自の銭流通が排除されたわけではなく、半ば独立した通貨圏を残しながら、領国を越えて流通する銭として京銭が機能し始めたとみるべきである。

前掲の忠利書状を受け取った父忠興は、上使への優遇策について過剰な待遇だとして不快感を示し、領国の独自性を放棄するものだと述べている。銭流通において大名領主権を主張したものといえよう。このような考え方は依然根強かったと思われるが、細川家の『日帳』(13)には、同家を来訪する他家からの使者や飛脚に京銭を与えたり、細川家の使者が先方から京銭を受容した例が数多く確認できる。しかも寛永四年（一六二七）二月四日条「森伊勢守様より御使参候、（中略）、此御使ニ新銭弐貫文被遣候、但、京銭壱貫文可遣之旨被　仰出候へ共、京銭無之候て、新銭弐貫文遣候也」、同五年二月二日条に「並河志摩所より之飛脚ニ壱歩一つ被下候、京鏡《(銭)》壱貫文可被遣之旨、御意ニ候へ共、京鏡無之ニ付而、壱歩を遣申候事」と記すように、新銭（当時細川家領内で鋳造されていた領国通用の銭）や金よりも京銭の方が使者へ与えるにふさわしい貨幣であった。同年七月十四日条には

「御船頭上田十三郎舟ニ、京銭弐拾貫文つミ下中候、方々より御飛脚ニ可被遣ため也」とあり、細川家では飛脚に与えるため、京銭を上方で仕入れ積み下していたのである。このような用途からみても、京銭は全国の交通路で通用する銭貨として機能していたと思われる。筆者はこれを京銭による銭貨統合の段階と位置づけ、寛永通宝の普及による統一の前段階ととらえたい。

一六世紀末から一七世紀前半の京都の銭相場の動向は（本書第二章の表2-1・3参照）、慶長五年頃の銭一貫文あたり銀三匁余から銀六匁余への急激な上昇（おそらく灰吹銀から丁銀への基準銀貨の交替のためかと推定される）、あるいは同八〜十年の間の水準上昇を経て、銀一五〜二〇匁余の範囲に落ち着いていく。前述した元和二年の落ち込みはあったが、寛永十三年の寛永通宝発行前後までは、それ以前よりは比較的安定していたといえよう(14)。この時期が京銭による銭貨統合の時代を示しているが、安定はあくまで相対的なものであって、慶長末期にかけての上昇、元和二年（一六一六）の急落、寛永十年以降の上昇へと相場の波動を読み取ることができる。これらの原因については今後の検討にまつしかないが(15)、変動の裏にある京銭流通の特質を再認識しておく必要がある。

もとより京銭は一つの銭種を指す言葉ではなく、不良銭を排除した多様な銭種の総体を指す。それは古銭とよばれ、おそらく宋銭やその模鋳銭を主体とした。だがその供給は制度的に欠落していたのである。この時期に鋳造されたという慶長通宝などの存在は知られているが、それが公鋳か私鋳かすら未確定であり、またたとえ古銭の私鋳があったとしても供給は不安定であった。さらに寛永期には銭の輸出も盛んにおこなわれていた(16)。したがって京銭の流通は撰銭行為を排除できず、また量的な統制もしがたい性格をもっていた。いっぽうで幕府の街道整備が進み、銭の需要は新たな段階をむかえたが、京銭流通は質・量両面にわたる大きな限界をかかえていた。初期の撰銭令はまさにこの時代の貨幣的特徴をあらわす法令であったが、幕府はいまだ実効ある解決策を見いだしえなかったのである。

五　寛永通宝の発行事情

寛永通宝の発行については、寛永十三年（一六三六）五月五日に江戸に高札（六月一日付）が立てられ[17]、翌日には酒井忠勝邸において諸大名にも同様の旨が仰せ出され[18]、全国に報知された。寛永通宝鋳造の意義など、同貨に対する本格的な検討は本書第九章に譲り、ここでは高札掲示直後からの施策をたどることによって、新貨発行の意図がどこにあったかを検討したい。

まず幕府は、五月中旬頃までに、大坂の御蔵銭を道中に配布すること、掛川から江戸までの宿場には掛川の幕府御蔵銭を届けることを決定し、奉行として大番方久留七郎左衛門正親・小幡三郎左衛門重昌の両名を大坂に派遣した。城代以下大坂在勤諸役人あての老中連署奉書によれば、「俄新銭不出来、路地中在々所々ニ而右之礪段（注、金一両＝銭四貫文）ニ売候銭無之ハ、往還之面々不自由可有之間、大坂御蔵銭道中所々江指出、不自由ニ無之様尤候」とその理由を述べている。すなわち幕府は、新銭が普及するまでの間、街道筋における公定相場での銭流通を維持するため、とりあえず幕府が保持していた古銭を頒布しようとしたのである。表7―1は、このとき銭が配布された記録の残る宿場名とその額を示したものである。配布の範囲は、大坂から江戸までの東海道と、草津から尾張名古屋にいたる中山道―美濃路の各宿場であったと判断される。配布額は、東海道が一宿一〇〇貫文、中山道―美濃路が一宿六〇貫文を基準として、城下町や大きな宿場では上積みがおこなわれたようだ。中山道の愛知川や高宮での請取証文の日付は五月十五日と記録されており、非常に迅速に配られた様子がうかがえる。そして配布された銭は、史料的に判明する限りで「古銭」「鐚銭」と記されている[19]。

従来頒布された銭については、幕府が寛永通宝の流通促進をはかったものととらえてきた[20]。だが以上の検討か

表7－1　寛永13年街道筋への古銭配布

街道	宿場名(配布額・貫文)
東海道	淀(?)　大津(200)　草津(100)　石部(?)　水口(150)　関(?)　亀山(?)　四日市(150)　桑名(?)　熱田(?)　鳴海(100)　池鯉鮒(100)　岡崎(100)　藤川(100)　二川(100)　舞阪(100)　浜松(200)　掛川(200)　島田(100)　江尻(100)　蒲原(100)　三島(100)　箱根(100)　藤沢(100)　保土ケ谷(100)　川崎(100)　品川(100)
中山道	守山(60)　愛知川(60)　高宮(60)　鳥居本(60)　番場(60)　柏原(60)　今須(60)　関ケ原(60)　垂井(60)
美濃路	起(60)　清須(100)

出典：大津；「京都役所方覚書」(『京都町触集成』別巻１)　草津；「草津宿庄屋駒井家文書」(『草津宿庄屋の記録』)　水口；「水口宿栄枯伝馬難立訳略記」(『水口町史』下)　四日市；『四日市市史』　鳴海；「寛文村々覚書」(『名古屋叢書続編』第１巻)　池鯉鮒；『池鯉鮒宿御用向諸用向覚書帳』　岡崎；『岡崎市史』第４巻　藤川；「藤川宿諸色覚帳」(『新編岡崎市史』史料近世上)　二川；「御伝馬明細帳」(『豊橋市史』第７巻)　舞阪；「覚書」(『舞阪町史』史料編２)　浜松；「糀屋記録」(『浜松市史』史料編１)　掛川；『掛川市史』中巻　島田；「島田古帖」(『島田市史資料』第１巻)　江尻；「江尻旧記」(『清水市史資料』近世１)　蒲原；木屋渡辺家「御用留」(『蒲原町史』資料編近世１)　三島；「三島宿問屋覚」(『三島市誌』中巻)　箱根；「箱根宿古記録」(『東海道箱根宿関所史料集』２)　藤沢；「東海道御伝馬宿藤沢町御拝借幷被下物覚帳」(『藤沢市史』第１巻)　保土ケ谷；『民間省要』　川崎；「川崎年代記録」(『川崎宿関係史料(一)』)　品川；「御伝馬方旧記」(『近世交通史料集』３)　守山；「古来御拝借仕候帳面」　愛知川・高宮・鳥居本・番場；森野繁次郎氏記録(『近江愛智郡志』巻２)　高宮；塩谷家文書「御条目之写」(滋賀大学経済学部附属史料館)　柏原；「御拝借金銭米之覚」(『山東町史』本編)　今須・関ケ原・垂井；「垂井・今須宿売銭預り証文」・「関原宿拝借米金之覚」(『岐阜県史』史料編近世７)　起；「諸事覚書」(『尾西市史』資料編１)　清須；「尾張徇行記」(『名古屋叢書続編』第５巻)

注：？は額が不明のもの。『池鯉鮒宿御用向諸用向覚書帳』所収史料によれば、貞享３年12月26日付で寛永13年の拝借銭　同20年の拝借金の返済猶予願が淀・草津・石部・水口・関・亀山・桑名・池鯉鮒・岡崎・鳴海・熱田・浜松の各問屋連署で提出されているので、配布されたことが推測できる。

ら古銭であったことは明白であり、配布の目的も、当時の江戸―上方間の主要交通路における銭流通の安定化にあったと修正されるべきである。

　ところでこうした施策の背景には、当時街道筋で進んでいた銭相場の上昇があった。このころの京都の銭相場（本書第二章の表2-3）をみると、寛永十一年には銭一貫文が銀二〇匁を超え、翌年には二五匁にもおよんだことがわかる。寛永十二年十・十一月の美濃大垣の金銭相場は小判一両が銭二貫七〇〇文、金一分が七〇〇文、銀銭相場も銭一貫文が銀二四匁五分に高騰していた[21]。もっとも小判の両替は銀六四匁であったというから、銀安傾向は否めないが、銭相場が全体として上昇していたことは確かであろう。御定賃銭を受け取る宿駅や伝馬の者にとって、銭相場の上昇はむしろ歓迎すべきことであったかもしれないが、賃銭を払う旅行者にとっては実質的な負担増となり不都合であった。とりわけ最大の利用者であった領主層には影響が大きく、金一両＝銭四貫文の交換相場の維持こそが円滑な交通に不可欠の政策であったと考えられる。古銭の緊急放出もこの一環に位置づけられる。だが古銭の配布を急いだことは、五月十七日付の大坂在勤役人あての老中奉書で、西国大名衆や日光参向の公家衆・門跡衆が御暇を賜った旨をわざわざ報知しているから、彼らの通行に間に合わせる意図もあったと推測される。譜代大名におよぶ参勤交代制が本格的に始動したのもこの年であり、朝鮮通信使の通行も予定されていた。

このように古銭の配布が幕府の交通政策の一環と把握できるなら、寛永通宝の発行も当然その延長で考えるべきであろう。大垣では「海道中銭遣之儀、不自由之由江戸へ相聞候、御定之様子委可申聞之旨被仰付両人之遣候事」と、「御定」すなわち寛永通宝発行の高札の下命と遵守のため目付石谷十蔵貞清・小姓組番嶋田五郎兵衛直次の両名が派遣され、それが街道筋での銭遣いの安定をめざした政策と連関していたことが明記されている。したがって寛永通宝による銭貨の全国的な統一の力点は、街道筋において流通する銭の品質と相場の維持のためというところにあろう。寛永通宝発行の高札には、依然として撰銭条項が含まれ、六銭をのぞく古銭と新銭の区別なき通用が謳われていた。だが寛永通宝の大量鋳造によって、中長期的には撰銭の問題は克服され、やがて撰銭条項は幕法のなかから消えていった。幕府の銭貨政策としては、撰銭対策を含む銭の質・量にわたる問題から銭相場の安定という量的な問題に焦点を移していったのである。

だが寛永通宝の流通が順調に推移したわけではない。早くも寛永十五年には江戸や道中筋での新銭の流通は行き詰まりをみせ始め、同十八年末には銭相場が大幅に低下し、江戸・坂本・京都・大坂の銭座の鋳造停止、銭座救済のための銭の買い上げが幕府によって決定された(22)。そして、寛永十八・十九年には銭相場の下落と飢饉（寛永飢饉）が同時に進行し、銭が階層差をもって流通した都市や街道筋において庶民の飢餓状態が増幅された。各宿に対しては、米を貸し付け銭で返済させることによって、その流通量を減少させ、また御定賃銭を銭相場が回復するまで臨時的に増額する措置も取られた。寛永通宝による銭貨の統一はけっして平坦な道のりではなかったのである。

おわりに

本章では、近世初期の撰銭令を手がかりに、銭の交通上の機能に着目しながら、当該期の銭流通や幕府の銭貨政策の展開を跡づけてきた。銭は交通路における交換・支払い手段として機能しており、宿駅や伝馬の整備をめざす幕府にとって、公定相場にもとづいて銭を安定して使用できるようにすることが政策上の課題であった。京銭の専一的流通や寛永通宝の鋳造も、その課題に沿ったものと理解できる。幕府の交通政策自体、内外に向けての戦争体制下において交通・通信手段を拡充していった豊臣政権の基調を引き継ぐものであり、国内に領主間矛盾をかかえる当該期の政治的課題に対応したものであったが、銭貨政策もまた統一権力の成立の仕方と密接に関係していたのである。言い換えれば、政権の軍事的性格が近世における銭の機能を規定し、銭貨政策を方向づけたのである。

銭は中世末まで幅広い経済的機能を果たしたが、金銀貨の登場とともに少額支払いのための補助貨幣化したとみられがちである。そのような事態がおもに都市部で進行したことは事実であろう。しかし幕府にとっては銭の交通路における機能こそが最も重要であり、銭が近世を通じて〝三貨〟の一つに数えられたのも、このような機能にもとづくものであろうと筆者はみている。ここからは、貨幣の問題を交通史研究において本格的に位置づける必要性や、織田信長にいたる中世の撰銭令における政策的課題やその背景にある銭貨流通の実態は何かという

課題に思いいたる。政権が当面する課題と撰銭令のねらいとの関連をさらに掘り下げる必要があろう。(23)

（1）小葉田淳『日本貨幣流通史』（刀江書院、一九三〇年）二一八～二二二頁。
（2）原論文では全国令と記したが、その後の藤井讓治の研究成果にしたがって改めた。藤井「近世貨幣論」（『岩波講座日本歴史　第11巻近世2』岩波書店、二〇一四年）によれば、大名あてに残された奉書は後掲注(6)の尾張徳川氏あてのものと、『譜牒余録』上に所収の伊勢桑名本多忠政あてのものであることから、東海道筋を対象とした法令とするのがより蓋然性が高いことが明らかになった。
（3）⑭が徳川家光上洛を前に発令されたことについては、土田良一「徳川家光の上洛通行と賦役　―美濃国を中心に―」（丸山雍成編『近世交通の史的研究』文献出版、一九九八年）が明らかにしている。同論文によれば中仙道今須宿あての「申渡覚」にも「御定め之外銭ゑり申間敷事」との箇条がある。
（4）以下、宿駅・駄賃に関しては『近世交通史料集』第八巻所収史料による。
（5）初期の交通政策については、渡辺和敏「江戸幕府陸上交通政策の展開」（『日本近世交通史研究』吉川弘文館、一九七九年）を参照した。
（6）『教令類纂前集』には、同時に出された尾張徳川義直領あて（実際のあて名は付家老竹越山城守・成瀬隼人正）のものが収載されている。加賀藩でも、⑦をうけたと思われる元和二年十二月十六日付「代物法度」（「慶長以来定書」『加賀藩史料』第二編）がある。
（7）加賀藩「国初遺文」（『加賀藩史料』第二編）所収の寛永十年四月付「定」は、前半が駄賃定め、後半が撰銭令で、両方を一つの法令に収めている。撰銭令が交通政策と密接に関係していたことは、諸藩においても変わらなかった。
（8）以下の引用は『新編武州古文書』上（角川書店、一九七五年）に所収の岡山あて継馬継夫掟によるが、赤坂町安楽寺所蔵文書（『不破郡史』上巻）に同旨の兵庫あてのものがある。継舟掟も『新編武州古文書』上に収録されている。同じく『山口県史』史料編中世2所収「花岡八幡宮文書」五二号に花岡奉行あて継馬継夫掟と下関あて継舟掟がある。また継馬継夫掟の交通史上の意義については、深井甚三『幕藩制下陸上交通の研究』（吉川弘文館、一九九四年）二二二頁参照。

（9）小葉田淳「文禄年間の一中流武士の日録—大和田近江重清日記について—」（『神田博士還暦記念書誌学論集』一九五七年、のち『日本経済史の研究』思文閣出版、一九七八年所収）参照。

（10）小葉田淳『改訂増補 日本貨幣流通史』（刀江書院、一九四三年）二四七頁。

（11）以下、『大日本近世史料 細川家史料』七・十による。引用史料は『大日本近世史料 細川家史料』十、五一〇号による。

（12）伊東多三郎「細川小倉藩の鉱山と貨幣」（『日本歴史』二四七、一九六八年。のち『近世史の研究』五、吉川弘文館、一九八四年所収）。

（13）『福岡県史』近世史料編 細川小倉藩（一）（二）。

（14）岩橋勝は「江戸期貨幣制度のダイナミズム」（『金融研究』一七‐三、一九九八年）において、慶長十三年に通用銭を鐚銭に限定して金貨との交換比率を公定する幕令が出るにおよび、がぜん鐚銭の価値が安定するようになったとし、「三貨体制」枠組みづくりの実質的な画期を慶長十三年に求めている。

（15）深井前掲『幕藩制下陸上交通の研究』三三・三四頁には、東海道・中仙道における慶長七年と元和二年の駄賃定の鐚銭建て額を比較し、後者が大きく低下している事実が明らかにされている。低下の理由について、深井は「銭価の低下政策が幕府により実施されていたために、右の駄賃減額が行われた」と述べる。深井のいう低下政策が具体的に何を指すのかは理解しがたいが、確かに元和二年の銭相場は急落している。相場は直前まで上昇基調にあり、何らかの政策による影響をうけていることは考えられる。だが駄賃の低下については、銭相場が急落したとはいえ慶長七年からみれば大幅に上昇していたため（本書第二章の表2‐1参照）、実勢に合わせ改定されたものであると考える。

（16）岩生成一「江戸時代に於ける銅銭の海外輸出に就いて」（『史学雑誌』三九‐一一、一九二八年）、小葉田前掲『改訂増補日本貨幣流通史』二五四～二六一頁。

（17）以下、この節の記述はとくに断らない限り国立公文書館所蔵内閣文庫『古記録』による。なお同書所収のこの時期の老中奉書については、藤井讓治『江戸幕府老中制形成過程の研究』（校倉書房、一九九〇年）に翻刻がある。

（18）『伊達治家記録』『上杉家御年譜』など。

（19）古銭の語は、「淡海録」（『大津市史』下巻）、醒井文書「拝借銀覚」（滋賀大学経済学部附属史料館）、「寛永拾三子ノ年　公義様より預り申銭之事」（『岐阜県史』史料編近世七）に、鐚銭の語は、森野繁次郎氏記録（『近江愛智郡志』巻二）、塩谷家文書「御条目写」（滋賀大学経済学部附属史料館）、貞享元年「諸事御公儀様え上ケ書物留帳」（『新修垂井町史』史料編）にみられる。

（20）中井信彦『幕藩社会と商品流通』（塙書房、一九六一年）、榎本宗次「近世における貨幣統一の一側面―豆州内浦銭貨史料を中心に―」（『史料館研究紀要』三、一九七〇年。のち『近世領国貨幣研究序説』東洋書院、一九七七年）、鈴木公雄「出土六道銭の組合せからみた江戸時代前期の銅銭流通」（『社会経済史学』五三―六、一九八八年）。のち鈴木は『出土銭貨の研究』（東京大学出版会、一九九九年）において、配布された銭が渡来銭（鐚銭・古銭）であったと訂正している。

（21）以下、大垣に関する記述や引用は「大垣宿問屋留書」（『岐阜県史』史料編近世七）による。

（22）前掲『古記録』のほか『佐治重賢氏所蔵　小堀政一関係文書』（思文閣出版、一九九六年）所収文書による。

（23）近年、高木久史『日本中世貨幣史論』（校倉書房、二〇一〇年）が中世の撰銭令を食糧需給との関連で追究し成果を上げたが、すべての説明要因とはなっておらず、さらに個別事情の解明が待たれる。永禄十二年（一五六九）織田信長の撰銭令の意義と当時の米需給との関連については、藤井讓治「織田信長の撰銭令とその歴史的位置」（『日本史研究』六一四、二〇一二年）の検討によって明らかになった。

第八章　貨幣の社会的・文化的効用

はじめに

貨幣経済の進展を社会的関係からみるとき、貨幣が人と人、人とモノとの関係に入り込み、否応なくその関係を媒介し変化させていく過程ととらえることができよう。これまで経済史が対象としてきた商取引は、その一部分にすぎないのではないか。本章では、かかる観点に立って、都市の経済・社会・身分と貨幣の相互作用について考察する。儀礼に生き続けた貨幣の役割、都市の経済を活性化したモノの存在形態への影響など、社会や身分に軸足を置いて都市における貨幣の役割を考えてみたい。

一　儀礼的貨幣の展開

(1) 貨幣のしつらえ

三貨制度の成立過程において、儀礼的な貨幣の使用は重要な位置を占めていた[1]。元来、金・銀は、一般の流通手段としてよりも主従間の下賜・上納や、その他の音信に比較的良質なものが多く用いられ、こうした金・銀の使用法が先行する形で社会に受け入れられ、制度の定立がはかられた。

一七世紀初頭に徳川氏の覇権下で金座や銀座が設置され営業を開始する以前は、金・銀は注文生産されるものという色彩が強く、通貨としての機能が高まったのは、一定の品位のものが大量に製造され広く流通するようになってからであった。授受される形態も、折敷に載せたり、紙に包んだり、また上書きや下げ札を付けたりして、場面ごとに一定の様式が定まり慣習化していた。銭もまた金・銀に先行して儀礼に用いられたが、重くかさばる銭を直接その場で授受するより、多額の場合はそれを紙に認めた目録のみを授受し、現物は別途贈られた。それでも贈答用には、良質で整った形状の銭を組紐に通した青緡《あおざし》とよばれる形態が好まれた。単位も、金では枚（大判、一〇両）や疋（金一両＝四〇〇疋）、銀では枚（四三匁）や両（枚の十分の一、四匁三分）、銭では疋（銭一疋＝一〇文）などが儀礼に使用された。

(2) 貨幣における由緒・格式

慶長二年（一五九七）九月に京都立売組の月行事町が持ちまわりしていた物品を書き上げた「書物数之事」のなかに、書類とともに「太閤様ヨリ橋の御修理之金子之事、三枚ハひし判、壱枚ハまるはん、合四枚也」が出ている。これは杉森哲也が明らかにした四千貫文貸付制度に関わる品である。(2) この制度は、豊臣秀吉が天正二十年（一五九二）三月に洛中の町々に金・米をもって銭四〇〇〇貫文分を貸し付け、その利息年間二〇〇貫文を洛中の橋の修理代に充当させたものであった。同年五月の文書によれば、立売組は米八〇石とともに金子四枚を確かに受け取っている。先の「ひし判」「まるはん」とは、天正大判のうち菱形枠桐紋の極印のある菱大判と、丸枠桐紋の極印の大判だろう。注目すべきは、立売組が秀吉から拝領した大判を両替せず、そのまま行事町が保管していたことである。現物がいつまで保管されたかは不明だが、秀吉政権と上京町組との由緒を示す品として現物そのものに価値があり、大切に扱われたのである。

いっぽう貨幣の種類によっては優劣が意識され、貨幣による音信が品物のそれより薄礼であるとの認識もあったようだ。鳳林承章の日記『隔蓂記』には、京都所司代への年頭礼について寛永十五年（一六三八）以降、京都五山一列として相国寺からの礼と鳳林承章の独礼の二つが記録されている。いずれも「青銅百疋」「孔方一緡」などと記され銭一貫文が基本であった。ところが明暦三年（一六五七）から銭に代えて杉原一〇帖・扇一本が贈られるようになり、ときにはまた元に戻ったりしながら杉原・扇による礼が定式化していく。この背景には、「孔方は賤微の由、何方より、申さるや、当年より、杉原拾帖・金扇一本、五山の持参なり(3)」と記すように、銭を物の音信より低くみる意識がはたらいていた。ここでは所司代側が格式を上げようと指導していたようだ。

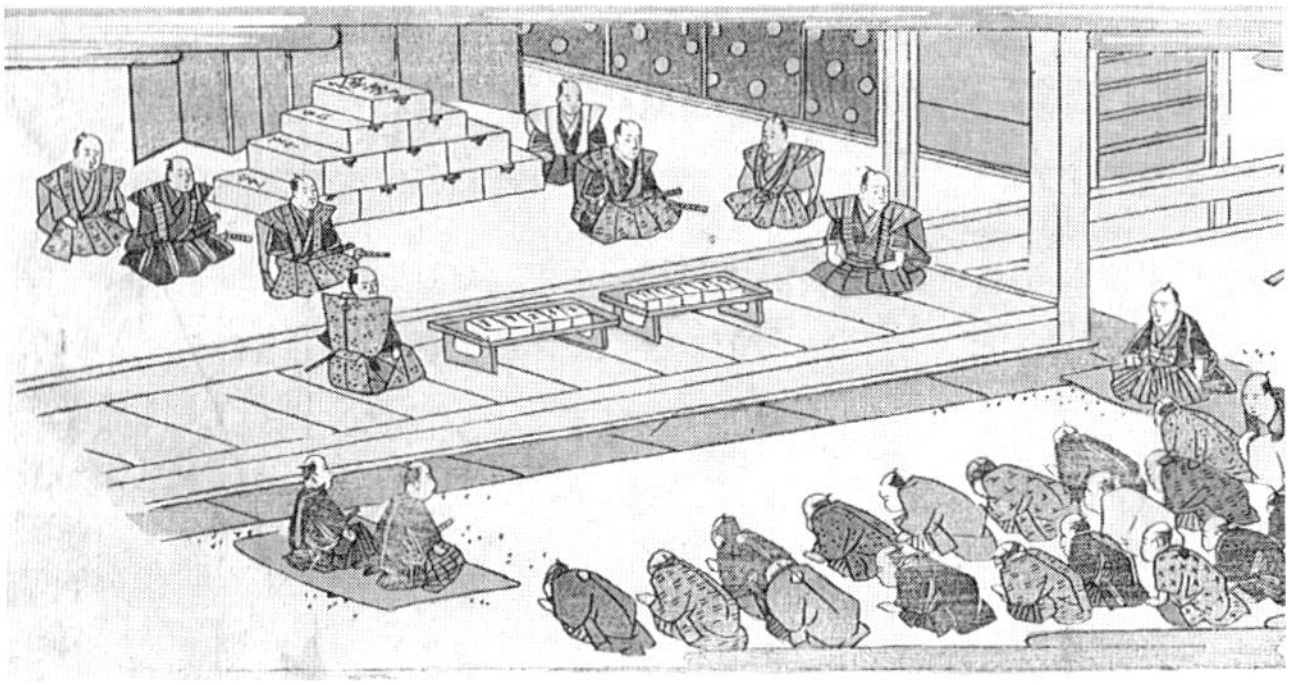

図8－1　「御上洛ニ付拝領銀被下置候事」
（東京大学大学院情報学環所蔵）

(3) 将軍上洛の下賜銀

先例を重視する儀礼において、時代の通貨事情はどのように反映されたのか。将軍と京都町人との最も重要な結びつきを示す、将軍上洛時のやりとりを通して検討しておきたい。

文久三年（一八六三）三月、将軍徳川家茂は寛永十一年の将軍家光以来となる上洛を果たした。このとき「御上洛ニ付拝領銀被下置候事」と題する瓦版が発行された。紙面では、元和九年（一六二三）七月、銀一万貫目、寛永十一年閏七月、銀五〇〇〇貫目といった上洛時の拝領銀の前例を引きながら、古京の町組惣代が召し出され東西町奉行や大目付・目付ら列座のなかで銀五〇〇〇貫目（代り金六万三〇〇〇両）を拝領した場面を描く挿絵と、三月九日付洛中惣代の請書を載せている。図8－

1をみると、拝領金はすべて二分金で、六二〇〇両入の金箱一〇箱と金百両包一〇包が町人の平伏する前に積み上げられている。配分については、上下京合わせ洛中軒数三万七〇六四軒二歩で、裏借家にいたるまで一軒あたり金一両一分一朱と銭五六文を拝領し、また東西両本願寺内も同様に配られたという。そして「有りがたき仕合せ、君か代万々歳祝い候」と冥加の言葉で結んでいる。

瓦版というメディアのせいか、配分に関する記事は正確でない。実際には、東西本願寺寺内を含む洛中の家持・借家人の当主人別四万七六七〇人に配分された。四月下旬頃の調査では上京・下京総数四万八七〇八人であったが、最終的に一八世紀初頭の宝永大火後に洛中から移転した二条川東の地域をのぞき、さらに拝領除外者を調査したうえで右の人数になった。除外されたのは、御所仕丁・牢晒・見座・本中座・本小番と、旦那寺請合のある帯刀人で儒医仕官届のある者で、複数の抱屋敷を家族名義で所持する者は主人居宅のみが拝領の対象となった。公武の最下級役人が除外されたことがわかる。同じ公役を果たす、駕輿丁其外官方・諸侯用達・町医師・呉服所・座方・為御替方・糸割符などは配分を受け、地面を所持しながら場末の町で難渋し暮らす同居人、蛤御門の変に類焼し同様の境遇にある者、類焼後に再建した家を貸家にした同居人も同様に配分するとしている。(4)本来なら同居人には受給資格がないが、変の被災者に対してとられた救済措置であった。

拝領銀五〇〇〇貫目という額は家光の先例に倣ったものであるが、秤量銀の名目を残しながら、実際は当時の通用金二分金（おそらく万延二分金）で下賜された。すでに主要な通貨は計数金銀貨であって秤量銀はほとんど流通せず、幕府の保有する在庫量からみてもこの額を調達することは不可能だったから、代わりに当時の相場金一両＝銀七九匁余で換算した二分金が渡されたのである。将軍からの拝領という京都町人にとって最も重要な儀礼において、受渡しされる貨幣は種類・額・単位においてその名目が継承され、生きていたということができる。ここに近世の社会関係にもとづく儀礼において、授受される貨幣に先例の根強さをみることができる。

だが、同額とはいえ、その経済的価値は寛永期とは比較にならないほど低下していた。幕府金銀貨の流通量（金換算）は、元禄八年（一六九五）の約一四〇〇万両、安政五年（一八五八）の約五三〇〇万両、明治二年（一八六九）の約一億三〇〇〇万両と推定されている。(5) 寛永と文久では一〇倍以上の開きがあっただろう。重量も二分金一枚〇・八匁、総量約一〇〇貫八〇〇目で秤量銀の二％にすぎなかった。

配分方法も寛永期とは相違していた。寛永十一年の場合は家一軒＝家持町人一人ごとに割り当てられたが、文久期には洛中の家持・借屋の当主人別割であった。冷泉町の場合、寛永十一年に同町西側の家数二六間に分配したと記しているから、(6) 東西合わせれば家数はおおよそ倍になる。いっぽう文久二年七月の町内軒役定によれば、五二軒役で他町持を含む家持人は一五人、ところが元治元年三月の同町居住の戸主は、家持九人、借屋二七人、町用人一人である。(7) 二三〇年ほどの間に家屋敷の兼併や他町持の増加が進み、この町に居住する家持が極端に減少したことがわかる。京都の〝町人〟に配分されたとはいえ、役負担の有無はもはや問題とはならず、都市を担うべき〝町人〟がこの間に実質的に変化していたのである。

(4) 生き続ける秤量銀

町において、家屋敷の売買や相続などによって新たに成員になるには、同町内の町人による承認が必要だった。こうした際の町への出銀を全体として町儀とよぶが、ここには町への挨拶・振舞いのほかに、町の役人である町年寄・町用人とその家族への祝儀も含まれた。町によって異なるが、祝儀を配る範囲とその額は細かく規定され、貨幣額によって人間関係が同一の尺度でランク付けされていた。

銀貨圏であった京都町方の町儀規程は長く秤量銀で規定されたが、一八世紀末から変化をみせ始める。『京都町式目集成』(8) によってその傾向を概観すると、旧慣にもとづいて銀の匁や両・枚単位の規程も残存しているが、金単位で「金百疋」（＝一分）といった金額が目立つようになってくるのは寛政年間であり、天保期からは金二五疋（＝一朱）単位の項目が出てくる。京都でも小額の計数金銀貨が流通していたことの反映であり、明治の初めまで銭や金一朱単位での祝儀の例が散見される。しかし小額の銀匁や両単位は、規程のうえでなおかなりの部分を占めていた。

金貨圏であった江戸では変化はあったのか。江戸深川に住む鈴木三右衛門政常の安政四年（一八五七）の日記(9)は、好都合なことに金銭出納について筆まめである。そのなかで、年玉をはじめとして寺院への季節ごとの贈り物や法事に銀を贈る例が圧倒的多数を占める。祝儀の贈答が金貨で両・疋を単位としたのと好対照をなす。大きな葬礼でなければ、その額はふつう銀一両（四匁三分）を最高に、一匁五分から三匁であり、それ以上の額になれば南鐐（二朱銀）一片や金五〇疋（二朱）、あるいは金一〇〇疋（一分、天保一分銀か）といった表記となる。金銀相場を考えると金二朱の価値は銀一両より大きいから、銀一両以下の小額が銀包みで贈られ、それ以上は金貨あるいは計数銀貨が用いられたのである。このように金貨圏と考えられがちな江戸においても、法事には小額の包み銀が広範に使用されていた。だが同じ寺院あてであっても供物米などの代価を記す場合は、端数もあって金何両何分と銀何匁何分と表示されている。儀礼的な使用では切りのよい額で単位も両・疋を用いるが、代価を表示する場合とは違うのである。

主題とはずれるが、幕府においては慶応二年（一八六六）九月二十三日の将軍家茂の葬儀においても、諸大名から献上される香奠はすべて先例にもとづき、石高に応じて六〇万石以上白銀三〇枚から万石以下白銀一枚までと規定している。実際の授受がどのような形態でおこなわれたかは不明であるが、銀が法事などに用いられる儀礼的貨幣として根強く生きていたことは間違いない。江戸においてすら、あるいは江戸だからこそ、幕府を頂点とする儀礼のために、秤量銀は相当量存在していたと推測される。

二　身分的な財の流動化

(1) 町人と町屋敷

ある身分に固有な、あるいは分かちがたく存在するモノを、ここでは〝身分的な財〟とよんでおこう。町人と家屋敷との関係はその代表であり、これまでも家持＝町人と認識されてきた。ではその関係は、貨幣経済のもとでどのように変化するのであろうか。

井原西鶴『日本永代蔵』巻二「世界の借屋大将」の主人公藤市は、二間口の店借でありながら一〇〇〇貫目の財産をもち、京都で評判の分限者であった。ところが担保に取っていた家質が流れ込んだため、はからずも家持となり藤市はそれを悔やんだ。借家住まいゆえに分限者とよばれたのに、家持となっては取るに足らない小金持にすぎなくなったからである。この話には、家持と借家人の身分差と財産の多寡について、いわば正の相関関係が前提とされている。それゆえに藤市のような借家人でありながら分限者という存在が世間の評判となったわけであり、家持となって悔やむ藤市の姿に可笑しさが込められている。

ほんらい、ある町で家屋敷をもつ者は成人男子であって、その町の町人＝正式成員として町政に参加し、役に当たれば職務を果たし、町人同士のつきあいをこなし、町の費用を負担し、また町に収益があればその分配を受けた。近世初頭の京都では、防犯や消防など町の安全保障に参加しない者に対して、町が家屋敷を取り上げるという過酷な一面も指摘されている[10]。こうした関係を十全に果たすことが町人自身の器量として求められた。だが一七世紀後半の右の話では、家持とは単に一つの財産として家屋敷をもっているに等しい。しかも藤市は他町に居住しながら家屋敷をもつことができたようであり、この意味は大きい。ただ藤市が当該町に移住しない限り、他町持として屋敷に管理者の家守を置くことが強制されただろう。幼少の者や女性も代理人を立てれば家屋敷をもてたことが知られており、成人男子である必要も薄れていた。代理者を立てることで、家屋敷の所有が身分団体である町の旧来の慣習から自由になりつつあった。

ところで、町屋敷所有の人格性という視角を提示して、一七世紀中頃以降に町屋敷所有の人格性が薄れ、物化の過程が不可逆的に進行するという説がある。[11] 町屋敷所有の人格性を説く根底には、中世の土地所有観念との連続性が想定されているようだが、一七世紀初頭にまでこうした観念をもち込むことには慎重でありたい。町式目は重要な要素として家屋敷売買に関わる条項を設けているように、町はすでに流動化の兆しをみせている。では、ここにいう〝非・人格化＝物化〟を起動した力は何か。この過程の現象として、地代・店賃収入を期待した町屋敷経営の普及、家持不在の町屋敷の出現、その代理人である家守の設置などの事態が進行したことは確かである。しかし町屋敷の売買が広汎化するだけで、こうした現象があらわれたとはいいがたい。むしろこの過程こそが貨幣経済の進展といわれる現象と考える。町屋敷経営を成り立たせるためには、店賃収入に加えて出費＝町入用が計算可能なものでなければならない。他町居住者が家守を置きながら町屋敷を所持できるのは、さまざまな家持の負担を貨幣による支払いや代理人の労働によることを、町が許したからである。

冷泉町を例にした近世前期の町入用の分析から、初期の町が町屋敷構成のフラット性にもかかわらず由緒を誇る宿老衆の主導下にあったこと、新たな来住者によって彼らの町運営は批判を受け、一七世紀中頃には彼らの優位は衰え、のちの年寄・五人組にあらわれる町役人的体制へ移行していくと展望した研究成果がある。[12] 一七世紀前半とは、こうした宿老衆と新興町人との緊張関係のなかにあった。町儀を定めたこの時期の数多くの町式目は、その所産とみる視点が必要ではないか。貨幣の支払いなど町儀を明文化したことは、緊張関係のなかで町人の平等性と会計の明確化を求めた成果といえよう。町屋敷経営は、このような計算可能で新興町人も参加できる町会計の成立と並行してあらわれてきたものとみておきたい。

(2) モノをとりまく人と家

身分的財としては武士における刀も代表的なものである。京都における牢人改めの研究によって、一七世紀後半になると牢人改めの法令の趣旨が刀を差しているかどうかという帯刀に重点を移すことがわかっている(13)。すなわち、刀は外見的な身分の標識の一つとなっているのであり、牢人は帯刀人に含まれる関係となる。武士が刀を差すという関係から、帯刀する者は武士あるいはそれに準ずる者であるという論理の転換である。こうした転換をうけて、やがて帯刀は苗字の使用とともに武士に限られることなく、特定の百姓・町人にも時と場を限って許される一つの格式を示すものとなった。

西鶴『世間胸算用』巻一「長刀はむかしの鞘」は、相借屋の者が、質種を心当てに年を越そうとしている姿を描く。舞々は、元日から大黒舞に商売を替えるので、烏帽子・直垂《ひたたれ》・大口袴は当座必要ないので質入れする。鉢ひらき坊主は、毎朝墨染の麻衣を着て五〇丁懸け廻って米五合を得ていたが、夏に霍乱を煩い仕方なく衣を質入れして、請け出すことができなかったため、衣がないと二合も勧進で集められず、結局銭八文にて年を越したという。庶民の手軽な融通手段として商売道具の質入れがおこなわれ、舞々の衣装や鉢ひらきの衣も質物として扱われた。芸能者の生業に結びついた衣装との不可分な関係が、質入れという貨幣が媒介する行為によって分離し始め、衣装は身分標識となっている。彼ら自身が最もうまく着こなし稼ぐことができたはずだが、手ほどきして代わりの者を仕立て、芸を生業とするような集団を形成できる可能性が開けていた。

身分の標識となるようなモノに限らず、貨幣はこれまで結んでいた人とモノとの関係もさまざまに流動化させ始めた。

一七世紀後半、親方層による造酒から都市における酒買い、振舞い酒から購買による酒へと酒の飲みようの変化を説いたのは、塚本学である(14)。こうした貨幣を介したモノの存在形態の変化は、西鶴の著作のなかでもいくつか指摘できる。

前掲の「世界の借屋大将」として身代を築いた藤市であったが、これまで家内で歳末の餅つきをしたことはなかった。忙しい年末に道具をそろえ家人を使ってまで餅つきをすることをやめ、餅屋に発注して正月の餅を買い調えた。餅を冷めてから計量しなかった奉公人を藤市は叱責するのだが、西鶴はその徹底した倹約ぶりに笑いを込めている。年末に餅をつく大家の慣習は、損得勘定の前に廃れていく場合すらあった。また、年末に下女や丁稚の仕着せとして「買嶋（縞）」の綿入に白裏を付けてとらせるような親方は、手前のやりくりが難しい証拠であると、西鶴は手厳しい(15)。年切の奉公人だから仕着せに安物の出来合い品を使うのであろうが、家内での仕立てが経費節減の観点から安い購買品に代えられたのだろう。

このように商家の主従関係のなかにも貨幣経済は否応なく入り込む。餅や買縞の例をみれば、奉公人をかかえた家内において倹約がはかられたようにみえる。だがそれは結果からの見方である。むしろ貨幣が餅や仕着せの調達に入り込むことによって、損得勘定が価値判断の前面に出てきたのであり、その新奇さを西鶴は訴えたかったのだろう。モノからみれば、酒や餅や仕着せは大家の家内で調えられ、配分されるものだったが、しだいに売買されるものとして家から分離して製造者の専業化・社会的分業が進むことになる。主従関係は、奉公と恩寵という規範の世界から貨幣計算を必要とする経理の世界へと歩みを進めていた。

三　都市経済の新展開

(1) 町屋敷の価格形成

町屋敷は早くから町人承認のもとで取引された。いわば身分団体に固着した取引だったといえよう。だがそれが身分的性格を薄め、一財産として流動化し始めると、価格が客観化されてくることが重要である。ここでは、一七世紀末以降に三都でおこなわれた町屋敷の値段調査をたどってみたい。

江戸では、元禄九年（一六九六）に町屋敷値段の調査を命じる町触があり、宝永七年（一七一〇）・正徳元年（一七一一）と延享元年（一七四四）に江戸町奉行が町名主に命じて作成させた絵図には沽券金高（売買価格）・小間高（間口一間あたり沽券金高）が記されている。延享期において四ランクの格差がみられたこと、一七世紀半ばから一八世紀半ばにかけて地価が傾向的に上昇し、この過程で格差が発生したが、そののち変動は収まり幕末まで大きな変化はなかったという(16)。こうした調査の実施は、町奉行所が都市内の経済的地域格差に関心を払わざるをえない段階にあったことを示しているが、遅くとも元禄期には平均的な取引価格が算出可能な状況が生まれていたとみることができよう。

大坂では、元禄元年と正徳年間の地価調査が知られており、これらの資料をもとに、船場・島之内において一七世紀後半に宅地価格の上昇があり、一八世紀初めに一等地をのぞき価格が安定するとともに、天満や新地を含め河川沿いの商人居住区で価格上昇がみられるという傾向が明らかになっている(17)。大店の並ぶ商業の中心地は高く、また新たに開発が進む地帯も伸びるという、地域の繁閑や用途、開発の進行度などによって不動産価格に格差が生まれているということが、客観的に認識できるようになっていた。

京都では、家屋敷価格について一斉に調査がおこなわれたかどうかは不明である。しかし元禄十三年から売券への町代加判制度が開始されているので、町代を通して売券の記載価格を把握することは可能であった。やや時代は下がるが、地域を限って調査がおこなわれた例はある。宝暦十三年（一七六三）八月に下立売通の、千本通ー日暮通間の家屋敷価格を東町奉行所の目付方与力が町代に命じて調査させ、町代は規模別に大家・中家・下家に分けて書き上げた(18)。たとえば、下立売通千本東入ル田中町南側では、「大家表口三間半、裏行十五間此代銀凡二貫目余、中家表口三間程、裏行十五間　此代銀凡壱貫五百目位、下家表口弐間、裏行十五間此代銀凡六七百匁位」というように、間口幅に応じておよその代銀を記している。そして建家が良質か、普請や商売向に勝手のよい家は通例の値段より高値であり、表口が広くても傷みのある家屋敷は安値で、一町のうちでも商売向によって値段の差があり、また中京の町々とは違って堀川より西の聚楽では値段が格別下値であると断っている。

こうした調査によって把握できた町屋敷価格は、現代の市場価格に近いものであった。家屋敷の広狭や建家の良し悪し、あるいは需給関係にもとづいて価格が形成され、さらに都市内の地域ごとに繁閑に応じた価格差が客観化された数値として提示できるようになったのである。不動産価格は、都市内の分業の展開にもとづくものであり、職住一致の当時にあって所得とも対応するものであった。家屋敷を入手し、さらに価格の高い地域で掛屋敷を増やし、店舗や貸家を展開していくという身分的上昇の筋道がはっきりとあらわれてきた。

(2)　町の機能の後退と外部化

家屋敷と所有する町人との関係は、町の成員によって承認されて実効力をもちえた。しかし一七世紀後半以降、町の保障機能の後退と対応するように、京都では、相続トラブルを避けるための死後譲証文の提出、家屋敷売券への町代加判の実施、奉行所による沽券状の発行など、家屋敷をめぐる公的な保証がさまざまに付加されていった。(19)

また、近世中期における京都の会所設立に関する新規願いを分析するなかで、従来町が主体的に果たしてきた機能にかかわる、借屋請・奉公人改め・消防といった部門において、町の機能低下とともに、会所組織を設立し、都市的規模において経済的効率的に処理しようとした動きがあったことが明らかにされている。(20)仲間の論理にもとづく願いは、旧来の古町に主導された町組の反対によってかならずしも実現はしなかったが、特定の仲間を拒否しながらも借屋請の専業者などの利用は確実に広がっていた。保証を業とする分業の展開の一つであり、ほんらいの個人的な保証に代わって貨幣の支払いによる選択的で限定的な保証が展開していった。

分業の展開はけっして自然史的過程ではない。財が身分的な性格を濃厚にもっていれば取引は限定された空間にとどまるが、それが希薄化すると取引はその範囲を超える。前述の家屋敷価格の形成はその一例である。また借屋請は町が主体的に果たしてきた機能にかかわるサービスであり、その保証を個別の請人ではなく指定の専業者に委託することよって、新たな社会的分業を生んでいくのである。

四　貨幣からみた都市文化

(1) 町師匠の情報

井原西鶴『日本永代蔵』には、諸芸に秀《ひい》で修めた人物がしばしば登場する。巻二「才覚を笠に着る大黒」で、品川東海寺門前で身の上話をする乞食は、芸に通じれば仕官もできようと堺から江戸へ出てきた者らしい。手跡を平野仲庵、茶の湯を金森宗和、詩文を深草瑞光寺元政、俳諧連歌を西山宗因、能を小畠了達、鼓を生田与右衛門に教えをうけ、伊藤仁斎の話を受講し、飛鳥井家で蹴鞠、寺井玄斎の碁会へ出席、八橋検校に箏曲を習い、一節切り・浄瑠璃・踊りから女郎狂いや野郎遊びまで、粋人になろうと腕を磨いた。まさに上方の諸芸百般の列挙である。この話から武家・町人を含めた近世的教養文化の世界が成立していたとし、一八世紀初頭の京都においても、武家・公家の扶持人以外に町師匠が多数存在し、彼らによって学問文化が民衆社会に広く浸透したといわれる(21)。同様の諸芸の連記は、巻六「見立て養子が利発」の大名貸しで失敗した京室町の息子が最後に芸は身を助けた話にも出てくる。いずれも零落した元金持という設定である。町師匠の存在は、上層町人の需要にもとづいていたことは間違いない。

こうした町師匠のリストは、都市の地誌類に掲載された。大坂では延宝七年（一六六七）刊行の『難波雀』、京都では貞享二年（一六八五）『京羽二重』が早い例であり、重版や内容を増補した類書の発行も相次いだ。諸芸の種類も増加していく。『難波雀』では連歌師・俳諧点者など一〇種程度であったものが、一世紀のちの安永六年（一七七七）『難波丸綱目』にいたれば、諸師芸術の部に八一種の職名が挙がっている。なかには天文者など教養文化の範囲を超える者も含まれているが、医師や絵師などで用途や需要によって分化が進んだと考えられる。さらに一八世紀中頃からは、京都で『平安人物志』、大坂で『浪華郷友録』という諸芸に特化した人名録が出版され普及していく。こうした専門出版物の刊行は、入門者のための情報が広く必要とされ受容された状況をあらわしている。比較的少数の裕福な町人の需要に応じた一七世紀後半とは異なり、著名な師匠の情報が経済的価値をもって流布していた。

(2) 都市の歌会活動

近世において和歌は儒学と並ぶ教養となった。師弟間の個別的な関係にもとづく古今伝授から、和歌を普及させたところに近世歌学の特徴があったといわれ、国学の発展もこうした基盤の上にあった。以下では、文化・文政期に大坂で活躍した国学者・歌人である村田春門をとりあげ、近世後期の師弟関係を貨幣が果たした役割からみてみたい。

村田春門は明和二年（一七六五）伊勢に生まれ、本居宣長に入門して、寛政五年（一七九三）頃江戸に出て旗本小笠原家に勤めたが、遣い込みが発覚し、文化十年（一八一三）に大坂に移った。古典や和歌を武士や町人に教えるうち、大坂城代を務めた水野忠邦の知遇を得て、文政十二年（一八二九）に老中となった水野に招かれて江戸へ下り、天保七年（一八三六）に同地で没した。大坂における彼の門人は宣長の十七年祭にあたる文化十四年に門人が献じた歌集から九〇名ほどと判明し、その構成は、土佐藩や津山藩の在坂役人を含む武士、神主、医師、商人、農民、僧侶、そして彼らに連なる女性たちというさまざまな身分の人々であった[22]。現在、大阪府立中之島図書館中西文庫として和歌・俳諧の資料を遺す、河内国喜里川村庄屋中西重孝もその一人であった。しかし門人のなかで多数を占めるのは商人であり、屋号からみれば米屋・鴻池屋・泉屋の順に多い。十人両替の一で諸藩の蔵元・掛屋を務める米屋殿村平右衛門茂済、鴻池屋善右衛門家の分家山中又市郎、そして銅商泉屋住友吉次郎友聞である。主人名のほか、リストの後段には手代のうち重役連中が連記されている。泉屋の場合、主人友聞をはじめ歴代の本家支配役三名とそのうちの妻一人が門人に名を連ねていた[23]。

春門の自筆日記である『楽前日記』[24]によれば、春門とその門人たちは、前述の『歌文集』を編むなどの活動を通じて全体の交流をはかっていた。文政六年正月には春門の家族や友人・門弟たちが二首ずつを編んだ『多豆の毛衣』を刊行し、同年九月二十九日の宣長二十三年祭にも多数が春門宅に集った。『多豆の毛衣』は翌年正月にも春帖として刊行された。文政七年十月一日には春門自身の六十賀の歌会があり、一三〇人を超える参会者で賑わった。だが日記からみる限り、こうした門人たちによる大規模な集まりの機会は限られており、日ごろは個別の社中・連中を中心とした月次の歌会がおこなわれた。前述の町人でいえば米屋（殿村）、鴻池屋（山中）、泉屋（住友）といった一統ごとにそれぞれ会を催すような形態であった。春門は各社中の例会に忙しく出席し指導した。こうした社中の構成員には、主人と懇意の人物なども含まれており、さらに新たに主人の家族や別家や手代たちが入門を許されて、年とともに交代や増加がみられた。

人気の春門師の収入はどのようなものだったか。入門時には束脩金（入門料）が納められ、季節ごとの挨拶も社中から届けられた。泉屋の白水社中の場合、束脩は手代の銀一両（四匁三分）から主人の家族の金二〇〇疋（銀換算約二〇匁）まで階層に応じて八倍ほどの開きがあった。また社中からは和歌の添削や短冊・懐紙などの染筆を依頼したり、知人を通じたさまざまな口利きもおこなわれ、その謝礼も収入となった。ときには贈答品として使われたと推測される数十枚以上にもおよぶ大量の短冊の依頼もあった。春門は出版も手がけていた。文政九年七月に、京都の書肆から宣長の画像と小伝をセットで出版した勘定書が記録されている。書店売りの価格は一冊二朱銀一枚、板彫代から摺り手間までの原価を五匁と見込んで、売価の三割以上が利益となる算段で、おおかた売り切ったようだ。

こうした春門にあやかろうと、詐欺まがいの行為も出てきた。文政九年七月に江戸深川の神主種彦なる人物が、春門が老衰で教授できないので自分がそれを引き受け、殿村茂済も入門したと言いふらしている情報が春門に寄せられた。これは、淡路からの来状の内容を殿村から知らせてきたのであった。春門人気につけ込んだ詐称であるが、こうした情報が大坂だけでなく周辺を巻き込んで流布しつつあったのが一九世紀の状況であろう。

ところが春門は水野忠邦との関係を深め、水野が所司代となってから京都での活動に比重がかかるにつれ、各社中としだいに疎遠となっていった。白水社中においても例会への師匠の出席は減り、月次会の歌合を送り添削を受ける関係になっていったが、それも文政十一年を最後にみられなくなる。他の社中も事情は変わらないだろう。そのなかでとくに春門に師事する者だけが江戸との文通を続け、和歌を学んだ。

春門が人気のある多忙な人物であったせいか、歌学を伝授するというような閉鎖的で濃密な師弟関係は見いだしがたい。江戸下向後も門人に連なったごく少数の者だけが、そうした関係を維持したのかもしれない。むしろ目立つのは貨幣の支払いによる淡白なつきあい方であり、そのことによって門人は拡大し、通信添削や染筆依頼も含めて、和歌が普及したと評価できよう。彼らが学ぶのは作歌の技術や歌会でのつきあいの作法に重点があったのだろう。社中とよばなくとも、主人とおもな手代による商家内部の文芸活動は、俳句や狂歌でも確認できる。時には人気の師匠を頂いて流行を追うような文化的活動が都市で展開する素地は、こうした基盤の上にあった。ある意味で選択的で自由な関係を用意できたのは、貨幣の文化的効用であった。

おわりに

本章では、貨幣史の知識を生かしながら、近世都市の社会や人間関係における貨幣の役割をみてきた。近世の三貨制度は儀礼的な貨幣の系譜を取り込みながら成立し、金属貨幣が包みなど一定の礼式に則って授受される慣習は長く続いた。通貨としては使い勝手の悪い秤量銀が維新期にいたるまでなくならなかったのも、こうした用途があったからである。それは、人と人との関係を確認する意味をもつとともに、副次的に、他人との関係を親疎に対応した貨幣の数量で計量化できるようになった。モノを少数の親密な関係者に贈り、貨幣や商品券（酒や饅頭など）を比較的関係の薄い疎遠な人物に贈ることがしばしばみられるが、それは多数と向き合う都市的な社会生活のなかで生み出されていったのではなかろうか。本文で示したように、銭による音信を「賤微」とする意識があったことも関係していよう。

現代人の認識では、貨幣で取引される商品の流通ははるか昔から続いていると見なしがちである。だが近世身分制社会である以上、その身分についたさまざまなモノは、直ちに商品として流通したわけではなかろう。本章では、こうした身分的財の流動化が取引を活性化し、都市の経済の発展をもたらしたことを跡づけようとした。本財の身分的性格を希薄化させたのは貨幣経済の効用である。町人に対する負担は、それが貨幣化し代人化することで、家屋敷を単位とする負担に転換する意識的契機となりえた。何役もの家屋敷を、居住する町のみならず他町においてもつことも現実化した。財は身分的性格を希薄化させることで、他者が扱いやすいモノとなったわけである。モノの存在形態は一七世紀後半に大きく変化したのである(25)。本章ではほとんど言及できなかったが、町人の経済的上昇や、分業の展開と身分の簇生、身分の「株」化といった事象もこうした延長上に考えられるのではなかろうか。

財と並んで、サービスも同様の過程をたどったと考えることができる。本章で扱った師弟関係における諸芸の伝授の場合を想起したい。町師匠と上層町人との限られた個別的関係における指南から、連中・社中を組んで師匠につながり、受容する底辺を拡大して需要層は広がった。教授する内容も、例会への参加や添削指導などを含め、貨幣価値に還元されてランク付けされ細分化していった可能性は高い。身分団体や濃密な師弟関係がけっしてなくなったわけではない。貨幣はこうした範囲を超える人々とも、ある場面に限定されたつきあいを可能にしてくれる。都市における貨幣の効用はこのあたりに求められよう。

（1）本書第一章。
（2）杉森哲也「近世京都町組発展に関する一考察　—上京・西陣組を例として—」（『日本史研究』二五四、一九八三年。のち杉森『近世京都の都市と社会』東京大学出版会、二〇〇八年に再録）。史料引用は『上京文書』による。
（3）『隔蓂記』第六、寛文六年正月十九日条。
（4）『京都冷泉町文書』第六巻、九二〇・九二二号。
（5）岩橋勝「徳川時代の貨幣数量」（梅村又次ほか編『数量経済史論集Ⅰ　日本経済の発展　—近世から近代へ—』日本経済新聞社、一九七六年）。
（6）『京都冷泉町文書』第一巻、四〇号。
（7）『京都冷泉町文書』第六巻、九〇二・九三三号。
（8）京都市歴史資料館編・刊『京都町式目集成』。
（9）『幕末江戸町人の記録　鈴木三右衛門日記』（東京都、二〇〇八年）。
（10）安国良一「近世京都の町と家屋敷所持」（『日本史研究』二八三、一九八六年）。
（11）吉田伸之「町人と町」（歴史学研究会・日本史研究会編『講座日本歴史5　近世1』東京大学出版会、一九八五年。のち吉田『近世都市社会の身分構造』東京大学出版会、一九九八年に再録）。

(12) 菅原憲二「近世初期の町と町入用　―天正～寛永期・京都冷泉町を中心に―」（京都町触研究会編『京都町触の研究』岩波書店、一九九六年）。
(13) 朝尾直弘「一八世紀の社会変動と身分的中間層」（朝尾直弘ほか編『日本の近世10　近代への胎動』中央公論社、一九九三年。のち『朝尾直弘著作集　第七巻　身分制社会論』岩波書店、二〇〇四年に再録）。
(14) 塚本学「酒と政治　―綱吉政権期のばあい―」（『月刊百科』二一七、一九八〇年。のち塚本『近世再考　―地方の視点から―』日本エディタースクール出版部、一九八六年に再録）。
(15) 『日本永代蔵』巻四「伊勢ゑびの高買」。
(16) 玉井哲雄「江戸町の繁栄と地価高騰　―地域格差の発生―」（同『江戸　失われた都市空間を読む』平凡社、一九八六年）。
(17) 野高宏之「近世前半の大坂市中宅地価格」（『大阪の歴史』六七、二〇〇五年）。
(18) 京都府立総合資料館所蔵古久保家文書、宝暦十三年『番日記』。
(19) 安国前掲「近世京都の町と家屋敷所持」。
(20) 塚本明「近世中期京都の都市構造の転換」（『史林』七〇-五、一九八七年）。
(21) 倉地克直「近世都市文化論」（前掲『講座日本歴史5　近世1』）。
(22) 管宗次「村田春門大坂社中門人　―『村田家　鈴屋大人十七年祭歌文集』―」（『混沌』九、一九八四年）。歌集は本居宣長記念館所蔵。
(23) 安国良一「村田春門と住友」（『住友史料館報』四〇、二〇〇九年）。
(24) 公益財団法人無窮会所蔵、抄録本に渡辺金造『村田春門日記鈔』（『渡辺刀水集』三、青裳堂書店）がある。
(25) 朝尾直弘「近世の身分とその変容」（朝尾直弘ほか編『日本の近世7　身分と格式』中央公論社、一九九二年。のち前掲『朝尾直弘著作集　第七巻　身分制社会論』に再録）。

第三部　寛永通宝の鋳造と流通

第九章　寛永通宝の第一次鋳造

はじめに

江戸時代の代表的銭貨として知られる寛永通宝は、寛永十三年（一六三六）から幕府主導による初の本格的な銭貨として発行された。これ以前に水戸徳川家において同文の銭が鋳造されていたという説もあるが、(1) 全国的な銭貨として幕府が発行したのは寛永十三年以降のことである。本章は、その発行過程と流通状況（以下、寛永期における発行を第一次鋳造とよぶ）に焦点を絞り、第一次鋳造の歴史的意義を問うことを目的としている。

これまで寛永通宝については、寛文期のいわゆる文銭発行まで視野に入れた全国的な銭貨統一の流れのなかで、中世以来の貨幣経済発展の所産として、あるいは幕府の中国に対する自立意識のあらわれとして評価されてきた。(2) だがこれらの見解は、寛永通宝それ自体の研究から直接に導き出されたものではない。政治史や経済史の観点からの巨視的な位置づけはおこなわれてきたが、発行・流通過程を明らかにした研究は意外に少なく、(3) いまだ鋳造に関しては近藤正斎の『銭録』など編纂史料が命脈を保っているのが現状である。本章が発行過程の分析から始めるのは、こうした研究段階を脱却し、発行事情を明らかにすることによって、当時の政権がかかえた課題から寛永通宝の発行を再検討するためである。

そのための条件も整いつつある。近年、政治史関連の史料の翻刻が進み、(4) 出土銭貨についての考古学的研究が急速に進んだ。出土銭貨研究を主導した鈴木公雄[5]は、鐚銭から寛永通宝への急激な転換を発見し、寛永通宝の発行が銭貨流通の安定を通じ宿駅制度の整備・維持をめざしたものととらえ、その後の幕府による街道筋における銭貨の需給調整を評価した。もはや研究は、編纂史料や旧来の巨視的な位置づけだけで満足できる段階ではない。

筆者も、街道筋における支払手段としての銭貨の機能に注目しながら、一七世紀初頭の内外の貨幣事情を背景に、銭貨統一の過程に寛永通宝を位置づけてきた[6]。これに対し、本章での検討は、第一次鋳造の実施過程の実証分析とその独自の意義を問うことに重点を置いた。

一　新銭鋳造の動き

平戸オランダ商館員(のち商館長）フランソワ・カロンは、幕府が、大名領ごとに異なった銭が流通していた状況を解消するため、寛永通宝発行の四年ほど前から旧銭を高価で買い入れ、新銭の鋳造をめざしていたという情報を伝えている[7]。現在のところその証拠はないが、新銭発行計画が確かに俎上に上ったのは、寛永十一年（一六三四）将軍徳川家光の上洛時であった。上洛に従って在京中の細川忠利が、閏七月十九日付長崎奉行榊原職直にあてた書状のなかで、「戸左門殿・松越中殿、鳥目新銭ニ替候而可然哉と中儀せんさく仕候へと、か様之御用両人之衆承由、聞及申候[8]」と、戸田氏鉄・松平定綱の両名が旧来の銭を新銭に替えることについての検討を命じられたとの情報を得たのである。大量の新銭をもって旧銭＝京銭を入れ替えるためには、まず旧来の鋳造地を確保し、その施設や職人を新銭鋳造のために再編成することが最も迅速かつ確実な方策であった。こうしたねらいから、京都に近く旧来から鋳造地として聞こえた近江坂本にも注目したのではないかと思われる[9]。

ところで上洛した大名は、独自の江戸の銭をもっていたらしい。それをうかがわせるのが公家日野資勝の日記『資勝卿記』寛永十一年六月十日条である[10]。

宗対州午刻過来臨候、予方へハ太刀一腰、馬代銀子参十枚、帷子五之内単物二、藤向へ綿子五十把、大樽二ツ、肴三色ふり、するめ、昆布参候也、又古川右馬助朝鮮段子二捲、太刀一腰、馬代江戸銭三百疋、杉村本馬助太刀一腰、馬代銀子一枚、多田源右衛門太刀一腰、馬代江戸銭三百疋、面へ出て礼を請申候也

資勝と懇意であった対馬の大名宗義成は家光に先行して上洛し、資勝はその家老たちからの贈物のうち馬代を「江戸銭」で受け取っている。言葉からみて、江戸製あるいは江戸で通用している銭であって、上方で通用していた鐚銭＝京銭とは一目瞭然で別物とわかる銭だったと判断できよう。しかも、文意から、江戸銭三〇〇疋は銀子一枚とさほど価値の差があるとは思えないので、江戸銭は京銭と同等かそれ以上の価値があろう。家光上洛に際して、贈答にも用いるこうした比較的上質の銭が鋳造されており、それが公鋳の寛永通宝に先行する新銭であった可能性を指摘しておきたい(11)。

ついで幕府は、寛永十二年六月晦日に流通貨幣の全国調査を実施した(12)。毛利家の記録に次のようにある。

酒井讃岐殿より御家老衆一両人御差越候へ、御用之儀御座候由被仰越候、就其井弾正殿被参候、私事茂参上仕候、諸家家老衆無残被召寄候、被仰渡候趣は、於国々遣候金銀銭米之間何之物を以用所相調候哉与御尋候、周防長門之儀は丁銀はかり遣申候、自然小遣之時ハ灰吹ニ仕替遣申候、金子遣ハ不仕候、銭ハいかにもあしき国並之銭遣申候、小遣ニ米なと遣申儀ハ無御座候通、井弾正殿被申上候、被聞召候衆伊奈半十郎殿・杉田九郎兵衛殿・曾根源左衛門殿被聞召、銘々御書付置候事

老中酒井忠勝から諸大名の家老衆が集められ、各領国でどのような貨幣を使用して必要なものを調達しているかが聴取された。毛利家では江戸加判役井原元以と公儀人福間彦右衛門就辰が出頭し、井原から、周防・長門では丁銀遣いであること、小額遣いの場合は灰吹（銀）に替えて使うこと、金は使用していないこと、粗悪な領国内通用の銭を使用していること、小遣いに米などは使っていないことを返答した。幕府勘定方の幹部であった伊

奈忠治・杉田忠次・曾根吉次らがこれを聞き、諸家家老の回答を記録していった。「いかにもあしき国並之銭」という表現からは、幕府が指定した公用の京銭に比して、質の劣ることが一目でわかる銭であったことが推測できる。

このとき対馬の宗家でも「諸家老衆へ御尋候ハ、其所々ニ而小間遣ニ何様之物をとりやり仕候哉と御尋候、其子細ハ新銭可被仰付と思召候、自然又民百性とも迷惑ニ存儀も可有之やとの事ニ而候と云々」と記録している。同家の場合は、新銭発行が命じられるのではないかとまで予想し、これにともなう庶民の迷惑も懸念していた。

幕府は六月二十一日に武家諸法度を改定し、その一条として、譜代大名におよぶ参勤交代を定め、往還の維持、停滞なき通行を命じた。二十九日には諸大名に参勤の組分けを指示し、翌日大名御請となった直後、家老衆の出頭を命じ、右の調査がおこなわれたのである。こうした発令の順序からみるとき、新銭発行をにらんだ調査は、来るべき参勤交代による街道筋の通行量の増加に対処し、交通の円滑化を目標にしたものであったと推測できる。

二　寛永通宝の発行

寛永通宝の発行については、寛永十三年（一六三六）五月五日に江戸に高札（六月一日付）が掲げられ、翌日には老中酒井忠勝邸に諸大名の留守居が集められ、老中列席のうえ報知された。佐賀鍋島家では留守居山崎勘解由が出頭し、「諸国へ此中より有之候銭、当六月朔日より先様取遣候儀致無用、今度従公儀御いさせ被成候新銭、六月朔日より可取遣由」を命じられたと伝え[13]、毛利家留守居福間就辰も公務日誌に「古銭遣候儀法度之儀被仰渡候」と摘記している[14]。高札の第一条には「寛永之新銭幷古銭共ニ、金子壱両ニ鐚四貫文、勿論壱歩ニ壱貫文可為売買」と新銭・古銭の混用を認めるかのような文言があったが、幕府は諸大名に対して、口頭では古銭の通用停止と新銭への早急なる切替を迫ったと推測される。五月七日には京・大坂へも高札の写が送られ時期を見計らって掲示するよう老中の指示があり[15]、街道筋には高札を携えた歩行目付二名が大津まで派遣された[16]。高札の日付は六月一日であり、新銭の発行は約一か月間の周知期間をおいて周到に準備・実行されようとしていた。

この間にも幕府は、大坂の御蔵銭や掛川の幕府御蔵銭を江戸・上方間の宿場に配布するため、急ぎ大番方久留七郎左衛門正親・小幡三郎左衛門重昌を大坂に派遣した。配布額は、東海道が一宿一〇〇貫文、守山―名古屋間の中山道・美濃路が一宿六〇貫文を基準にして、城下町や大きな宿場町ではその額が上積みされた[17]。近年の研究によって、この時配布された銭が寛永通宝ではなく古銭であることが判明したが[18]、街道筋における銭不足への対処として、幕府は新銭が普及するまでの間、とりあえず自ら保有していた古銭を放出したのである。

銭不足は相場の上昇となってあらわれていた。京都では、寛永四年の銭一貫文＝銀一六匁を底に上昇し始め、寛永十二・十三年には銀二四匁を超える水準にまで達し、大垣では同十二年に金一両＝銭四貫文の公定相場をはるかに超える金一両＝銭二貫七〇〇文となっていた[19]。このような相場上昇は、幕府の交通政策上憂慮すべき事態であった。銭はすでに街道筋における支払い手段として重要な機能を果たしていたが、銭相場の上昇が銭を支払う街道の利用者にとって不利にはたらいたからである。この意味で、銭流通の安定は幕府にとって交通政策上の課題であった。

ところで古銭が宿場へ配布されたとなれば、寛永通宝の普及は従来考えられていたよりも遅いことになる。はじめ鋳造は江戸・近江坂本でおこなわれ、さらに京都建仁寺・大坂にも鋳造所が増設されたが、大坂での鋳造の決定や請負者の募集については六月二十六日付老中連署奉書で確認できるので[20]、大坂の銭座開設はどんなに早くとも七月以降である。京都の銭座計画も同じころ進行していたと思われる。銭定め遵守のため目付石谷十蔵貞清・小姓組番嶋田五郎兵衛直次が上方筋に派遣されたのは六月下旬から九月初めにかけてであり[21]、石谷貞清の事績には、坂本での鋳銭の監督にあたったとの記事もある[22]。しかし、八月三日付熊本の細川忠利書状には、江戸家老からの情報をうけて「新銭之儀、六月朔日より取遣可仕由被仰出候へ共、于今然々取遣無之由、得其意候事」(23)と記すほか、十月二十日付書状には「銭者何方も不自由ニ御座候而、道中下々も迷惑仕由、左様ニ可有御座と存候」、十一月十日付書状には「上方・江戸道中銭無御座候而、往還之者共迷惑仕由、左様ニ可有御座と存候、苦々敷儀共候事」とある。最初の書状からは、七月下旬にいたっても江戸で新銭が普及していなかったこと、後二者からは、冬になっても江戸・上方間の街道筋で銭不足が続いていたことが判明する。後述するように、新銭への切替えを急ぐ諸大名などの需要に供給が追いつかなかったことが原因として考えられる。幕府は十一月二十六日に銭の増鋳のため、水戸・仙台・三河吉田・越前高田・信濃松本・岡山・長門・豊後中川内膳領に鋳銭所の設置を命じるが、これも上記の状況を背景に理解できよう。

鋳銭所の増設は、関係の大名あてに老中奉書をもって下命された。以下に毛利家あてのものを示したが、このほか水戸徳川家（付家老中山氏あて）・備前池田家あての奉書について確認できる(24)。内容はいずれも、見本銭の通りに鋳造すること、定め値段で諸方へ売り払うこと、さらに鋳造職人については各大名が自ら確保するよう命じている。

猶以銭鋳候者之儀は、相計可被申付候、以上

一筆申入候、於長門国之内、寛永之新銭を鋳させ可申旨被仰出候、則銭之本を差越候間、被申付、出来次第如御定、諸方へも払候様ニ尤候、委細留守居之人へ相含候、恐々謹言

（付箋）「寛永十三年」

十一月廿六日　堀田加賀守

正盛（花押）

阿部豊後守

忠秋（花押）

松平伊豆守
信綱（花押）
土井大炊頭
利勝（花押）

松平長門守殿

同時に留守居に伝えられたと思われる覚書も残っている。(25)

覚

一寛永之新銭只今迄被仰付分ニ而は諸方へひろまりかね候間、右之外ニ八ケ所銭鋳所被仰付候、其国者勿論他国へも、沢山ニ如御定之禰段、金小判壱両ニ四貫文、金壱歩壱つニ壱貫文宛払申様ニ可被申付事

一新銭本を被遣候条、初中後共ニ無高下様ニ被仰出へき事

一銭鋳申候者聞立、領分之内勝手能所ニて可被申付事

以上

趣旨はおおむね奉書と重複するが、冒頭には従来の幕領四か所の鋳銭所では新銭の普及には不十分なため、その増進をはかる目的で八か所が増設されたことを明示している。後述するようにこれら大名領内の鋳銭所が本格的に稼働し始めたのは翌年になってからで、幕府は鋳銭事業遂行のため寛永十四年四月に銅の海外輸出を禁止して原料銅の確保につとめた。(26) 同年二月四日付老中奉書において、(27) 大坂御蔵有銅六〇〇〇貫目の半分を新銭鋳造の者へ貸し付けるよう指示していることを考え合わせれば、鋳造事業の本格化とともに原料銅の確保が問題となり、そのことが幕府に銅輸出禁止措置をとらせたと考えられる。

三　諸大名の対応

古銭の通用停止と寛永通宝発行の報は、諸大名の国元へも急ぎ知らされた。仙台伊達家では寛永十三年（一六三六）五月九日付江戸家老連署奉書をもって「天下銭遣之儀、此御書出之通被相定之由」として高札の写を国元へ送り、領内に高札を立て周知を命じた(28)。広島浅野家も五月二十九日付家老連署状において、領内へ申し触れるとともに「西国路次馬次之所々」すなわち山陽道の宿場に制札を立てるよう指示し、従来銀建てであった御定駄賃を銭建てに変更した(29)。駄賃一里あたり銀三分を銭一八文に換算したのであるが、急に銭遣いにしては不自由するので徐々に変更するよう命じている。おそらく銭の供給が不安視されたからであろう。また老中酒井忠勝は、五月七日付の国元小浜への指示のなかで、「其許ニ而ハ銭つかいニ而ハ無之候得共」と断ったうえで、心得として江戸・京・大坂に立てる高札の写を送り、少しでも銭取引があれば高札の趣旨を遵守させ、若狭・敦賀・近江高島郡内で悪銭を鋳造する者がいれば停止させるよう命じた(30)。地域によって銭遣いの浸透度に差があったようだが、幕府の新銭遣いの定はこうして全国に報知されていった(31)。

新銭への切替について幕府は高札等で明言していなかったが、「新銭之儀、其国々手前々々より買取候て、諸国へ可差遣由候、是ハ仰渡ニ而ハ無之候、聞合候通ニ而候、然間、新銭頓而相調、少成共漸々ニ差下可申候」と佐賀の鍋島勝茂が国元へ書き送ったように(32)、諸大名が独自に新銭を入手し、国元に送ることが期待されていた。薩摩の島津家では家久の国元下向が近づいており、入国に際し大坂で少し新銭を調達するとしているが、江戸家老は新銭切替の六月一日まで余日もないとして、「御蔵衆へ談合申、御物之銀子にても鳥目買下可申候、又大坂堺町人衆へも頼可申歟」と思案していた(33)。このように諸大名は古銭通用停止の命をうけて新銭入手を急いだが、六月一日から新銭に切り替えるのは現実には無理であり、結局諸大名の懸念は杞憂に終わった。

だがこれまで領内で独自の銭を鋳造していた大名の場合、事態は深刻で、対応は急を要した。毛利家では国元へ佐々部若狭守を下し、六月五日より萩城下で旧悪銭の通用を停止し、坂本銭座で新銭を購入するまでの間の臨時的措置として米・銀の通用を命じた(34)。旧悪銭とは自領で鋳造していた「いかにもあしき国並之銭」であり、それに代わるべき流通・支払手段を早急に確保する必要があったのである。島津家でも加治木銭とよばれる銭を鋳造していたが、「御国本之儀者、従往古遣来候銭を遣候てハ可有如何哉、併御法ニ者迦レ申間敷」と、とりあえず古銭の使用が可能か老中酒井忠勝の家臣深栖九郎右衛門尉に問い合わせている(35)。翌年二月に島津家は領内での寛永通宝の鋳造を幕府に出願したようだが、すでに各地で鋳銭を命じているという理由で願意は果たせなかった(36)。しかし同時に「古銭をもともとのことくつかひ候て尤ニ御座候由、以御談合被仰出候」と古銭の通用は認められたため、新銭発行の高札は抜かれ、古銭が廃棄されれば蒙るはずの銀一〇〇〇貫目程の損失を当面回避できた(37)。領内の流通手段を確保しつつ、損失の発生をできるだけ先延ばししたいというのが島津家の本音であった。

八か所の大名領内の鋳銭所も、寛永十三年末から翌年にかけて始動していた(38)。仙台伊達家では、十二月二十八日付の国元からの書状において幕府から渡された見本銭をもとに試鋳を開始する旨を報じており、鋳銭奉行の任命については翌年二月二十二日付書状に記事がある(39)。信濃松本松平家（直政）において、今井勘右衛門あてに銭座を命じた定書は十二月二十七日付であった(40)。長門毛利家では、寛永十四年正月八日に鋳銭の請書を幕府あてに提出し、その後鋳造職人の確保について江戸銭座と交渉している。長門では寛永通宝以前から独自の銭を鋳造していたが、寛永通宝の発行とともにそれが禁止されたため、職人が江戸の銭座に流れ、今度はその職人たちを帰国させるよう願ったのである。毛利家が新銭の出来映えを老中に披露したのは、ようやく寛永十四年十一月になってからであった。

『池田光政日記』寛永十五年八月二十一日条によれば、岡山銭座は「天ノヤ宗入」と地元当町人二人の二組に銭座が命じられたと記すが、同十五年五、六月頃には鳥取池田家から岡山銭座への新銭買付けも始まっていたから[41]、実際に銭座が設置されたのはもう少しさかのぼり寛永十四年中のことと思われる[42]。鳥取池田家では同年五月六日に「従公儀如御定、両国銭遣ニ申付候間、可有其心得候事」と因幡・伯耆両国での銭通用を定め、本格的な銭遣いに備えて寛永通宝を購入しようとしていた。値段は岡山での購入価格銭一貫文あたり丁銀一六匁に輸送費を上乗せして設定したようである。諸国鋳銭所から周辺諸国への銭の普及は、幕府の目論見通り進みつつあったというべきであろう。

さて毛利家では、領内の鋳造職人で江戸銭座に雇われた者が逃亡したり、岡山銭座に雇われていた者が江戸で駕籠訴するという事件が起きて、その解決に煩わされた[43]。たとえ領外で働いていても、領民が関係した事件には出身地の大名が関与したから、大名にとっては領外で問題を起こすような者の流出は避けたかった。島津家が寛永通宝の鋳造を出願したことは前述したが、その背景には、自領において鋳造職人たちの職場を確保し、領外への出稼ぎを抑制するという思惑もはたらいていたようだ。寛永十五年八月八日付の江戸からの指示には「加治木町之銭作候者共、去年以来上方方々へ罷出候、其帳相究差上申候、御国へ銭作無御赦免候処ニ、御国之者共他方へ参、自然悪銭なと作候者、御国之難題ニ可罷成歟与出合申候間、被召帰候而可然存候事」とあるが[44]、ここからは、寛永通宝鋳造が不許可となった寛永十四年以降に加治木の銭鋳造人が上方へ流出していること、その名簿を作成し差し上げたが、彼らが他国で悪銭を鋳造するようなことがあれば難題をかかえることになる、との島津家側の懸念が読みとれる。島津家は他領に出た職人が私鋳に関わらないよう彼らを召還しようとしたのである。寛永通宝の発行によって銭は公鋳化されたが、鋳造職人の流動性によって私鋳や悪銭鋳造がおこなわれる可能性は排除できなかった。

四　鋳造停止とその事情

鋳造事業は順調に推移したわけではなかった。早くも寛永十五年（一六三八）三月十五日付大坂町奉行あて老中奉書では「道中幷爰許茂鳥目ひろまりかね候」と新銭の売れ行きにかげりが見えてきたことを述べ、大坂から西国へ新銭がどれほど下ったかを調査するよう命じている[45]。また大坂銭座では寛永十六年頃に錫が不足しており、銭座仲間がオランダ商館長にその調達を願い、代わりに銅輸出解禁に向けて申し添えする旨を約束している[46]。だが実際に輸入されるまでは時間がかかる。錫の供給はなお急を要するものだったらしく、寛永十六年九月には豊後中川家領からの調達錫が大坂に送られ、銭座で使用されたようである[47]。さらに幕府は同年八月二十九日に「所々之新銭あしく成候様ニ被聞召上」と銭質の悪化に苦慮しており、銭の質や重量に念を入れ見本銭に相違なく鋳造すること、偽銭の鋳造を聞いたならば申し立てるよう命じている[48]。このころ、近江坂本の周辺では新銭を私鋳した者を検挙し入牢させている[49]。このように原料の供給や品質の維持、あるいは私鋳の取締などの問題をかかえながら、新銭の流通自体も行き詰まりをみせ始めていた。

では第一次鋳造の停止時期はいつか。『銭録』では常陸水戸銭の項において、『常陸志料』からの引用として「諸国にて似せ銭を鋳出すもの多く又軽薄の品少からざるに依て同十七年八月江戸水戸其外八ケ所の銭座悉く停止せらる」と記している。また小宮山昌秀『農政座右』にも、水戸町人佐藤氏家記を引用して「寛永十七年辰八月、江戸共ニ七ケ国ノ銭座御停止ニ仰付ラル」とある[50]。これまでこれらの記述を根拠に、寛永十七年八月に江戸・水戸を含む銭座がいっせいに停止されたと考えられてきた。しかし両書を比較してもわかるように、どの銭座が停止されたかについては曖昧な点を残していた。

ところで、毛利家江戸留守居の『公儀所日乗』同年十一月二十二日条に、鋳造停止を伝える記述がある。

一御評定場へ被召出、御老中様・御町奉行衆被仰渡候者、近年諸国ニて寛永之新銭被仰付候処ニ、何も沢山ニ鋳出し、もはや御無用ニ候条、国々銭鋳急度差留、鋳させ申間敷候、此上若国はしニ而忍々ニ而も少々銭鋳なと仕候者、曲事たるへき候由、堅被仰渡候、尤八ケ所銭鋳何も右同前ニ被仰渡候事

停止理由は十分な量を鋳造し終えたためとなっており、鋳造を停止した所も毛利家の長門鋳銭所を含む八か所となっている。八か所とは、寛永十三年十一月二十六日に設置が命じられた大名領の鋳銭所、仙台・水戸・吉田・高田・松本・岡山・長門・豊後中川内膳領の計八か所を指すと思われる。この時期には銭相場が寛永十二年のピークの半分近くまで下落しており、元来鋳造量不足を補うため各大名に命じられた八か所の鋳銭は、すでにその目的を達したという理由で停止されたわけである。

では、鋳造開始以来の幕領の江戸・近江坂本、それに続く京都建仁寺・大坂の鋳銭所はいつまで存続したのであろうか。次の史料は、畿内の代官小堀政一あてに鋳銭停止とそれにともなう手続きを伝えた老中連署奉書であり、(51)最後の箇条の「三ケ所」が坂本・京都・大坂の各銭座を指すと考えられる。

一筆令申候

一世上銭之売買御定より下直ニ成候付而、銭鋳出候儀相留候事

一今迄鋳置候銭ハ、半分金壱両ニ四貫文宛之積り公儀江被召上、則鋳置候銭之員数江戸銭座之もの書立取事候、差越候代金相渡、鳥目可被請取置候、不及申候得共、此以前詮儀有之候間、本之ことくの銭たるへく候、若麁相なる銭ニて候は金子不相渡、其趣可被申越候事

一相残半分之銭は、是又四貫文之直段ニ銭座之もの共払候様尤候事

一右之通候ハ、、連々四貫文ニ直段可成候、不足之時は又四ケ所之もの鋳出候様ニ可申付候、勿論脇々にて似銭不鋳之様ニ銭座より目付を廻し、自然鋳出候族有之ハ、改出申上候様ニ尤候、然者御褒美可被下候事

一三ケ所銭座之頭共ニ此案文之通誓詞可被申付候、於爰許茂申付候事
右之通銭座之者共能々可被申付候、委細神尾備前守・朝倉石見守より可被相伝候、恐々謹言
十二月廿三日
阿部対馬守
阿部豊後守
松平伊豆守
小堀遠江守様

まず年次について。この史料には編者による「寛永八未年」の朱書があるが、寛永通宝の鋳造期間からみてそれには無理がある。文意から小堀は畿内にいると考えられるので、その期間や、神尾元勝・朝倉在重（江戸町奉行）の在任期間などを勘案すれば、寛永十八年とするのが妥当である(52)。老中酒井忠勝は寛永十九年正月十二日付書状において、「内々旧冬より可申遣と失念申候、新銭之代物多成申付而、此跡被仰付候四ケ所之銭い申候事もまつまつ御おさへ被成候(53)」と国元若狭小浜に申し送っているので、旧冬すなわち寛永十八年十二月に江戸の銭座を含めて鋳造停止が実施されたことは確実である。

鋳造停止の理由は銭相場の下落にあって、前年の大名領内の鋳銭所停止によっても低落傾向はやまず、金一両＝銭四貫文の公定相場を割り込み、供給過剰に陥っていたとみられる。京都相場は寛永十八年に銭一貫文＝銀一〇匁まで下落していた。銭座の構成員においては公定相場でも売却できない大量の銭をかかえ、大きな損失が予想されたため、全鋳造高を江戸銭座に書き上げさせ、半分を幕府が公定相場で買い上げることで決着した。見本銭より品質の劣る銭は買い取らないことや、残り半分は各銭座から公定相場で継続して売却することを定め、三か所の銭座に誓約書を書かせることにしている。さらに偽造密造防止のため監察体制を整えるよう指示している(54)。

以上の手続きに従って銭の半分が幕府によって買い上げられることになったが、寛永十九年正月五日付の大坂

城代阿部正次・大坂城番稲垣重綱・大坂町奉行曾我古祐あて老中連署奉書には、「代金は小堀遠江守相渡候、其所々之御蔵納置候而、於大坂鋳置候鳥目半分、此以前本之ことくの銭小堀遠江守断次第、其許御蔵奉行衆請取置候様可被相伝候」とあるので[55]、銭代金は小堀政一が支払い、大坂銭座からの買い上げ分は大坂の幕府蔵に納められたことがわかる。このころのものと推定される小堀政一書状案によれば、「銭座之者為御助、鋳置候銭高半分公儀へ被召上候、京・大坂・大津三カ所ニて御蔵へ納候」とあって[56]、銭の買い上げが銭座へのお救いとして実施されたことを示しており、京都・坂本の銭座の分はそれぞれ京二条・大津の幕府蔵に納められたと推測される。

五　寛永飢饉と銭貨流通

銭相場の下落と並行して、寛永十七年（一六四〇）頃から寛永飢饉とよばれる事態が進行していた。この飢饉は、幕藩制確立期において小農に経済的基礎を置く農政への転換をもたらした契機として位置づけられ、被害の実態や領主の対策についてもすでに詳細に明らかになっている[57]。ここで注目したいのは、銭相場の下落が銭を使用する階層において飢饉の影響を増幅したことである。都市部の日銭を稼ぐ層にとって銭相場と米価の変動は大いに生活に影響したが[58]、街道筋の交通に従事する者にとっても事情は変わらなかった。むしろ街道筋は、銭貨支払いによって交通機能を果たすべく幕府が宿駅伝馬制度を強力に整備したのであるから、一般の都市部以上に銭相場下落の影響が深刻であり、幕府も機能維持のため大規模に救済策を実施せざるをえなかったのである。

幕府が寛永十九年から翌年にかけて何度か宿場助成を実施したことは、宿場記録の検討からすでに明らかにされているが[59]、それらの記録は大半が一七世紀末から一八世紀前半に編纂されたものであって内容の混乱も多く、いつどのような形で助成がおこなわれたかは確定できていない。そこでまず、時期を追って助成の対象や目的を整理しておく。宿場記録にあらわれた助成の全貌については、表9-1に整理したので参照されたい。

表9－1　寛永飢饉時の宿場助成

街道	宿場名	寛永19年２月		同年３月	寛永20年	
		有馬拝借米	退転馬拝借金	拝借金	拝借金	拝借米
東海道	品川	200俵(1ケ月か)			500両	
	川崎	200俵(1ケ月か)			500両	
	保土ケ谷	200俵(1ケ月か)			500両	
	藤沢	3312俵		500両	500両	
	箱根	900俵余	90両余	750両	500両	1500俵
	三島	2028俵	66両	750両	500両	1500俵
	蒲原		90両		500両	
	江尻				500両	
	島田	200俵(1ケ月か)	93両		500両	
	掛川				300両	
	浜松	1700俵(595石)	117両	800両	300両	
	舞阪		84両	800両	500両	1644俵
	新居			800両		
	白須賀			800両		
	二川	40俵(1ケ月か)	240両		500両	
	赤坂		108両		500両	
	藤川	1ケ月2俵(馬数不明)	126両	725両?	500両	
	岡崎	1ケ月2俵(馬数不明) 2768俵	1疋3両(馬数不明)96両?	800両?	300両	
	池鯉鮒	1ケ月2俵(馬数不明)	123両	700両	300両	
	鳴海	1435俵(石か)		900両	500両	
	熱田				300両	
	四日市	806俵	207両	900両	500両	900俵
	亀山				300両	
	関地蔵	1ケ月142俵(49.7石)	87両		500両	
	坂下	1ケ月94俵(32.9石)				
	水口	291石2斗(832俵)				
	石部	1ケ月156俵(54.6石)	66両			
	草津	2200俵(770石)	150両	1233両1分	500両	600俵(210石)
	大津				500両	
中山道	垂井					210石
	関ケ原					210石
	柏原					600俵(210石)
	醒ケ井					600俵(210石)
	番場					600俵(210石)
	鳥居本					600俵(210石)
	高宮					600俵(210石)
	愛知川					600俵(210石)
	守山					600俵(210石)
美濃路	清洲					210石
	起					210石

出典：品川；「御伝馬方旧記」(『近世交通史料集』３)　川崎；「川崎年代記録」(『川崎宿関係史料(一)』)　保土ケ谷；『民間省要』　藤沢；「東海道御伝馬宿藤沢町御拝借幷被下物覚帳」(『藤沢市史』第１巻)　箱根；「箱根宿古記録」(『東海道箱根宿関所史料集』２)　三島；「三島宿問屋覚」(『三島市誌』中巻)　蒲原；木屋渡辺家「御用留」二(『蒲原町史』資料編近世１)　江尻；「江尻旧記」(『清水市史資料』近世１)　島田；「島田古帖」(『島田市史資料』第１巻)　掛川；『掛川市史』中巻　浜松；「糀屋記録」(『浜松市史』史料編１)・『竹橋蠹簡』　舞阪；「覚書」(『舞阪町史』史料編２)・「御朱印御証文諸書物写」(同史料編10)・『竹橋蠹簡』　新居・白須賀；『竹橋蠹簡』　二川；「御伝馬明細帳」(『豊橋市史』第７巻)　赤坂；『東海道御油・赤坂宿交通史料』　藤川；「藤川宿諸色覚帳」(『新編岡崎市史』史料近世上冊)　岡崎；『岡崎市史』第４巻　池鯉鮒；『池鯉鮒宿御用向諸用向覚書帳』　鳴海；「寛文村々覚書」(『名古屋叢書続編』第１巻)　熱田；「地方古義」(『名古屋叢書続編』第３巻)　四日市；西村孝之助所蔵書類(『四日市市史』)　亀山；『九々五集』　関地蔵・坂下・石部；『小堀政一関係文書』　水口；「水口宿栄枯伝馬難立訳略記」(『水口町志』下)　草津；「草津宿庄屋駒井家文書」(『草津宿庄屋の記録』)　大津；「淡海録」(『大津市史』下巻)　垂井；「垂井宿拝借等頂戴物寄目録」(『岐阜県史』史料編近世７)　関ケ原；「関原宿拝借米金之覚」(同上)　柏原；「御拝借金銭米之覚」(『山東町史』本編)　醒ケ井；醒ケ井文書「拝借金覚」(滋賀大学経済学部附属史料館)　番場—愛知川；森野繁次郎氏記録(『近江愛智郡志』巻２)　守山；「古来御拝借仕候帳面」　清洲；「尾張徇行記」(『名古屋叢書続編』５)　起；「諸事覚書」(『尾西市史』資料編１)

注：寛永19年の藤沢の拝借米には1500俵と記す「堀内家御用向手控」(『藤沢市史料集』12)もある。翌年の拝借米との混乱があったかもしれない。

寛永十九年二月二日、幕府は「京坂への駅馬差支あるよし聞ゆるにより」大番頭榊原一郎左衛門元勝・矢部藤九郎忠政を派遣し調査にあたらせた。[60]東海道筋を下った両名は各伝馬宿に米・金を渡すよう管轄する代官に指示し、[61]米が有馬一疋につき一か月二俵（一俵三斗五升入り）、金は退転馬一疋につき三両の割合で貸し付けられた。米貸付が伝馬役負担者への食糧補助、金は退転馬の補充を目的としたと考えられるから、[62]前記の「駅馬差支」とは、飢饉のために食糧に窮し、各宿であらかじめ決められた伝馬数が揃えられず運送に支障をきたした事態をいうのであろう。馬数が定数に満たないことは飢饉以前からあったが、飢饉によって状況が悪化したことは確実である。[63]米は寛永十九年二月から翌年正月まで閏月とも一三か月分貸し付けられ、代価は毎月の所相場をもとに、それを金一両＝銭四貫文の公定相場で銭に換算して算出したが、返済がいつから開始されたかは不明である。[64]拝借金も公定相場で銭に換算し、寛永二十年正月から五年間にわたって馬一疋・一か月あたり銭二〇〇文宛返済された。[65]このように返済は米・金とも公定相場によって銭でおこなわせたから、当時の銭安状況下において差額が宿場側に多大の利得となった。貸付による直接の経済的便宜よりも、相場較差にもとづく利益が実質的な救済策として有効であった。

銭座救済のため幕府は銭の買い上げを実施したが、数万貫文を買い上げても依然相場は上がらなかった。そのため寛永十九年三月十日に大目付井上政重は街道筋の代官衆に対し、伝馬の者に銭を買い上げさせるよう命じ、[66]五月四日付の小堀政一あて書状では宿場によって銭一〇〇〇貫文以上売り上げたいというなら買い上げるように指示している。銭下落の影響を蒙っていた街道筋に買い上げの範囲を拡大することによって、相場引き上げと宿場救済の実効を上げようとしたと思われる。また当初は対象地域からはずれていたと思われる伏見・淀・枚方の大坂街道（海道）においても、伝馬の者から希望が出てきたのであろうか、九月二十五日付書状において御蔵へ買い納めるよう小堀へ指示している。同月には勘定頭衆から小堀・小野喜左衛門貞久の両代官あてに、道中伝馬役の者が買い取った銭高と納め先の調査を命じ、拝借米代を銭で上納した分がどれほどあるかも調べ、同時に大坂街道宿々の伝馬役から買い上げた銭高も調査された(67)。宿場の史料で寛永十九年の拝借金として記録されているのが、この時の銭買い上げにあたると考えられる。まず代官所から買付資金が支給され、公定相場で銭を上納したが、その額や買付期間は代官ごとに相違したようである。箱根や三島では七～十一月の五か月七五〇両、舞阪では三～十二月のうち八か月八〇〇両支給され、草津では五月から翌年正月まで閏月とも一〇か月間に銭四九三三貫文を膳所御蔵に納めている。この場合も銭の公定相場と実勢相場の差額分が宿場側の利益＝助成となった。

寛永二十年正月十五日、目付兼松弥五左衛門正直に大坂にいたる道路の検分が命じられ、二月七日に上洛の暇を賜った(68)。二月六日付で銭相場の下落に対応した東海道の駄賃の値上げ（一里につき五文増し）が金一両銭四貫文の公定相場に戻るまでの臨時的措置として発令され(69)、公定駄賃を改定するほどに街道筋の窮状が深刻化していた。同年の拝借金は兼松の上京の途次各宿へ伝達され、その額は一宿あたり五〇〇両または三〇〇両であった。赤坂宿の請取証文には、「道中之御伝馬役仕候壱宿ニ百疋之馬持共ニ御借シ被成候金子慥ニ請取申候」と記すので(70)、伝馬役負担者への助成としておこなわれたことがわかる。代価は指図次第に上納することになっていたが、返済の事実はいずれの宿でも確認できない。

寛永二十年の拝借米については、前年のそれと合算された宿場記録もあり紛らわしいが、おおよそ次のように整理できる。東海道筋には同年二～四月の三か月間毎月三〇〇俵が配布された。その後六月・七月には、草津から中山道・美濃路を経て江戸にいたる諸宿に同様に毎月三〇〇俵が配布されたと思われる。後者の拝借は、愛知川宿の記録や配布時期からみて朝鮮通信使の通行のための助成としておこなわれたものであり、東海道の四日市が九〇〇俵しか受け取っていないのは通信使の通行がなかったからである。六月七日付の小堀政一あて勘定頭等連署達書によれば(71)、道中伝馬宿へ「如此以前」一宿三〇〇俵宛渡すように指示し、同時に城下の宿は二〇〇俵であったと断っているから、朝鮮人の江戸往来の際に城下町と一般の宿場を区別した形で米拝借が慣例化していたことがわかる。草津―枚方間にも以前から米が支給されていたようだが、清須から守山までは初の通行であった。三島や関ケ原の宿場記録によれば、これらの拝借米の代価は、相場をもとに金で計算され、金一両＝銭四貫文で銭に換算されて返済されたようである(72)。

以上、寛永十九・二十年に東海道・中山道の一部・美濃路で実施された宿場救済のための拝借米・拝借金は、代価を銭で返済させることが基本であった(73)。銭への換算は金一両＝銭四貫文という公定相場を使用し、当時の実勢相場よりもかなり銭高の相場で換算されたため、宿場側に有利であり大いに助成となった。しかも幕府側から米や金を放出し、大量の銭を引き上げることになったから、過剰な流通銭を回収して銭相場を上昇させる効果をもったと考えられる。

おわりに

寛永通宝の発行は、江戸幕府による銭貨の統一過程に位置づけられてきた。中国の銭文をもつ旧来の京銭を排除し、日本独自の銭文をもった銭の発行は国家意識のあらわれであり、寛文年間の文銭鋳造を経て銭貨統一が成し遂げられたと評価されてきた。

このような巨視的な見方に対し、第一次鋳造を一つの経済政策の視点からみればけっして高い評価は得られない。寛永十三年（一六三六）に江戸・坂本での鋳造から始め、京都・大坂にも銭座が増設され、大名領八か所にも同年十一月に鋳造が命ぜられ、翌年から原料となる銅の輸出を停止して鋳造が本格化した。こうした大量の鋳造によって、街道筋における撰銭行為や銭不足の解消は実現したが、やがて鋳造は行き詰まり、寛永十七年十一月には大名領の鋳銭所が、翌年末には幕府の銭座も停止された。過剰な鋳造は銭相場の急落をまねき、銭の購買力を低下させて、折から訪れた寛永飢饉の被害を街道筋や都市の民衆の間で増幅させた。この意味で飢饉は、三貨制度という複数の価値尺度をもつ社会の矛盾と危険性を露わにしたのである。

当初の高水準の銭相場を背景に、鋳造による利益を見込んだ銭座の暴走を幕府はとどめることはできなかった。それどころか銭座の救済策として売れ残った銭の一部を買い上げたことは、銭座からの運上徴収など幕府の利益がそこに絡んでいたことを推測させる。銅や銭の輸出をめぐって幕府内部も意見が一致していたわけではなく、明確な貨幣政策を打ち出すことはできなかった[74]。だが幕府は、余剰銭を買い上げ、相場の回復を待ってそれを放出することによって、銭流通の安定化ひいては街道交通の機能維持が実現可能と判断したようだ[75]。政権がこのような手法を元来身につけていたとみるのは疑問である。むしろこの第一次鋳造と寛永飢饉の混乱を通じて、大きな視点から貨幣の量的管理の手法を獲得していったとみるべきであろう。新銭鋳造によって銭貨の質は確実に上がったから、偽造や密造の取締と、量的な側面に注意を向けることが可能になったのである。

（1）近藤正斎（守重）『銭録』（『近藤正斎全集』第三）によれば、寛永四年頃から水戸で独自に鋳造されていたという。

（2）古くは藤田五郎が、農民的貨幣経済の発展に対応した、統一権力による悪貨流通法則の実現と評価した（『封建社会の展開過程』有斐閣、一九五二年）。農民的貨幣経済の発展度如何については疑問が出されたが、中世史の分野から悪貨流通の体制化という方向で多数の研究成果が出されている。朝尾直弘「鎖国制の成立」（『講座日本史』東京大学出版会、一九七〇年。のち『朝尾直弘著作集　第三巻　将軍権力の創出』岩波書店、二〇〇四年に再録）は、東アジアの私貿易経済と関連した私鋳銭への対応であり、良質の寛永通宝の発行は幕府の対中国自立意識のあらわれであると評価した。

（3）こうしたなか、山本博文は島津家・毛利家の大名史料を用いて寛永通宝に言及した。山本『寛永時代』（吉川弘文館、一九八九年）、『江戸お留守居役の日記』（読売新聞社、一九九一年）参照。また近年の成果として、藤井譲治「近世貨幣論」（『岩波講座日本歴史　第11巻近世2』岩波書店、二〇一四年）が近世前期貨幣史のなかに寛永通宝を位置づけている。

（4）藤井讓治『江戸幕府老中制形成過程の研究』（校倉書房、一九九〇年）の第二編には寛永十五年までの老中奉書が収録されており、佐治家文書研究会編『佐治重賢氏所蔵 小堀政一関係文書』（思文閣出版、一九九六年。以下『小堀政一関係文書』と略記）にも寛永通宝の流通に関わる史料が掲載されている。また毛利家文庫の寛永通宝関連の史料については、山口県埋蔵文化財調査報告第103集『銭屋　―長州藩銭座跡―』（一九八七年）に大部分翻刻され、さらに、田中誠二「萩藩前期の鉱山と石高・藩財政」（科学研究費補助金研究成果報告書『古代～近世における中国地方西部の鉱業生産に関する総合的研究』二〇〇一年）が新たな史料も確認して翻刻し、『山口県史』史料編近世2が寛永十五年以前の『公儀所日乗』を全文翻刻するなど多数の史料を収録している。

（5）鈴木公雄『出土銭貨の研究』（東京大学出版会、一九九九年）。

（6）本書第二章・第七章を参照。

（7）『日本大王国志』（平凡社東洋文庫、一九六七年）による。

（8）『大日本近世史料　細川家史料』十八、二五〇七号。

（9）本書第二章を参照。

（10）宮内庁書陵部所蔵『資勝卿記』（京都大学大学院文学研究科古文書室所蔵の写真版によった）。この「江戸銭」に最初に注目したのは泉澄一『対馬藩の研究』（関西大学出版部、二〇〇二年）であり、対馬藩記録『日々記』はおろか「他の記録でもみることのできない用語」（四〇七頁）と述べているが、必ずしも新種の貨幣と位置づけているわけではない。

（11）将軍上洛時の新銭鋳造は幕末期の文久永宝の例が知られており、享保期の日光社参時にも同様の例がある。前者については日本銀行調査局編『図録 日本の貨幣4　近世幣制の動揺』（東洋経済新報社、一九七三年）二五八～二六二頁、後者については本書第十一章を参照。このような例からみれば、将軍の移動時に実用と祝儀をかねて新銭の鋳造がおこなわれることがあり、寛永上洛はその最初の例かもしれない。また寛永十三年四月の日光社参にも新銭が用いられた可能性も十分考えられる。

（12）以下、毛利家関係は山口県文書館所蔵毛利家文庫『公儀所日乗』寛永十二年六月晦日条、宗家については対馬歴史民俗資料館所蔵宗家文庫史料・江戸表書札方『毎日記』同日条による。

（13）寛永十三年五月十日付鍋島勝茂書状（『佐賀県史料集成』古文書編第九巻、多久家文書四二一号）。

（14）前掲毛利家文庫『公儀所日乗』。以下、とくに断らない限り毛利家に関する記述・引用は同史料による。

（15）「老中連署奉書」、大坂城代阿部正次・大坂城番稲垣重綱・大坂町奉行久貝正俊あて（国立公文書館内閣文庫所蔵『古記録』所収）。

（16）「江戸幕府日記」（姫路酒井家本、以下同）寛永十三年五月二十日条。

（17）本書第七章を参照。

（18）本書第七章のほか、鈴木公雄前掲『出土銭貨の研究』参照。

（19）以下、京都の銭相場については、本書第二章の表2-1・3参照。大垣や東海道宿場のそれについては鈴木公雄前掲『出土銭貨の研究』表19参照。

（20）大坂町奉行久貝正俊・曾我古祐あて（前掲『古記録』所収）。文中で、委細は加々爪忠澄・堀直之・小堀政一から申し入れると記しているので、加々爪・堀の江戸町奉行と畿内代官小堀が鋳銭の担当奉行の地位にあったことが推測できる。鋳銭停止の際にも、小堀と江戸町奉行が手続きを進めたことを後掲史料から読みとることができる。大坂銭座については、本書第十章で詳しく論じる。

（21）『江戸幕府日記』寛永十三年六月二十三日・九月八日条。

（22）「故江府令朝散大夫親衛校尉石谷叟行状」（『鵞峰先生林学士文集』巻七十二）に「鋳二寛永通宝銭於江州坂下一、貞清承レ命往監レ之」とある。

（23）八月三日付小笠原備前・浅山修理・横山助進あて書状は『部分御旧記』御書附幷御書部（『熊本県史料』近世篇第二）、十月二十日平野長勝あて書状は『大日本近世史料　細川家史料』二十、三二八六号、十一月十日付榊原職直あて書状は同三三六七号による。

（24）引用は山口県文書館所蔵毛利家文庫「老中奉書」による。水戸徳川家・備前池田家あてのものは、それぞれ近藤正斎『銭録』、水原岩太郎「岡山藩鋳銭に関する文献」（『貨幣』一九九、一九三五年）所収。

（25）山口県文書館所蔵毛利家文庫「新銭御書付写」。この「覚」は年月を欠くが、『憲教類典』収載の寛永十四年八月付法令に酷似している。『憲教類典』収載分は大名領内に銭鋳所を増設した旨を報知した法令として収録されているが、文意から鋳銭所が設置された各大名あてのものであることは明らかであり、しかも鋳銭所の設置は前年十一月であるから、『憲教類典』収載分が法令として出されたか疑わしい。本章では、内容にしたがって奉書と同時に留守居あてに申達されたものと解釈した。なお岡山藩あての同文が、水原前掲「岡山藩鋳銭に関する文献」にも紹介されている。

(26) 平戸オランダ商館では寛永十四年三月には銅輸出禁止の情報を入手していたようだが、正式には四月一日付老中奉書でオランダ商館を管理する平戸松浦家あてに通達された（『平戸オランダ商館の日記』クーケバッケルの日記・一六三七年四月一八日・五月一日・六月三〇日条）。国内向けには、同年二月二十三日付で所司代板倉重宗が京都に触れた例が確認できる（「上下京町々古書明細記」、『京都町触集成』別巻二、三四七号）。その後オランダ側は再三輸出解禁を求めたが、寛永通宝鋳造中は難しい旨の回答を松浦家から得た。さらに寛永十七年頃からは銅が大砲鋳造原料など戦略物資であるからという理由で、禁止措置は正保三年（一六四六）まで継続した。その経緯については、鈴木康子「平戸貿易と銅」（箭内健次編『鎖国日本と国際交流』上巻、吉川弘文館、一九八八年。その内容は鈴木『近世日蘭貿易史の研究』思文閣出版、二〇〇四年に改稿のうえ収録）に詳しい。

(27) 前掲『古記録』所収、大坂城代阿部正次・大坂城番稲垣重綱・大坂町奉行曾我古祐あて。寛永十三年十二月に泉屋理兵衛（住友友以）は長堀茂左衛門町に家屋敷を購入して銅吹所を増設したが（『泉屋叢考』第拾九輯「近世住友の吹所の研究」、住友修史室、一九八〇年）、これも原料銅の供給に関連した可能性が高い。

(28) 『貞山公治家記録』巻三十九下（『伊達治家記録』四）。

(29) 『玄徳公済美録』巻七（『広島県史　近世資料編Ⅲ』八一・八二号）。

(30) 『小浜市史　藩政史料編1』酒井忠勝書下九〇号。

(31) 幕府代官も管内のおもな町場に高札を立てたようだ。六月十一日付小堀政一書状（前掲『小堀政一関係文書』五三号）によれば、銭高札が上着すれば写して近江の八幡山・日野・伊庭などに立てるよう指示している。筑前福岡黒田家では、ようやく寛永十六年になって「寛永新銭遣之儀、御国中宿々え制札被相立」として、領内の宿場に寛永通宝を基準とした駄賃定の高札を立てた（福岡市総合図書館寄託『小河資料』、引用は「資料翻刻『忠之公御代日記』（Ⅰ）」〈『福岡市総合図書館研究紀要』四、二〇〇三年〉を一部訂正）。

寛永新銭遣定

壱貫文ニ付　銀拾六匁取遣可仕事

一小隈ヨリ千手新町迄一駄ニ付　銭五拾四文、銀九分

一小隈より猪ひさ迄　銭六拾文、銀壱匁

一木賃　壱人　六文、馬壱疋　八文

右かた丶丶可相守者也

寛永十六年二月廿一日

右に例示された嘉麻郡大隈宿の制札では、新銭一貫文＝銀一六匁の換算で、小額の木賃をのぞき銭・銀の両様で示している。広島の浅野家のように機敏な対応ではなかったが、街道筋での支払いは確実に寛永通宝が基準となっていった。

(32) 前掲注(13)書状。

(33) 寛永十三年五月二十二日付島津久元書状（『鹿児島県史料　旧記雑録後編五』九二一号）。

(34) 山口県文書館所蔵毛利家文庫『桑原覚書』。

(35) 前掲注(33)書状。

(36) 寛永十四年三月十九日付老中連署奉書（『鹿児島県史料　旧記雑録後編五』一〇一七号）。

(37) 寛永十四年三月二十二日付三原重饒・伊勢貞昌・川上久国連署書状（『鹿児島県史料　旧記雑録後編五』一〇二二号）。同史料中の「最前従爰許被仰遣候銭替り候時之札を御ひかせ尤候」について、山本前掲『寛永時代』一二七頁では「札」を銭札と解釈されているが、新銭発行の高札のことであろう。

(38) 水戸鋳銭座のみは、寛永四年頃からすでに寛永通宝を独自に鋳造していたという『銭録』の説もあるので、幕府の示した手本銭による鋳造も他の鋳銭所より始動が早い可能性がある。

(39) 『仙台藩重臣石母田家文書　史料編』（刀水書房、一九八一年）。

(40) 今井文書（『信濃史料』第二十六巻）、楠佛笑「寛永松本銭に関する古文書」（『貨幣』一六〇、一九三二年）にも紹介されている。

(41) 以下、鳥取池田家に関する記述・引用は鳥取県立博物館所蔵鳥取藩政資料『寛永拾五年万留帳』による。

(42) 池田家文書『家中諸士家譜五音寄』(倉地克直編『岡山藩家中諸士家譜五音寄』として翻刻)所収の「寛文九年事績書上」によれば、長谷川弥平次の親又兵衛は寛永十六年三月一日に新銭御用を命じられたといい(『岡山藩家中諸士家譜五音寄』二、二一三頁)、番頭湯浅民部の親右馬允は(寛永十四年頃か)京都の銭鋳を確保しようと京都所司代板倉重宗に掛け合って備前へ職人を下すことに奔走している(『岡山藩家中諸士家譜五音寄』三、七七頁)。また編纂史料ではあるが池田家文書『池田家履歴略記』によれば、寛永十四年に光政が江戸参勤したときに鋳銭を命じられ、右の湯浅右馬允の活躍もあって銭屋敷というところで同年十二月から鋳造したと記している。また同書には翌年「八月廿一日江戸より台命あって新銭を鋳へきよし仰出され天野屋宗入と云う者備前に下る、半鋳させられ、今半は岡山府下の町人の豪富成しに任て鋳させられる」とあるから、天野屋の加入は幕府からの命令によるのであろう。

(43) 岡山の鋳銭所の職人が毛利家との間で問題となったことについては、『池田光政日記』寛永十八年六月六日条に記述がある。『公儀所日乗』など毛利家側の記録については、山本前掲『江戸お留守居役の日記』参照。

(44) 寛永十五年八月八日付覚(『鹿児島県史料　旧記雑録後編五』一三二三号)。

(45) 前掲『古記録』所収文書。

(46) 『平戸オランダ商館の日記』カロンの日記、一六三九年四月一三日条。この結末については本書第十章を参照。

(47) 前掲『古記録』所収の九月晦日付大坂町奉行曾我古裕あての留守居酒井忠吉・曾根吉次・伊丹順斎連署書状で、中川内膳知行所から召し上げた錫の代銀受取方について指示している。年次についての考証は、本書第十章を参照されたい。

(48) 「今度従御公義被仰出条々」(『御納戸大帳』備作史料研究会、一九八四年所収)。

(49) 前掲『小堀政一関係文書』五九号の小堀政一書状(寛永十六年または十七年三月六日付)によれば、近江志賀郡坂本領・穴太村・見世村にて新銭私鋳の者を検挙し入牢させた記事が見える。

(50) 『日本経済叢書』巻二十。著者の緒言は文政十二年(一八二九)五月付である。

(51) 前掲『古記録』所収文書。

(52) 小堀政一の居所については、藤井譲治編『近世前期政治的主要人物の居所と行動』(京都大学人文科学研究所調査報告　第三七号、一九九四年)による。前掲『小堀政一関係文書』六三号の小堀政一書状案や六四号の井上政重書状の内容とも符合する。

(53)『小浜市史』藩政史料編一、酒井忠勝書下一八三号。なお同書には、二二三号にほぼ同内容の書状が収録されている（ただし日付は二月十二日）。いずれも原本には年号がなく、前者は寛永十八年、後者は同二十年に比定されているが、内容からみて寛永十九年とするのが妥当である。
(54) 寛永二十年二月二日には偽造禁止の全国法令が出されるにおよんでいる。
(55) 前掲『古記録』所収文書。
(56) 前掲『小堀政一関係文書』六三号。京・大坂では銭座の者がすでに銭を質入れしていたようで、幕府は買い上げにあたって質入れ分を請け戻させたが、大坂の質入れ先は請け戻しに容易に応じず問題となっていた。
(57) 藤田覚「寛永飢饉と幕政(1)(2)」(『歴史』五九・六〇、一九八二・八三年)。
(58)『福斎物語』(『徳川文芸類聚』第二) によれば、寛永通宝発行から飢饉にいたる京都の状況について、「料足一貫二貫を種として、棒を荷ひ連尺肩にかける者、古銭新銭の替りに心うくおもひ、やうやう前の仕合にならんとせしに、米たかくなり」と記す。
(59) 鈴木公雄は前掲『出土銭貨の研究』のなかで、これらの宿場助成策を銭貨流通の観点から分析した。鈴木は寛永飢饉に言及していないが、飢饉時における宿場救済策であったことは疑いない。
(60)『徳川実紀』寛永十九年二月二日条。
(61) 前掲『小堀政一関係文書』六六〜六八号に、榊原・矢部から小堀政一あてに関地蔵・坂下・石部・草津の各宿分の米金貸付を指示した覚がある。
(62) 近藤恒次編『東海道御油・赤坂宿交通史料』(愛知県宝飯地方事務所、一九五五年) 四三号の赤坂宿退転馬助成拝借金請取書には、「此上ハ早々退転之馬三拾六疋買申、百疋之都合御役ニ可仕候」とある。
(63)『水口宿栄枯伝馬難立訳略記』(『水口町史』下) によれば、近江水口は定数一〇〇疋であったが、寛永十五年に有馬六三疋となり、同十九年には米貸付高から計算すると三二疋となっていた。
(64) 拝借米の支給期間については、草津宿・三島宿の記録による。岡崎・四日市・水口各宿の拝借記録からも、一三か月分であったことが計算できる。
(65) 拝借金の返済方法については、前掲『東海道御油・赤坂宿交通史料』四三号による。

(66) 以下の井上政重書状は、前掲『小堀政一関係文書』六四号（三月十日付）・六八号（五月四日付）・七一号（九月二十五日付）による。

(67) 前掲『小堀政一関係文書』七二号。

(68) 『寛政重修諸家譜』および『徳川実紀』の関係箇所による。出立の前の二月六日付で駄賃改定の文書が作成されており、道中各宿への伝達が彼の役目の一つだったろう。

(69) 改定はいずれも源左衛門（曾根吉次・勘定頭）、石見（朝倉在重・江戸町奉行）、備前（神尾元勝・同）、越前（宮城和甫・大目付）、筑後（井上政重・同）の連署覚による。児玉幸多編『近世交通史料集八　幕府法令上』（吉川弘文館）によれば、寛永二十年二月六日付で東海道の戸塚宿駄賃・富士川渡船賃・宮宿駄賃・同渡船賃・石薬師宿駄賃の改定が、四月一日付で中山道の美江寺宿・御嵩宿・美濃路の大垣宿・萩原宿の各駄賃改定が確認できる。『信濃史料』第二八巻所収の史料でも、四月一日付で中山道追分宿・蘆田宿・下諏訪宿・塩尻宿・福島宿の各駄賃改定が一斉におこなわれたことがわかる。従来の高札面の駄賃高などはそのままで、覚書によって臨時的措置として賃上げがなされた。このあと慶安五年（一六五二）九月には大豆値段が上がったため増駄賃は継続され（『御触書寛保集成』一二五九号）、万治元年（一六五八）冬にいったん停止されたが、翌年三月に米・大豆値段が上昇したため再び駄賃増が命じられた（『御触書寛保集成』一二六一号）。

(70) 「赤坂町伝馬拝借金之事」（前掲『東海道御油・赤坂宿交通史料』四四号）。

(71) 『近江愛智郡志』巻二（滋賀県愛智郡教育会、一九二九年）。

(72) 鈴木公雄前掲『出土銭貨の研究』二一四頁参照。しかし米価には宿場によって大きな開きがある。東海道三島宿では米一石＝銭四貫一七〇匁余であるが、中山道関ケ原宿では米一石＝銭二貫二四〇匁余で計算されている。山崎隆三『近世物価史研究』（塙書房、一九七三年）によれば、寛永十九年から翌々年にかけて銀建て米価（卸売価格か）は米一石あたり六〇匁から三〇匁へと下落する局面にあり、地域や時期によって価格には大きな差が出てくると予想されるが、後者の米価はあまりに低い。寛永二十年正月二十四日付小堀政一書状（前掲『小堀政一関係文書』七五号）では、江戸米価について金一両に六斗七升八升、下米でも七斗二三升と報じ、同年四月二十八日付小堀政一書状（同七八号）では上方で一石七〇匁内外であることを前提に話を進めているので、三島宿の米価の方が実勢相場に近いと判断される。右の両宿における大きな差違は、拝借時点と返済時点での差であろうか。

(73) 今まであまり注目されていないが、米の放出＝銭の買上は日光道中・壬生通の宿場でも実施された。柳谷慶子「江戸幕府城詰米制の機能」(『史学雑誌』九六－一二、一九八七年)によれば、寛永二十年に日光付近でも宇都宮城詰米の売却がおこなわれていた。四月に日光道中・壬生通の鹿沼・大沢・文挟・板橋・宇都宮伝馬町・石橋・雀宮・徳次郎町の八町に米二九六石(一町あたり三七石)、六月に鹿沼・大沢・文挟・板橋の四町に一四八石(同前)が売却された。この事実について柳谷は、飢饉時の一般的な街道救済策というよりは、日光山の玄関口に立地するという特殊性を背景としておこなわれたとみている。さらにつけ加えるならば、同年七月に朝鮮通信使が日光参詣をおこなうことになっていたことが関係していよう。典拠である奥平家文書『寛文六年宇都宮御城米払勘定目録』(『栃木県史』史料編・近世一)によれば、四月分が京銭四貫文に米九斗二升替、六月分が同四貫文に米一石替の値段で売却されており、代価は銭で納められた。ここでは京銭を基準としているが、史料の集計部分では単に銭と表示され、寛永通宝と同価値通用であった。ここで示された米一石＝銭四貫文(＝金一両)という米相場は、飢饉が終息しようとする時期ではあるが、やはり高水準にあり、当時の実勢相場に近いであろう。前掲注(72)の江戸米価から判断すれば、むしろ安値での売却だった可能性もある。このほか石橋町については、寛永十九年四月から六月にかけても米三〇〇俵(一か月一〇〇俵宛か)が金一両米九斗の値段で売却された記録もある(酉六月晦日「指上ケ申覚書之事」伊沢新右衛門家文書、栃木県立文書館架蔵写真版)。これも金一両＝銭四貫文で換算し銭で上納されたという。

(74) 銅および銅銭輸出をめぐる幕府内部の対抗については、本書第十章を参照。

(75) 具体的な過程については、鈴木公雄前掲『出土銭貨の研究』二〇六～二一八頁参照。鈴木は、寛永十三年から延宝二年の東海道・中山道の宿場に対する貨幣を中心にした経済政策をとりあげて、金貨の放出→銭貨による回収→銭貨の放出→金貨による回収の循環として示し、街道筋における銭貨の需給調整を評価している。

【補注】本書では、寛永通宝の全国的普及に重要な位置を占めた寛文期の第二次鋳造(文銭、図9-1)について言及することはできなかった。それは史料不足によって研究が進展していないためであり、鋳造時期や鋳造地すら不明な点が多い。江戸における鋳造に限られるのか、あるいは寛文二年(一六六二)に京都の地震で破壊された方広寺大仏を鋳《い》つぶしたと

図9―1　文銭（『新撰寛永銭譜』）

いう「大仏銭」の伝承に従えば、京都でも鋳造されたことになる。鋳造時期を示す確実な史料も乏しい。『江戸町触集成』によれば、寛文五年四月二十一日が新銭御払い触が確認できる最初であり（触番号四三八）、以後同年七月七日（同四四六）、寛文六年二月十三日（同五一八）・八年九月二十九日（同七〇九）・十年七月九日（同七七六）と続くが、京都での同様の触は見当たらない。

こうした研究の行き詰まり状況のなか、鉛の供給という視点から打開を探れないだろうかと考えている。齋藤努・高橋照彦・西川裕一「近世銭貨に関する理化学的研究　―寛永通寶と長崎貿易銭の鉛同位体比分析―」（日本銀行金融研究所『Discussion Paper』No.2000-J-1、二〇〇〇年）によれば、鉛同位体比分析の結果から、寛永通宝文銭の原料鉛は対馬藩の対州鉱山から供給されたと推測され、同時期の鋳造である長崎貿易銭も対州鉱山産鉛が使用された可能性がきわめて高い、と結論づけている。対馬産鉛については、荻慎一郎『対馬藩領鉱山の研究』（平成十・十一年度科学研究費補助金研究成果報告書、二〇〇〇年）が詳しく述べている。鉛は「鐂粕」（ルカス、化学名一酸化鉛）として産出し、その産地である佐須銀山の最盛期は慶安から寛文中期までであり、寛文元年頃から幕府の老中の指示によって、当時銀が大量に海外流出していたことに鑑み、その一部を代替するために試験的に長崎から輸出された。泉澄一『対馬藩の研究』（関西大学出版部、二〇〇二年）一七九〜一八二頁によれば、鐂粕の商売の実情はよくわからないようだが、長崎に鐂粕が送られていたことは対馬藩『毎日記』に記事があり、寛文五、六年になると上方商人との鐂粕商売の記事が同書に頻出する。長崎での在庫が三〇万斤にもなり、相場の高い上方へ仕向先の転換がはかられたらしく、『毎日記』寛文五年十月九日条によると大坂の問屋三吉屋又兵衛から鐂粕を所望する書状が届いている。同じころ大坂の銅吹屋の有力者大坂屋久左衛門からも鐂粕の仲買を一手に引き受けたい旨の願が寄せられた。こうした長崎を経由する対馬産鉛の流通経路をみれば、長崎貿易銭にそれが使用されたことは確実であり、文銭についても大坂からさらに江戸に送られた対馬鉛が原料となった可能性は高いといえる。ただし寛文年間の早い時期から鋳銭がおこなわれているとすると、対馬鉛以前は別の鉛が使われていたことも考えられる。

代わって視野に入ってくるのは、生産高は落ち込んでいたとはいえ、操業を続けていた北陸越中諸山の鉛である。小葉田淳『日本鉱山史の研究』（岩波書店、一九六八年）によれば、長棟鉛山は寛永期から正保期にいたる約二〇年間が最盛期で最高一か年出鉛額一〇万貫目を超え、近世初期から開発された亀谷銀山も鉛を伴出したという。はたして、対馬鉛と長棟鉛は同位体比分析で判別可能なのか、分析科学の進展に期待したい。これとは別に、鋳造の政治的・経済的契機をはっきりさせる必要もあろう。将軍の日光社参や上洛など後代の例から類推して、寛文三年の徳川家綱の日光社参の機会をとらえた鋳造と見なすことはできないだろうか。はじめ日光社参のための鋳銭が請負でおこなわれたあと、一般への入札払いへと移行したとの想定である。

第十章　寛永期の大坂銭座

はじめに

寛永通宝は、寛永十三年（一六三六）五月五日に江戸で新銭発行の高札が掲げられ、翌月から通用開始となった。まず江戸と近江坂本で鋳造が開始され、続いて京都建仁寺と大坂が加わり、さらに全国的普及をはかるため、同年十一月二十六日に仙台・水戸・吉田・松本・高田・岡山・長門・豊後中川家領の大名領内計八か所に銭座増設が命じられた。このうち鋳造の実態が判明する銭座は数少なく、大坂銭座については請負人すらわかっていないのが現状である。

そこで本章は、この大坂銭座の実態解明を主たる目的とし、稼働期間や鋳造状況、請負人などについてできるだけ事実を明らかにしたい。折しもこの時期は「鎖国」成立過程にあたり、銅についても、新銭鋳造をうけて寛永十四年に銅輸出禁止が発令され、幕府による流通統制が進みつつあった。幕府による貿易統制と貨幣鋳造独占が確立してくる過程において、この銭座をめぐる状況を位置づけてみたい。

一　大坂における銭座の開設

新銭の高札写は、寛永十三年（一六三六）五月七日付老中奉書で大坂城代・定番・町奉行の大坂在勤役人に伝達され、大坂でも適当な時期に高札を立てるよう指示があった[1]。早ければ五月中旬に高札が掲げられたと思われる。これと並行して、幕府は江戸・大坂間の街道筋における銭不足に対処するため、臨時的措置として道中宿場への古銭配布を命じた。

［史料1］

以上

今度被仰付候新銭、大坂にても鋳させ可申之旨被仰出候之間、新銭御請申候者とも望次第可被申付候、委細加々爪民部少輔・堀式部少輔・小堀遠江守方より可被申入候、恐々謹言

六月廿六日

阿部豊後守忠秋判
松平伊豆守信綱判
酒井讃岐守忠勝判
土井大炊頭利勝判

久貝因幡守殿
曾我又左衛門殿

大坂における銭座設置は、右の六月二十六日付老中奉書で大坂町奉行あてに命じられた[2]。文中の加々爪民部少輔（忠澄）・堀式部少輔（直之）は江戸町奉行、小堀遠江守（政一）は幕府の上方代官であり、彼らは委細を指示する東・西の鋳銭奉行というべき存在であった。

この命令をうけてすぐさま請負人を募集したとしても決定はせいぜい翌月であり、鋳造所の建設や職人の確保、材料の入手などを考慮すれば、準備に二、三か月を要したとして、鋳造開始は冬十月以降とみるのが合理的であろう。寛永十三年十二月十七日に大坂の銅吹屋泉屋理兵衛（住友友以）が長堀茂左衛門町に家屋敷を購入して銅

吹所を増設したが[3]、これは原料銅の供給に関連した可能性が高い。また翌年二月四日付老中奉書では、大坂御蔵の有銅六〇〇〇貫目のうち三〇〇〇貫目を新銭請負人に貸し付けるので、小堀政一の裏判をもって渡すよう大坂具足奉行であった日下藤九郎（宗勝）・太田七右衛門（吉次）への指示を命じている。大坂銭座の本格的稼働とともに原料銅の供給がこのような形でおこなわれた。そして前年十一月に開設された大名領八か所の鋳銭所もようやく稼働し始めるなか、寛永十四年四月には銅輸出禁止が発令され[4]、鋳銭用の銅の確保が全国的規模ではかられようとしていた。

二　銭座と錫輸入

鋳造事業は早くも寛永十五年頃に行き詰まりを見せ始めた。同年三月十五日付の大坂町奉行あて老中奉書では、「道中幷爰許茂鳥目ひろまりかね候」と街道筋や江戸で新銭の売れ行きにかげりがみえてきたことを述べ、大坂から西国へ新銭がどれほど下ったかを調査するよう命じている。

いっぽう大坂銭座では、このころ材料の一つである錫が不足してきたようだ。史料2は、オランダ商館長ニコラス・クーケバッケルが後任者フランソワ・カロンあてに西暦一六三九年二月一一日（寛永十六年一月九日）に作成した「日本に於ける会社の現状についての覚書」と題する引継書類の一節であり、史料3は、カロンの日記の一六三九年四月一三日（寛永十六年三月十日）条、江戸参府途中の大坂での記事である[5]。

［史料2］

銅の輸出については、貴下も知っている通り、陛下と最高政府が新しいゼネすなわち銅銭の鋳造と製作について出した命令が完遂され、実行される以前には、許可を期待することはできず、もし錫の一部なりと、これまでに行われた要求通りに、次の季節風期に用意できないならば、この状態は数年続くであろう。（中略）

貨幣鋳造人達は、要求できる限りの量の銅を再び輸出するため、彼等の最大限の努力を払いたいと表明しているので、これについては、そのようになる良い希望が持たれる。

［史料3］

貨幣すなわち銅銭の鋳造人仲間四人が我々を訪ねて来た。彼等は仲間全体の名において、次に述べる要求を我々に伝えることを委任されていた。我々に丁寧に挨拶したのち、彼等の質問は、今年の錫の到着の見込みはどうか、或いはまた彼等の要求と注文は満たされるであろうか、ということであった。

両史料を合わせみると、次のようなことが判明する。寛永十六年初めの時点で、すでに大坂の銭鋳造人仲間はオランダ商館長に対し錫を輸入してほしい旨を依頼していた。その見返りに鋳造人仲間は、オランダが強く求めていた銅輸出の解禁に向けて、幕府にはたらきかけることを約束していた。大坂でのカロンとのやりとりが錫輸入の催促とみられることから、初願の時期は遅くとも前年の寛永十五年二月あるいは五月のクーケバッケル江戸参府途中の在坂時と考えられる。このことは後述するバタヴィア発の一般政務報告書の内容とも符合する。

錫の不足は日本側の史料からも推測できる。次の史料4は、酒井ら幕府留守居から大坂町奉行曾我古祐に対し、中川内膳知行所から召し上げた錫の代銀受取方について、大坂金奉行衆から中川方へ渡すよう指示した書状である(6)。

［史料4］

「寛永之内ニ入有之候得共、御奉書ニ年号不相見」(朱筆)

以上

追而申候、すゝかね代銀之証文書状ニ相添越申候、御請取可被成候、次ニすゝかねへりめの分、重而被差越候義御無用ニ候、もはや入不申候、左様御心得可被成候、以上

一筆申入候、此御地相替義無之、両　上様弥御機嫌克被為成御座候、目出度可思召候、然は中川内膳知行所より被召上候錫かね之代銀、今度大坂御金奉行衆より相渡候、各証文調進候間、右之段御金奉行衆江被仰渡、代銀被請取候様ニ内膳方江も可被仰達候、猶期後音之時候、恐々謹言

九月晦日

酒井紀伊守
忠吉書判
曾根源左衛門
吉次書判
伊丹順斎
公佐《ママ》書判

曾我丹波守様

中川内膳とは豊後岡藩の中川久盛のことで、その知行所には前述の大名領八か所の鋳銭所の一つが置かれた。このあたりは国内では稀な錫を採取できる地域であった。大坂町奉行に対し、使用した錫の分を返す必要はないと断っているので、錫の需要先は大坂の銭座と考えるのが普通であろう。年次については、登場人物の在任期間や曾我の在坂期間によって、寛永十六年または寛永十八年と推定できる。十六年九月は大の月、十八年九月は小の月であるから、寛永十六年の九月晦日であろう。また中川領の銭座は寛永十六年に停止されたとの記録もあり(7)、文中に錫は「もはや入不申候」と言っているのとも状況は合致する。確かにこのころ鋳造用の錫が不足し、豊後から調達された錫が大坂にもたらされたようである。

さて大坂の銭座から要請をうけて、オランダ側は早速錫の注文に応じていたようである。一六三八年一二月三〇日（寛永十五年十一月二十五日）付アントニオ・ファン・ディーメンほかよりバタヴィア発の一般政務報告書

のなかに、「銅輸出の許可をえる見込みはさしあたってないだろうが、ゼネつまり銅銭の鋳造人もまた錫（の不足）に甚だ悩まされているので、われわれが日本に持ち込む錫に相当する量の銅を輸出することが認められるだろうと考えられる。そのためにシャムからリュッテン号で三三四ピコル（の錫）が日本へ向けて送られたが、（船は）嵐により帆柱を失って当地（バタヴィア）へ到着したので、来期にはかなり大量（の錫）を日本に送れるだろう。錫の輸入に相当する銅を輸出することができれば、会社は二倍の利益を享受することになろう。その成功は疑いない」とある。(8) やはりオランダ側は銅輸出解禁を期待し、大坂の鋳造人仲間の要望をうけて寛永十五年の早い時期に錫を発注していたらしい。しかしシャムからの輸送船が嵐にあって、積荷の錫三万三四〇〇斤（一ピコル＝一〇〇斤）は直接日本には届かず、本格的な輸入は翌年まで待つほかなかった。

錫が実際に輸入されたことは、この時期の平戸商館「仕訳帳」で確認できる（表10-1参照）。時期のはずれる一六三五年（寛永十二）をのぞくと、一六三九年（同十六）七・八月には合計六万六〇〇〇斤余、四〇年（同十七）八月には五万斤余と輸入が本格化している。三九年に輸入された分は、前年にバタヴィアに到着していたリュッテン号の積荷を含むであろう。購入者は堺・京都・平戸の商人で、なかでも堺商人の購入量が圧倒的に多い。名前の判明する飾屋藤左衛門・河内屋源兵衛・かわ屋新九郎は、いずれも『糸乱記』(9) に登場する糸割符商人であった。彼らと大坂銭座の請負人との関係についてはのちに検討するが、鋳銭に必要な錫の大口購入者である彼らが銭座と密接に関係していたことは間違いないだろう。

だが錫輸入は順調にはいかなかった。『バタヴィア城日誌』(10) 一六四〇年一二月六日（寛永十七年十月二十三日）条には、「日本より注文の錫二千ピコルに対して中国より四百ピコルないし六百ピコルを得んとして長官は出来るだけ努力せしが、その効なかりき。錫の輸出は中国において厳禁し、これを高価に買い入れんとするも多量を得ず、年々暹羅より同地に輸入せるがゆえなり」と、輸出禁止のなか中国産錫を高値で買い付けようとして

表10－1　オランダによる錫輸入と販売

年月日	科目	錫(斤)	摘要	巻頁
1635／ 1／ 1	期初残高	25,110ポンド		Ⅰ317
1635／ 3／ 1	堺商人(飾屋)トウザエモンに販売	-20,082	イギリス産3,973 シャム産11,984 paerao産4,125	Ⅰ328
1635／12／31	損益・販売損	(0)		Ⅰ386
1638／ 1／ 1	期初残高	(0)		
1638／ 8／18	フライト船ペッテン号積荷	3,450		Ⅱ273
1638／12／31	繰越	3,450		Ⅱ345
1639／ 1／ 1	期初残高	3,450		Ⅱ347
1639／ 7／31	フライト船ペッテン号積荷	32,800		Ⅱ374
1639／ 8／ 2	スヒップ船ブレダ号積荷	33,715		Ⅱ378
1639／11／ 9	堺商人カザリヤ・トウザエモンに掛売	-62,453		Ⅱ412
1639／11／25	堺商人カワチヤ・ギンベエに掛売	-100		Ⅱ417
1639／12／18	平戸領主御用商人リスケに掛売	-400		Ⅱ432
1639／12／31	不足	-3,962		Ⅱ439
1639／12／31	繰越	3,050		Ⅱ442
1640／ 1／ 1	期初残高	3,050		Ⅲ205
1640／ 8／ 7	ヤハト船リズ号積荷	(26)	現金の内	Ⅲ232
1640／ 8／20	スヒップ船ヴィッテン・エレファント号積荷	47,400		Ⅲ235
1640／ 8／25	フライト船メールマン号積荷	3,138		Ⅲ239
1640／12／22	現金売り	-4,529		Ⅲ281
1640／12／23	現金売り	-5,000		Ⅲ283
1640／12／29	堺商人ギンベエに掛売	-270		Ⅲ293
1640／12／30	平戸領主買い物掛リスケに掛売	-30		Ⅲ297
1640／12／31	繰越	43,759		Ⅲ306
1641／ 1／ 1	期初残高	43,759		Ⅲ309
1641／ 1／28	カナヤ・スケエモンに掛売	-90		Ⅲ315
1641／ 2／17	将軍御用臼砲鋳造	(876)	棹銅20,911斤も計上	Ⅲ321
1641／ 2／18	現金売り	-11,086		Ⅲ321
1641／ 3／ 3	堺商人カワヤ・シンクロウに掛売	-27,718		Ⅲ324
1641／ 3／ 4	現金売り	-2,537		Ⅲ326
1641／10／31	不足	-2,328		Ⅲ376
1641／10／31	繰越	(0)		

出典：平戸オランダ商館「仕訳帳」(『平戸市史』海外史料編Ⅰ～Ⅲ、巻頁は同書による)
注：括弧内の数字は簿外または原簿に記載のない数字

も量を確保できない状況を嘆いている。さらに同書所収の一六四一年四月二一日（寛永十八年三月十二日）付のカロン報告には、「錫の送付は必要なかりき。大いなる労力と出費とをもって輸入せるも、需要者なかりしをもって、販売に努力して漸くその一部を売りしが、（中略）利益ははなはだ少なし」とある。すでに寛永十七年十一月には大名領八か所の鋳銭所は停止のうえ事業は大幅に縮小されて、幕府直轄の鋳銭所だけになっていた。オランダ側にとってはけっして有利な商売ではなく、また実際に輸入されたころには鋳銭事業が行き詰まり、錫が売れなくなっていた。見返りとされた銅輸出解禁の動きもみえないまま、わずかの期間で輸入は断絶したのである。

なおこの時期の唐船による錫輸入について付言すると、寛永十六年一〇〇〇斤、同十八年一三〇〇斤、同十九年一一五斤、正保元年（一六四四）一二五〇斤、正保三年六五〇斤の錫が輸入されていた(11)。オランダによる輸入に比較して少量であること、ある程度継続性があることからみて、鋳銭用ではなく細工用の錫と判断される。

三　銅輸出解禁への模索と銭座の停止

銅輸出の停止後、オランダ側は再三輸出再開を求めたが、幕府の意向で寛永通宝鋳造中は困難であるとの回答を松浦家から得ていた。ところが寛永十七年（一六四〇）からは、銅が戦略物資であるとの理由によって輸出停止措置が継続することになった(12)。

商館長カロンは、銅で臼砲を鋳造し将軍に献上しようとしていた。『バタヴィア城日誌』一六四〇年一二月三一日（寛永十七年十一月十九日）付カロン報告には、次のようにある。

［史料5］

臼砲は日本においてせず、オランダにおいて鋳造すべしと考うれども、このことによりてオランダの国光を発揮し、陛下より好意を寄せられたるは全能の神に感謝すべきことにして、これによりて現実の利益は得ざりしが不幸の脅威を免れたることは確かなり。ポルトガル人のうえに雨降る時は、会社もまたその飛沫を受くべきことは経験の教うる所なればなり。

陛下とは将軍のことである。カロンは、前年来航禁止となったポルトガルが禁を破って長崎に来航し、船が焼却処分となったことを知っていた。その二の舞にならぬよう、将軍への忠誠を示すため臼砲を鋳造・献上して、心証を良くしようとしたのである。オランダ商館「仕訳帳」によれば、将軍御用の臼砲鋳造の原料となる錫や棹銅二万斤余は一六四一年二月一七日に計上されている。銅輸出禁止下にあって銅は商館が自由に入手できるものではなく、臼砲鋳造を名目に大坂の元オランダ宿町屋五郎兵衛を介して大坂商人銭屋太郎右衛門から購入したようだ。この銭屋太郎右衛門は、のちに泉屋住友の史料に登場する銅屋（銅輸出業者）の一軒と推定され[13]、商館長『マクシミリアーン・ル・メールの日記』一六四一年三月二七日（寛永十八年二月十六日）条には、平戸松浦家の大坂用人荒河久馬助から臼砲鋳造のために使用することを斡旋された「銅の引渡人」として登場する。町屋が原料銅の代価をオランダ側から受け取りながら、自らが経営に行き詰まり銭屋に支払わなかったため、このとき銭屋から直接請求されるという、商館長には思いもよらぬ事態となった。オランダ側はもちろん要求を拒絶した。銭屋のような、のちの銅屋につながる商人は、直接オランダ商館に銅を売り込む立場にはなかったが、役人の後押しもあってこの機会に商館との直接取引に参入しようとしていたことがうかがえる。新しい商人たちの動きが始まっていた。

こうしたなか銭座はついに停止された。寛永十八年十二月二十三日付の小堀政一あて老中連署書状をもって、「世上銭之売買御定より下直ニ成候付而、銭鋳出候儀相留候事」として、銭価格低落のため幕府直轄の上方三か所の銭座が停止された[14]。日付は確定しがたいが、おそらく江戸銭座の停止も同じころだったろう。銭座に残る在庫は半分を金一両＝銭四貫文の定相場で幕府が買い上げ、残り半分は銭座の者が同価で売り出すことになったが、だぶついた銭がその価格で売れるはずもなかった。データが豊富な京都の銭相場（銭一貫文あたり）を見ると、寛永十四年銀二四匁まで高値であったのが下がり続け、同十八年に銀一〇匁で底を打った（表2-3参照）。定相場金一両＝銀五〇匁で換算すれば、銭五貫文にまで下落したのである。銭座はこうした在庫をかかえ、できるだけ高値での売却先を探していたであろう。

さて臼砲鋳造やその原料銅の調達を通じて、オランダ側は銅輸出解禁への足がかりにしようとしたのかもしれない。なかなか実現のめどが立たないなか、解禁運動は継続していたようであり、ようやく寛永二十年になって長崎のオランダ商館長のもとに銅輸出解禁の内報がもたらされた。史料6は『ピーテル・アントニスゾーン・オーフェルトワーテルの日記』一六四三年五月二五日（寛永二十年四月八日）条、史料7は『ヤン・ファン・エルセラックの日記』同年九月二一日（同八月九日）条の記事である。[15]

〔史料6〕

我々の嶋の町長四郎右衛門殿が来て、次のことを伝えた。大坂に住む彼の父太郎右衛門殿から手紙が来て、確かな筋から、オランダ人に対して日本から銅を持ち出すことが許可されることは確実であると知らされた。

〔史料7〕

従前、殆どの銅を会社に供給していた最も主要な商人である飾屋藤左衛門〇堺の商人とアスシヤ・ヤソゼイモン殿〇安知子弥左衛門か、後考に俟つが三回、私の部屋に来て、今日もまた、この件に就いて話しに来た。彼等は次のように公言した。即ち、銅の輸出と、これをオランダ人が輸出してもよいということが最高政府に依り認可された。但し、誰にも許されたのではなく、マリヤ・チョウザエモン殿〇丸屋長左衛門かという者が（彼は引き受けた銅で陛下の銅銭を鋳造するが、なお、多量の銅が余剰となる）これを引き受け、販売することを許された。彼は、これに関する書付け、即ち皇帝のチャパ〇特許状を得るため、目下江戸に居る。

史料6の太郎右衛門・四郎右衛門父子の屋号は海老屋、大坂のオランダ宿の家柄であり、内容は確かな情報源によるものと考えられる。史料7の「アスシヤ・ヤソゼイモン」は正しくは安知子弥三左衛門であり、『糸乱記』にも登場する堺の糸割符商人である。「マリヤ・チョウザエモン」[16]は不明だが、飾屋・安知子に連なる人物と推定され、さらに銅銭を鋳造したとあるから銭座に直接関与したのであろう。いずれにしても、輸出解禁が実現一歩手前までいっていたこと、銅輸出がマリヤの独占的な請負としておこなわれようとしていたことがわかる。

さらに『バタヴィア城日誌』の一六四三年一二月二日（寛永二十年十月二十一日）付「日本帝国の長崎商館において起こりたる主要事件に関し、同地より続々得たる報告書によりて作成せる摘要」にも、「大坂の藤左衛門殿 Thosejmondonne が陛下に銭を納めたる後、残りたるもの沢山あるがゆえに、銅および銅銭の輸出はすこぶる有望なり」と解禁情報を伝えている。この「藤左衛門」が飾屋藤左衛門を指し、彼が大坂の銭座を主導したことは、これまで提示してきた史料から確かであろう。鋳銭の遂行のため錫の輸入をオランダに求め、実際に買い付けたころには鋳造は行き詰まりをみせていた。彼が解禁運動をさらに推進した背景には、銅銭の過剰な鋳造とその価格低下があり、当初の目論見通りの利益を上げえなくなった状況が考えられる。前述のように寛永十八年末に銭座は停止され、過剰な銭をかかえた請負人たちは、自らの損失をできるだけ避けるため銭の輸出解禁運動を展開したのである。

だが実現するかにみえた銅輸出は、急転直下中止された。それを伝える『バタヴィア城日誌』「一六四四年および一六四五年、日本の長崎より受け取りたる報告書その他の書類の抜粋」には、次のように記されている。

〔史料8〕

銅の仲買人等は大阪において二艘の大船に同金属を満載したるのち長崎に下り、日ならず多量の着荷あるべきを伝え、同所の市民の間に小団体を作り、その主人の外に皇帝の特許により外国人に該金属を売るものなしと言い触らせり。商館長は（大阪に着きて）右仲買人等の出発後間もなく、江戸よりさらに命令あるまで出帆すべからずとの命令を受け、前記の船は積荷を降したる由を聞きたり。その理由は会社を嫉める顧問官等が陛下に説きて、外国人が銅をもって大砲その他軍需品を製造して勢力を加え、他の国人に害を加うべしと言えるにあり。ただし請願者はその目的を達すべきを確信して勇敢に宮廷に逗留せるが、商館長は大いに疑いを懐き、成功は期待すべからずとなせり。

記事の年次は明らかではないが、史料7との関係からみて翌年（寛永二十一＝正保元年）のことであろう。長崎の「小団体」がマリヤ（丸屋）の請け負う銅輸出の仲間を指し、彼らが仕立てた銅あるいは銅銭を積載した船は出帆直前に停止命令をうけ、荷下ろしとなった。理由は銅が軍事物資であるとの論理が繰り返された。解禁を推進した旧銭座の関係者はあきらめず江戸で運動を継続したようだが、商館長は成功は見込めないとあきらめた様子を伝えている。ようやく銅輸出が実現したのは正保三年（一六四六）のことであった(17)。

おわりに

本章の検討によって、寛永通宝の大坂銭座は堺の糸割符商人飾屋藤左衛門を中心とした人たちに担われていたことが確実になった。実際の鋳造期間は寛永十四年から十八年までであった。彼らは生糸を中心とした輸入貨物を扱うとともに、古くからの銅の売込み商であり、いわゆる「鎖国」という制限貿易によって最も不利益を被った商人であった。こうしたことから、大坂のみならず新規の銭座は、貿易統制によって打撃をうけた糸割符仲間などに見返りとして認められた可能性が高い。江戸・坂本・京都の銭座についても、主体勢力の解明は課題として残っている。

また銭座が利益を出すためには、銭の価格が鋳造費用をまかなえる以上に十分高いことが前提とされる。だが過剰な生産によって銭価は寛永十七年頃からめだって低下し、だぶついた在庫をかかえ銭座の経営は行き詰まった。彼らは幕府に援助を求めるいっぽう銅輸出解禁運動へと進んでいった。

銅輸出解禁の動きからみれば、幕閣内部も利害や方針を異にする勢力をかかえていた。また商人側も、銭輸出に打開策を見いだしたい旧売込商（糸割符）と、商館との直接取引を狙う新興の商人（のちの銅屋につながる勢力か）との対抗が見え隠れする。両者の対抗をかかえながら正保以降の銅輸出が始まる。

江戸問屋の記録によれば[18]、幕府は慶安年間（一六四八〜五二）から錫・鉛の大坂回送策や焔硝・硫黄・鉛の輸出禁止策をとり始めたというが、これら鉱物資源の国家的統制は、国内的には私鋳銭の禁止と、国際的には軍事物資の輸出禁止の両面から位置づけることができる。寛永通宝の鋳造が始まっても大名領八か所の鋳銭所が存在したように、銅自体は幕府の統制下にはなかったが、鋳銭材料として禁輸が発令され、さらに軍事物資としての位置づけも喧伝されて、統制につながる前提となった。銭座閉鎖後の寛永二十年には、銭の密造禁止が全国令として出された。こうしたなか銅の統制について、荒銅の大坂への回送・集中と、銅精錬あるいは輸出業者の統制が寛文年間（一六六一〜七三）以降進んでいくと考えられる。

（1）とくに断らないかぎり、以下の幕府関係の叙述は国立公文書館内閣文庫『古記録』・『江戸幕府日記』による。
（2）前掲『古記録』所収史料。
（3）『泉屋叢考』第拾九輯「近世住友の吹所の研究」（住友修史室、一九八〇年）五頁。銅の輸出が禁止されると、友以は輸出解禁運動の先頭に立って活躍したと伝えられているが、泉屋の記録では輸出禁止は寛永四年に始まり同十五年まで続いたとしており、年次に大幅な差があり信憑性が疑われている（『泉屋叢考』第八輯「近世前期の銅貿易株と住友」

住友修史室、一九五六年）。しかし後掲のオランダ側史料に記すように、銭鋳造人仲間が解禁運動を展開したのは確かなので、伝承は何らかの事実をふまえて構成されているらしく、再検討する必要がある。

（4）　オランダ平戸商館に対し、松浦壱岐守あて老中奉書（四月一日付）をもって正式に通達されたのは五月八日（西暦一六三七年六月三〇日）であった。また銅輸出は完全に禁止されたわけではなく、対馬から朝鮮への輸出は、幕府の承認を経て従来通りの規模で続けられた。「古川家覚書写」（九州大学文学部国史学研究室所蔵）所収の寛永十四年四月二十日付宗対馬守あて老中奉書写に「従対馬朝鮮国へ銅渡之事被留候由承候、朝鮮国ハ余国ニ替り候間、先年より銅渡つけ候程相渡候様尤候」とあり、宗氏が幕府の輸出禁止の意向をうけとめ、いったん輸出を見合わせたうえで幕府の承認を得たことがわかる。田代和生『近世日朝通交貿易史の研究』（創文社、一九八一年）三五二頁によれば、この時期の輸出定額は年間二万九〇〇〇斤ほどで、すべて荒銅で輸出されていた。

（5）　引用はいずれも『日本関係海外史料　オランダ商館長日記　訳文編之四(上)』による。

（6）　前掲『古記録』所収史料。

（7）　北村清士校注『中川史料集』（新人物往来社、一九六九年）によれば、寛永十三年竹田古町に取り立てられた銭座が寛永十六年に「古町銭座御止め」とある。

（8）　栗原福也「オランダ連合東インド会社と日本貿易　―Generale Missiven 試訳(3)―」（『東京女子大学附属比較文化研究所紀要』四八、一九八七年）。

（9）　中田易直校注『糸乱記』（近藤出版社、一九七九年）。

（10）　以下『バタヴィア城日誌』の引用はすべて『バタヴィア城日誌』1〜3（平凡社東洋文庫、一九七〇・七二・七五年）による。

（11）　永積洋子編『唐船輸出入品数量一覧　一六三七―一八三三』（創文社、一九八七年）所収の「唐船輸入品年度別目録」による。

（12）　幕府が輸出禁止の理由を、寛永通宝の鋳造原料確保から戦略物資の輸出制限へと論理を変えることについては、鈴木康子「平戸貿易と銅」（箭内健次編『鎖国日本と国際交流』上巻、吉川弘文館、一九八八年）参照。のち鈴木『近世日蘭貿易史の研究』（思文閣出版、二〇〇四年）に改稿のうえ収録。

(13) 「銅異国売覚帳」記事番号四、「年々諸用留　四番」記事番号六（以上、『住友史料叢書』所収）。
(14) 引用は前掲『古記録』所収史料。
(15) 引用はいずれも『日本関係海外史料　オランダ商館長日記　訳文編之七』による。史料7の小字は校訂者による注記である。
(16) 史料校訂者による「丸屋長左衛門」という比定が正しいなら、田中康雄編『江戸商家・商人名データ総覧』（柊風舎、二〇一〇年）によれば、幕末期の江戸本湊町に同名の炭薪の問屋がいる。第十一章で検討する享保期の江戸銭座の請負者にも炭薪仲買と思われる人たちがおり、時期こそ違うが、職業的な近さが感じられる。
(17) 銅輸出許可にいたる過程や解禁直後の銅輸出については、鈴木前掲『近世日蘭貿易史の研究』一四二～一四三頁に詳しい。
(18) 鉛・錫の大坂回送については『大日本近世史料　諸問屋再興調五』所収の錫鉛引受問屋の史料、焔硝・硫黄・鉛の禁輸については『大日本近世史料　諸問屋再興調七』所収の薬種問屋の史料による。

第十一章　享保期、大坂難波銭座の鋳銭

はじめに

銭の鋳造の実態は、江戸時代においても史料的になかなか把握しがたい。これは、当時の鋳銭が常設機関によるのではなく、あらかじめ期間を定めた銭座の請負によって進められ、目的を達すれば銭座は解散して、直接の史料が残りにくいことが大きな要因である。当然、実態把握の難しさは時代をさかのぼるほど増大し、のちに編纂された二次的史料、たとえば近藤正斎（守重）『銭録』や草間直方『三貨図彙』などの貨幣誌（銭譜）に依拠せざるをえないことが多いのである。

このような現況を省みるとき、江戸時代の銭座の個別的検討は銭貨研究の基礎として今なお重要である。ここでは享保期の難波銭座についてとりあげ、従来の典拠史料を再検討し、より良質の史料を交えながら、鋳造期間やその目的など銭貨研究の基本に関わる部分について確定作業を進める。そのうえで、近世社会における銭貨の機能や、幕府の便益を掲げつつ自らの経済的利益を狙った銭座の性格にも言及したい。

一　従来の見解と典拠史料

享保十三年（一七二八）から陸奥石巻や佐渡・摂津難波村で寛永通宝の銅一文銭が鋳造された。このうち難波

図11-1　享保難波銭（近藤正斎『銭録』）

村の鋳銭については、『大阪市史』（以下『市史』と略記）が「難波村鋳銭場は道頓堀裏戎橋筋より西に当り、銭座支配人を中村忠兵衛・丁子屋喜兵衛・島屋嘉兵衛の三人とす。此所にて鋳造せる新銭は銀六十目につき五貫百五十文にて是歳五月より売出せしが、同十五年に至りて廃止となりぬ」と述べており[1]、これが定説となっている。『三貨図彙』や『銭録』の掲載図によれば、鋳造銭は銭文の「永」字の第三画を跳ね上げている点に特長がある（図11-1）。

右の典拠は、本文に示された注記から、新銭売出しについては『市史』第三に収録の補達一二（五月二十九日付「道頓堀裏銭吹所新銭売買之事」）、銭座支配人や廃止の年次については『三貨図彙』であることがわかる。鋳銭場の位置については引用書目からは判然としないが、『大阪編年史』第七巻所収の『聞書』という史料であろうと推測する。『三貨図彙』と『聞書』の該当部分を以下に掲げる。

［史料1］『三貨図彙』（『日本経済叢書』巻二十七）

　大阪難波村ニテ鋳銭

　享保十三戊申年ヨリ同十五庚戌年迄、大阪道頓堀裏難波村ニテコレヲ鋳ル、銭座中村忠兵衛・丁字屋喜兵衛・島屋嘉兵衛徳廟日光御社参ノ時、此座へ仰付ラレ所鋳ノ御用銭ナリ、今希ニ有之

［史料2］『聞書』新地川浚ノ類（『大阪編年史』第七巻）

　同処銭座出来ハ、

　　享保十二年春出来、銭吹出シ、其年ニ止ム。夷子橋より西ナリ。

『市史』では、確証が得られなかったためか、史料1の「徳廟日光御社参ノ時、此座へ仰付ラレ所鋳ノ御用銭

ナリ」の記事を採用していない。日本銀行調査局編『図録　日本の貨幣』（以下『図録』と略記）でも、江戸の深川銭が鋳造中であり疑問があるとして、この説を排除している。(2) なお『図録』では鋳造高は不明としながらも、年間一〇万貫文程度と推定している。

『市史』の記述に加えて、『大阪府の地名Ⅰ』では難波村の項において、①道頓堀九郎右衛門町南手の難波村畑地に鋳銭場があったこと、②享保十三・十四年に難波村の高から五二石二斗五升九合の「新銭吹場引」が見られること、③同地が難波村の惣苗場であったため村は江戸表まで出訴し鋳銭場を廃止に追い込み畑地を取り戻したこと、を指摘している。(3) ①③の典拠は『古来より新建家目論見一件』、②は『青物立売一件』坤に所収の難波村免状である。(4) いずれも新史料による重要な指摘である。ここでは以下検討の必要から、前者の関係部分を引用しておく。

［史料3］「松安庄右衛門新建家願之事」（『古来より新建家目論見一件』）

○右畑地之分ハ先年新銭吹場被仰付候節、北畑地ハ道頓堀九郎右衛門町南表惣苗代場ニ而、諸種萠置候而生立候を所々畑地へ植付申候儀故、其節之御代官様江度々御願申上、其上江戸御表迄罷下り、右之畑地御用地ニ被仰付置候而者難波村畑地之分へ蒔付候種もの無御座、尤居村西者水場之畑地、堤西之畑地ハ汐入場ニ而塩気御座候故、苗代ニ仕候事難相成、右新銭吹場之畑地村方へ御戻シ被為成下候様、弐拾年以前江戸表江奉願上候処、大御所様御時代ニ早速被為聞召上、御戻シ被下候畑地之義ニ御座候得者、（後略）

二　通説の問題点

『市史』や『図録』は、難波銭の鋳造が将軍の日光社参の時に命じられたという『三貨図彙』の記事を採用しなかったが、まずその真偽について探っておこう。

時の将軍徳川吉宗は享保十三年（一七二八）四月に日光社参を果たしており、参詣実施の旨は前年七月に公にされた。社参の準備が命じられると、物価や銭相場に影響が出始めたらしく、江戸では八月五日の触に「来夏日光御社参被仰出候ニ付、諸色直段高直ニ仕間敷候、銭之儀頃日俄高直ニ相成候」と述べ[5]、買占めなどの行為を禁止している。十月には供の者たちの道中入用品や両替切賃の高騰を禁じ、十一月には駕籠かき・日用の雇い賃銭の高騰を禁止している。切賃とは高額貨幣を小額貨幣に両替する場合の手数料のことで、その高騰は小額貨幣の需要増を示す。銭相場の高騰もこれらと関連した銭需要の増大、あるいは思惑買いによるものであろう。銭相場の動向をみれば、江戸においてこの年の安値は五月の金一両につき四貫七〇〇～七一〇文、高値は十二月に四貫四三五～四四五文をつけている[6]。社参の道中に近い奥州道中白沢宿の記録では[7]、八月中に金一両につき四貫六〇〇文から「御成沙汰故」（社参の発令をうけて）四貫四〇〇文に上がっている。また同記録には、享保十三年四月の社参後に「御成過、五月六日ニ伊奈半左衛門様より御触、日光道中御成御道筋之宿々へ、銭百五拾貫文宛被下候」と褒美の銭配布もおこなわれており、幕府においても銭を大量に備えておく必要があったと思われる。

江戸では享保十年頃から銭相場は高く、すでに享保十一年から新銭座が稼動していた。日光社参が報じられると銭相場は上昇し、このようななかで幕府は社参の銭需要に応じなければならず、銭不足解消のためさらに銭座を増設した可能性は捨てきれない。だが銭を必要としたのはあくまで関東であった。江戸銭座の生産量など不確定な要素は多いが、社参時の銭需要のため遠く大坂にまで銭座を設けたかについてはさらに検討を要する。

次に、難波銭座の設置期間については、『青物立売一件』の難波村免状が紹介されたことによって再検討が必要になったように思われる。すなわち「新銭吹場引」が享保十三・十四年分しか見られないから、享保十五年まで置かれていたという通説は疑わしくなったのである。史料2の享保十二年春に銭座ができたという説は納得できないが、これを仮に享保十三年と読みかえ、「其年ニ止ム」を同年末まで銭座が稼動したと解釈すれば、当然後始末に翌年までかかるから、前述の難波村免状の内容と符合することになる。

ところで、新銭吹場の畑地が難波村の願によって返還された時期はいつ頃であろうか。史料3は宝暦九（一七五九）～十年頃の内容を示す部分にあり、「弐拾年以前江戸表江奉願上候処、大御所様御時代ニ早速被為聞召上」と記すが、大御所吉宗はすでに寛延五年（宝暦元、一七五一）に死去している。そこで史料3を吉宗大御所時代すなわち延享二（一七四五）～宝暦元年に作成されたものからの引用と解釈すれば、難波村が出訴した「弐拾年以前」は享保十～十六年にあたり、それ以降あまり期間をおかずに返還されたと思われる。前述の難波村免状には、「新銭吹場引」がなくなったあと、村高の変化や御用地とみられる引高もないから、享保十五年に畑地とも新銭吹場跡地が村に返還されたとみておきたい。享保十五年まで銭座が置かれていたという通説は、銭座が稼動を止め、跡地が村に返還されるまでの期間を含んだものと解釈できる。

三　『古記録』所収史料による再検討

国立公文書館内閣文庫蔵の『古記録』は、大坂町奉行を中心とする大坂在勤幕府役人あてに発せられた老中・勘定奉行等の指令を記録した史料である。全六冊の収録年次は一七世紀前半から元文元年（一七三六）にまでおよぶが、欠年も多い。そのうち第三冊が幸い享保十二（一七二七）・十三年分を収録し、そのなかに難波銭座関係史料が少なからず収録されている。以下の引用は、とくに断らない限り『古記録』による。

［史料4］

当三日之貴札致拝見候、其表銭吹方請負人願之儀ニ付委細申進候趣御承知被成候由、依之御紙面得貴意申候

一其表ニ而新銭売出候直段之儀、先達而進候請負証文ニは壱両ニ付五貫百五拾文と有之、先月十九日之書状ニは五貫百弐拾四文と認進候ニ付、被仰聞候趣致承知候、請負証文之通五貫百五十文之筈ニ御座候、左様

御心得可被成候、先書ニ申進候は書違にて御座候
一金壱両ニ付銀六拾匁替ニ定売出度由申候趣申進候ニ付、其表は銀遣ひニ而通用いたし候得は、壱貫文何匁と申候而、銀直段を以銭売出シ候得は、代リハ銀ニ而請取、又は金ニ而取候へは其時之金相場を以銀直段ニ直シ候得は、滞儀有之間敷と思召候由、左候へは時之相場を以売出候筋ニ罷成候間、請負人猶又右之趣申聞候処、然上はたとへは金直段壱両ニ付五拾八匁弐分五厘いたし候時は、壱貫文ニ付銀拾壱匁六分五厘之積りニいたし、金壱両ニは銭五貫文売出シ候様仕候得は事済候哉と尋候へは、其通りニ候由申候間、右之通ニ而差障候儀無御座候哉、猶又御了簡被成、弥右之趣ニ而可然候は、其表ニも罷在候請負人江右之通可相心得旨被仰渡候様ニと存候、以上

未十二月十六日

細田弥三郎印
神谷武右衛門印
公事方無印形　辻六郎左衛門
同断　杉岡弥太郎
萩原源左衛門印
同断　稲生下野守
同断　久松大和守
筧　播磨守印
駒木根肥後守印

鈴木飛驒守様
松平日向守様

享保十二年十二月十六日付で松平勘敬・鈴木利雄の大坂両町奉行にあてた勝手方勘定奉行（駒木根政方・筧正鋪）・同吟味役（萩原美雅・神谷久敬・細田時以）連署状である。[8] これによれば、難波銭座請負願はどうやら江戸で出願されたらしく、勘定所から大坂町奉行あてに差支えの有無などを尋ねることがあり、十二月三日付書状において大坂町奉行は承知の旨を伝えたようだ。本書状でも、金銀相場と銭売出価格の関係について、請負人に江戸の勘定所から尋ねた結果を報知しているから、江戸に主たる出願者がいたことは確かである。請負人は大坂にもおり、その下で実際の鋳造にあたったのであろう。なお新銭売出価格については、結果的に金銀の実勢相場にもとづく換算は採用されず、銀六〇匁につき銭五貫一五〇文と定め、翌年五月二十九日に町触が出されたことは、前述した通りである。このような両地間の協議の様子からうかがうと、銭座は大坂町奉行の回答を待って十二月中旬には正式に認可され、享保十三年初頭に稼動し始め、五月末になって町中への売り出しが開始されたとみるのが合理的であろう。出願時期は確定しがたいが、享保十二年十月二十五日に「銅・錫・鉛直段此節高直ニ成」として鋳銭材料となる銅・錫・鉛の「買込しめ売」を禁止する大坂町触が出ているから、[9] 銭座設置の動きはすでにこのころからあり、鋳銭材料の買付あるいは思惑買いが先行していたと推測される。

これを裏付ける史料が泉屋住友の記録に見える。[10] 享保十二年十月十四日に泉屋吉左衛門はじめ丸銅屋治郎兵衛・冨屋九郎左衛門・平野屋甚右衛門の銅吹屋（銅精錬業者）の代表が大坂町奉行所の地方役のところに呼び出され、与力朝岡三左衛門から天満薬鑵屋町の銅細工人（銅の加工業者）らが訴えていた銅値段の上昇について理由を尋ねられた。銅吹屋は回答書においておもに三つの要因をあげて説明している。第一に、今年は銅廻着高が総じて少ないという事情を述べ、第二に、例年五、六月に大坂に着く北国廻りの銅が八、九月に売却されるので九月頃から品薄になって値段が上がるという季節的要因をあげている。そして第三に、「其上今年之義ハ当春江戸銭座へ銅弐三拾万斤程も買取差下申候へ共、廻着高無数内ニ御座候所、此節銅別而払底仕候、且又頃日ニ至り於御当地ニ新銭座出来仕候由取沙汰仕、全躰無数銅ニ御座候へ者直段も高直ニ仕候様ニ奉存候」と、品薄に加えて春に江戸銭座が銅を買い上げたため払底し、さらにこのころにいたり大坂で新銭座設置の動きがあって値段が上がっていると述べている。江戸や大坂における銭座の設置が、銅とりわけ国内消費用の地売銅の需給関係に影響して、価格上昇をもたらしたのである。また記事の最後に「当地ニおいて新銭座被仰付尋有之候、願人何れ共相知不申候」と結んでいるから、地方役所に呼び出されたとき銅吹屋に銭座新設について質問があったようだが、銅吹屋も出願者のことは知らなかった。以上から、銭座設置の出願は十月初旬におこなわれたと推測される。

さて享保十三年二月二日、勝手方勘定奉行・吟味役は大坂町奉行あてに、新銭一万五〇〇〇貫文ほどを三月二十日までに江戸へ積み廻すよう当地（江戸）の請負人中村忠兵衛に指示したので、大坂でも同じく請負人に指示するよう求めた。間に合わなければ古銭を混ぜてもよいと述べているので、三月下旬に緊急に江戸で銭を必要としたことを物語っている。まさに吉宗の日光社参の直前である。難波銭座がこの段階で大規模な鋳造をおこなえなかったにせよ、時期からみて、将軍の日光社参時の銭需要をまかなうため大坂での鋳銭が認められたという説は信憑性が高いと判断される。

三月十九日には大坂城代酒井讃岐守忠音が銭座を見物し[11]、五月末からは町方への新銭売り出しも始まり、鋳銭は順調に推移した。しかし九月頃から銭質の悪化が表面化してきた。九月十三日の大坂町奉行あて勝手方勘定奉行・吟味役連署状では、新銭に割れがあるというので老中水野和泉守忠之の指示によって、新銭を一、二貫文江戸へ送ることや、「銭位かね合」（銭の地金の配合割合）などを吟味させるため町奉行配下の組与力を御用掛にすること、請負証文通りの地金で鋳造するよう命じることを申達している。老中水野忠之は一貫してこの問題に関する指示を出しており、新銭御用掛というべき地位にあったと思われる。同じく九月（日付なし）の連署状では「地かねとくとねり合不申候歟、又は銅多過候事なと有之候得は、こわはり候而われ候儀も有之候」と割れの原因を予想し、金属材料の配合を改めて吟味するよう指示している。十月五日には老中松平左近将監乗邑・水野忠之が戸田大隅守忠囿（大坂定番）と大坂両町奉行にあて、「吹方之者共麁末之仕方茂候歟」として大坂町奉行に吟味を命じ、委細は勘定奉行から指示するとした。その内容が十月四日付の勝手方勘定奉行・吟味役連署状であり、大坂から届いた新銭二貫文を老中水野に披露したが、江戸の鋳造銭より質が悪いので地金の吟味を再度命じ、御勘定四人を新銭改御用掛に任じて検査している江戸銭座の例を参考にするよう、銭座改方仕法書を添えて下命している。難波銭座には直接関係しないが、勘定所役人の改方がわかる稀な史料なので紹介しておく。(12)

［史料5］

上書ニ銭座改方御勘定差出候書付写

覚

新銭吹方改之儀、銭師休日外は日々見廻り罷越申候

一大吹かね合日々仕候節、拙者共立合候而かね合之秤目等相改、大吹百貫目一吹分宛仕分ケ、何程吹候共、此大吹鋳仕廻候内は拙者共附添罷有候

一鋳銭焙土小屋細工日々見廻り、鋳銭吹方幷銭仕立等吟味仕候

一出来銭相揃次第、小屋々之分一小屋切ニ吟味仕候、銭高何程御座候共、壱貫文宛千木ニ掛貫目相改、右之内壱貫文分百文宛乱シ銭ニ而てんひん秤ニ懸ケ、此内一銭之重目九分余より壱匁余迄有之分は平均ニ仕、百文ニ而九拾六匁御座候得は宜キニ相極、右一小屋分吹高ニ応シ三貫文程切解キ、疵銭・文字潰銭・穴明キ銭・軽目銭等相改、みがき吟味仕候、若右之類之悪銭三銭五銭も有之候へは、一小屋分何程御座候共、不残吹直シ候筈ニ申付候、尤相改相違無御座相済候小屋之分ハ、壱貫文毎ニ拙者共封印付ケ請負人江相渡申候

右之通御座候、以上

地金の鋳造をおこなう大吹については配合原料の重量を改めたこと、鋳銭小屋を単位として出来銭の重量や悪銭の有無を中心に改め、三貫文に悪銭が三～五個も見つかれば一小屋分の出来銭の吹き直しを命じたこと、合格した銭には一貫文ごとに封印を付けて請負人に渡したことがわかる。江戸の勘定所はこれと同等の吟味を大坂町奉行に求めたのであろう。

その後も難波銭座の銭に改良の兆しはなかった。十一月十九日付の勝手方勘定奉行・吟味役連署状でも、新たに送られた新銭を老中水野に見せたところ出来映えは悪く粗末なので再吟味を求めている。そして三日後にはついに銭座停止が命じられた。

［史料6］

其表ニ而吹候新銭悪敷われ損茂有之候、去年中請負申付候節、麁末成義無之筈ニ証文をも申付候処、右之通之儀、其上当春は銭御入用之事も有之吹方申付候得共、当時此上銭も多ク御入用之儀も無之事候間、其表之銭吹方相止させ可申旨水和泉守殿被仰渡、其元江も私共より可申遣由被仰聞候間、請負人江右之段被仰渡、吹方相止候様ニ可被成候、尤吹所等取払次第、地所ハ久下藤十郎方江引渡候様ニ御申付可被成候、以上

十一月廿二日　　　　　　　　　　　　煩　細田弥三郎
　　　　　　　　　　　　　　　　　　　　神谷武右衛門印
公事方無印形　　辻六郎左衛門
同断　　　　　　杉岡弥太郎
　　　　　　　　萩原源左衛門印
同断　　　　　　稲生下野守

同断

久松大和守

筧　播磨守印

駒木根肥後守印

鈴木飛驒守様

松平日向守様

追而、当月十七日之御切紙今日相届、御紙面致承知候、御組与力新銭吹方吟味勤候儀ニ付御扶持方之儀被仰聞候、吹方相止候上、御沙汰ニハ及間敷奉存候、以上

前述の推測通り、銭座請負は享保十二年に認められており、設置の目的が翌十三年春の銭需要をまかなうためのものであったことが確認できる。十三年春に銭が必要な事態とは、やはり四月の日光社参に向けた準備を措いてほかには考えがたい。だがもはや大量の銭を必要とすることもなくなったこの段階で、銭質がなかなか改善されない難波銭座の鋳銭は、老中水野忠之によって停止を命じられた。銭座引き払い後、跡地は幕府代官久下藤十郎に移管されることになったが、その時期はおそらく翌年にまでずれ込んだであろう。

おわりに

以上の検討から、享保期の難波銭座が、享保十三年（一七二八）将軍徳川吉宗の日光社参時の銭需要をまかなうことを目的として設置されたという説は、かなり信憑性の高いことがわかった。銭は日光道中の通行や物資の運搬において支払手段として必要であり、銭の交通上の機能がここでも確認できる(13)。この一八世紀前半においてすら、銭の鋳造は実物の需要にもとづいていたのであり、貨幣相場の均衡を保つというような経済政策上の必要から発動される場合だけではなかったのである。

だが難波銭座が、日光社参のためだけに許可されたと考えるのも早計であろう。おそらく請負人仲間は、社参時の銭需要を運上のような形で負担することを条件に鋳造の許可を求め、新銭の販売によって運上を上回る利益を目論んだというのが真相であろう。町方への新銭販売が始まったのは、社参後の五月末からであった。秋頃から悪銭が問題化していくのも、利益追求のために地金の質を落としたとみるのはうがった見方であろうか。金属材料の配合がどのように銭質に影響するのか気になるところである。また請負人仲間について、中村忠兵衛・丁子屋喜兵衛・島屋嘉兵衛という名前が挙がっているが、彼らは幕末期にいずれも炭薪仲買であったことがわかる(14)。享保期にまでさかのぼることができても、彼らが請け負った理由についての検討が課題として残っている。

結局、銭質の改善がみられない難波銭座は享保十三年十一月に停止された。実際に鋳造がおこなわれたのは、同年初頭から十一月までの一年足らずであり、翌年には鋳造所は引き払われ、跡地は難波村に返還された。このように短期間しか稼働しなかったため、鋳造量はあまり多くはなかったであろう。史料1に引用したように『三貨図彙』が書かれた一九世紀前半においてすでに稀少であったようだが、特長ある字体をもつだけに、難波銭がどの地域に流通したのか、発掘される銭貨で確認することも可能ではなかろうか。東京都港区六本木の乗泉寺跡・大法寺跡遺跡の六道銭一五七八枚のうちに難波銭二枚があることが確認できたが(15)、寛永通宝の銭文の形態にまで言及した報告書はいまだ限られているのが現状である。

（1）『大阪市史』第一、六六七頁。
（2）日本銀行調査局編『図録　日本の貨幣３　近世幣制の展開』（東洋経済新報社、一九七四年）二二六頁。
（3）『大阪府の地名Ⅰ』日本歴史地名大系28（平凡社）五〇四・五〇五頁。
（4）それぞれ『大阪市史史料』第一〇輯、第二九輯に収録されている。

（5）以下、江戸の触は『江戸町触集成』六〇三六・六〇四四・六〇四五号による。
（6）江戸の銭相場は『校註 両替年代記』原編による。
（7）「享保十三申年日光山御成御用書留」宇都宮領河内郡白沢宿宇梶太郎左衛門（『栃木県史　史料編・近世1』所収）。
（8）『古記録』所収の難波銭座関係史料には、すべて「享保十三申年」の朱筆年紀が付けられている。史料4にもこの注記があるが明らかに誤りであり、「未年」は享保十二年にあたる。
（9）『大阪市史』第三、触一三一二。
（10）「友昌君公辺用筋並諸用勤務格式」（『住友史料叢書』）記事番号四九。この段落の引用はいずれもこの記事による。
（11）「年々諸用留　四番」（『住友史料叢書』）記事番号二四四に、「来ル十九日、道頓堀銭座為御見物　御城代様御出被遊候」と記す。
（12）老中達書のあて名に大坂城代がないのが不自然であるが、ちょうどこの時期が前城代酒井忠音退任と次の堀田正虎就任までの空位期間にあたり、大坂に不在であったためと思われる。
（13）銭の交通上の機能については、本書第七章を参照。
（14）田中康雄編『江戸商家・商人名データ総覧』（柊風舎、二〇一〇年）による。
（15）港区教育委員会事務局・港区遺跡調査事務局編『乗泉寺跡・大法寺跡遺跡　円福寺跡遺跡発掘調査報告書　―銭貨・人骨編―』（六本木六丁目地区市街地開発組合、二〇〇四年）。

第十二章　真鍮四文銭の鋳造と流通

はじめに

寛永通宝の真鍮四文銭は波銭ともよばれ、背面の波形模様に特長がある（図12－1）。江戸時代を通してみると明和五～天明八年（一七六八～八八）、文政四～八年（一八二一～二五）、安政期（一八五四～六〇）の三度鋳造されたことが知られている（以下それぞれ、第一次鋳造、第二次鋳造、第三次鋳造と記す）[1]。第一次鋳造は、銀座の負債を解消させるため、当時の幕府勘定吟味役川井久敬の主導で実施され、より多くの利益を上げさせるため鋳造高も多額であったと理解されている。近世貨幣史の基本史料である『貨幣秘録』によれば五五〇万貫文を超える鋳造高があったといい、その後の銭相場下落の大きな要因と考えられてきたが、その数値があまりに厖大なためこれまでも疑問が出されている[2]。本章では従来の疑義をふまえ、新たな史料も交えてこの鋳造高を確定することを第一の目的とする。合わせて、これまで明らかになっていない第三次鋳造についても、その鋳造高を予想してみたい。

21波（初期）

11波

図12－1　真鍮銭の背面（近藤正斎『銭録』）

　真鍮四文銭については流通域も問題となる。永楽通宝や永銭勘定など銭の四文通用の伝統を有する東日本で流通したことは予想されてきたし、第一次鋳造時には、明和六年の調査で江戸から箱根まで東海道筋で順調に流通していったことが確認されている。いっぽう大坂へ輸送されたことは判明しているが、西日本への普及がはかられたか否かは未解明である。ついで第二次鋳造については、遠国通用のために鋳造し江戸では払い下げないから、相場にも影響ない旨を幕府は江戸の町触でわざわざ断っている(3)。第一次鋳造とは比較にならない八万貫文弱の鋳造高であるが、どの地域にいかなる目的で流通させようとしたのか明らかにはなっていない。実態のほとんどわからない安政期の鋳造を含めて、これら真鍮四文銭の流通範囲を考察することが本章の第二の目的である。銭の流通域を考えるうえで考古学的成果は不可欠であるが、文献史料上どこまで確定的なことがいえるのか、あるいは推測できるのか、考古学の成果を参考に検討しておきたい。

一　第一次鋳造高の再検討

これまで真鍮四文銭を論ずる場合に基本史料とされてきた『貨幣秘録』は、『近古文芸温知叢書』『日本経済叢書』『日本経済大典』ですでに翻刻されている。史料1は最も刊行年の古い『近古文芸温知叢書』五から該当部分を引用したものであるが、用字や体裁の違いを除いて他の本と内容は同じである。

［史料1］

真鍮銭之事

明和五年戊子五月、亀井戸村銀座に於て真鍮銭を鋳る、真鍮銭一枚を以並銭四文に換ふ、故に是を四文銭といふ、径り九分強し、重さ一匁四分（銅六割八分、鈝丹二割四分、白鑞八分、背に浪あり）、一ケ年吹高五万五千貫文と定めらる、此後連々に吹高を減せらる、天明八年戊申十二月に至りて吹方を止め、永代通用の令あり、総吹高五百五十三万六千三百八十貫二百八文（但一文を一枚にして算す）、文政四年辛巳十一月よ

り同八年乙酉迄、五年の間銀座にて真鍮銭吹増の事あり、重さ一匁四分（銅七割半、釷丹一割半、鉛一割）
吹高七万九千七百貫文、但同上

まずこの史料中においても、年間鋳造高から推定できる総鋳造高と必要銅地金量の二点において矛盾がある。総吹高を五五三万六三八〇貫文余と記す一方で、鋳造期間は明和五～天明八年（一七六八～八八）の二一年弱で、当初の年間鋳造高は五万五〇〇〇貫文（五五〇〇万枚）、途中から鋳造高を減少させたと記すから、どう積算しても総鋳造高は一〇〇万貫文を超すとは考えがたい。また地金の銅について、四文銭一枚あたりの銅重量は〇・九五二匁（1.4×0.68）、これに総鋳造高を掛けて斤に換算すると三二九四万斤余（0.952×5,536,380,208÷160）となる。鋳造時の吹減（地金の損失）を考慮すると三四〇〇万斤は下らない。これを鋳造期間二一年で割れば平均年間一六〇万斤ほどとなり、最盛期には少なくとも二〇〇万斤以上の銅を必要としたことになる。これは当時の国内銅生産の二分の一から三分の一に近い高である。当時銅の最大の用途は輸出用であったから、それを除く国内向け地売銅でこれほどの地金をまかなうことは到底不可能であり、また輸入も考えがたい。

このような自己矛盾をかかえる『貨幣秘録』であるが、翻刻時の誤りではなさそうである。翻刻の原本となった大蔵省旧蔵本の所在がわからないため、東京大学史料編纂所所蔵の写本を閲覧したところ、翻刻通りであることが確認できた。ところが『貨幣秘録』の類本である『官府拾遺』あるいは『金銀考』と称する国会図書館本によれば、「惣吹高五十三万六千三百八十貫二百八文」と冒頭の「五百」を欠いている。すなわち『貨幣秘録』の数値は、底本である大蔵省旧蔵本の誤記の可能性が出てきたのである。

次に『官府拾遺』の数値は合理的に理解できるか、他の史料から検証しておきたい。

国会図書館蔵『銀座御用留』十二には、真鍮四文銭について、文政三～八年（一八二〇～二五）の鋳造高と明和五～天明八年との合計鋳造高の記載が見られる。後述するように、第二次鋳造における幕府の発行触は文政四年に出ているが、銀座に対する鋳造は前年に発令されていた。

［史料2］

一真鍮銭

明和五申年より天明八申年迄

文政三辰年より同八酉年迄吹増被仰付

此真鍮銭吹立七万九千七百貫文

吹立真鍮銭六拾壱万六千八拾貫弐百八文

九六銭ニシテ

弐百五拾六万七千貫文余但壱両ニ付六貫五百文替

金ニシテ三拾七万九千両余

この史料は、正確には銀座掛御用留と称すべき幕府勘定所の銀座掛役人の記録である。また該当部分は新文字銀（文政銀）鋳造の記事の続きにあるので、天保銀鋳造以前すなわち天保期頃の史料にもとづくと考えられる。時代も近く、記録者の面からも内容の信憑性は高いと判断できる。上記史料によれば、明和五～天明八年の鋳造高は文政三～八年の吹増分をのぞく五三万六二八〇貫二〇八文（六一万六〇八〇貫二〇八文－七万九七〇〇貫文）と計算できる。これは『官府拾遺』の数値に完全に一致する。

国会図書館所蔵『金銀座書留』附冊「真鍮銭吹方一件」や『向山誠斎雑記』の「戊申雑綴」(4)には、鋳造定高の変遷が詳しく記載されている。これまでも幾人かの論者が『貨幣秘録』の数値を疑問視し、この定高を積算し総鋳造高を推定してきた(5)。筆者も、明和五年途中から安永三年（一七七四）途中まで六年間毎年五万五〇〇〇貫文、安永三年途中から同七年途中まで四年間毎年二万七五〇〇貫文、安永七年途中から天明八年途中まで一〇年間毎

表12－1　真鍮銭と地銅

年次	地売銅買入高（荒銅）	うち江戸鋳銭地銅（鉸銅）	真鍮銭鋳造高（推定値）
明和３年	1,698,580.9斤		
４年	1,594,135.4		
５年	1,806,167.7	151,500.0斤	24,240貫文
６年	1,581,676.6	447,000.0	71,520
７年	1,547,102.0	538,500.0	86,160
８年	1,118,345.7	419,500.0	67,120
安永元年	1,032,279.4	358,000.0	57,280
２年	1,291,348.6	382,700.0	61,232
３年	1,573,229.0	125,500.0	20,080

出典：『大意書』巻四「明和三戌年以来大坂地売銅御買入高幷銅座にて売捌方訳書」

注：地売銅買入高には諸山廻銅にかかる掛入目を含む。吹減を含めた真鍮銭１枚あたりの地銅を１匁として計算。

年一万貫文として計算すると（天明八年四月以降の鋳造はわずかと思われるので無視した）、五四万貫文と概算できる。前記『官府拾遺』『銀座御用留』による鋳造高五三万六三八〇貫二〇八文にきわめて近似した値である。

『大意書』巻四所収「明和三戌年以来大坂地売銅御買入高幷銅座にて売捌方訳書」(6)によって、大坂の銅座が売却した地売銅のうち明和五〜安永三年の江戸鋳銭地銅高が明らかになる（表12-1参照）。その地金で鋳造できる真鍮銭は年平均六万貫文程度で、安永三年には大きく落ち込んでいる。代わって会津・足尾銅を地金とするようになるが、その高もせいぜい真鍮銭二〜三万貫文を鋳造できる規模かと推測される(7)。購入した地金高からみても、上記の『官府拾遺』『銀座御用留』による鋳造高に大きな矛盾はない。

以上の検討から、第一次鋳造高について刊本の『貨幣秘録』の数値は底本の誤記であり、『官府拾遺』『銀座御用留』による五三万六三八〇貫二〇八文が正しい数値と結論づけることができる。

二　真鍮四文銭の流通域

(1) 第一次鋳造

真鍮四文銭の鋳造が軌道に乗り始めた明和六年（一七六九）十月、幕府は東海道筋の新銭通用方を調査し、翌月箱根まで通用宜しきとの結果を得ていた。ついで安永二年（一七七三）十月十七日には毎月一〇〇〇両分大坂上《のぼ》せの意志を示し、十二月十五日初めて一四〇〇貫文を大坂へ送った(8)。さらに安永六年九月以降、西国には新銭が不行届の土地もあるということで姫路・広島・下関への回送方を関係諸藩蔵屋敷に打診したが、その回答を待たずに新銭一二〇〇貫文は同七年正月二十二日に初めて大坂へ送られた。総計で大坂へどれほどの真鍮銭が送られたかは不明であるが、同年十一月まで各蔵屋敷からの確答はなく、大坂での捌け方は全般に低調であったようだ。同月十一日に大坂有銭四六五〇貫文を町方で相場に影響しないように売却するよう命じた以外に、具体的な幕府の指示は確認できない。総じて西日本への真鍮銭の流通は低調であったと推測され、真鍮銭は圧倒的に東日本で流通したと思われる(9)。

(2) 第二次鋳造

文政の金銀改鋳が進行していた文政四年（一八二一）十一月に、幕府は寛永通宝真鍮四文銭の増鋳を全国に発令し、同時に江戸における銭相場の変動を予想して、十一月二十七日には「此度吹増被仰付候真鍮銭之儀、遠国通用之ためニ候間、於当地御取捌ニは不相成候間其段相心得、相場ニ不差障様可致旨」を江戸の両替屋へ通達した(10)。史料1『貨幣秘録』でも見たように、文政八年までの五年間に総鋳造高七万九七〇〇貫文であるから、相場を操作する意図はなさそうだし、出目獲得をめざしたとも考えがたい。では「遠国通用」とはどこで何を目的として発行されたのか。それをうかがえる史料が、江戸の本両替である播磨屋中井両替店文書の日記(11)である。

［史料3］

一去巳年銀座下吹所橋場町ニおゐて真鍮銭吹増被仰付、尤遠国通用之ためと申事、漸々此節東海道筋御普請金之内へ差加、所々御代官様方江相渡り、其場所々御伝馬ニ而御差立ニ相成申候、此方掛屋御代官羽倉外記様三州中泉御支配所へ、此度四文銭高壱万弐百九拾七貫九百文橋場銀座下吹場ヨリ四度ニ相渡り、右荷造一式御頼ニ付取斗左ニ

初渡り

高弐千五百弐拾貫文

此抱百弐拾六抱

此目凡八百十九貫目

馬弐拾一疋　　但弐拾貫文抱

壱抱付

此目凡六貫五百目ツヽ

八百文ニ付凡弐百六十目ツヽ

右弐拾貫抱ヲ二抱ㇱニ入

縄ニ而拵馬壱疋三ㇱ付

此目三十九貫目余

壱度分ㇱ六十三

壱ツニ付代百十六ツヽ

亀戸上ノ勘助へ申付ル

弐人船頭　　　裏つきや口入

橋場ヨリ大茶艘（船）一艘ニ入和泉橋迄付、羽倉様御役所江持込、代壱貫五百文ツヽ、外ニ茶代五十文

ツ、、いせ甚払（以下略）

ここではっきりと、東海道筋の普請金に加えるため、新銭が複数の代官所あてに御用伝馬で輸送されたことがわかる。『続徳川実紀』によれば、文政四年には東海道筋の諸河川修復普請がおこなわれており、その際に使われた銭の補充のため真鍮銭が急遽送られた可能性が高い。播磨屋は三河の中泉代官羽倉外記の掛屋業務を引き受けていたから、橋場町の銀座下吹所で四回にわたり合計二五七四貫四七二文の真鍮銭を受け取り、荷造りして差し立てたのである。(12) 史料中の一万二九七貫九〇〇文というのは一文銭換算の数値である。播磨屋の記録にこれ以降同種の記事はないが、鋳造開始から四か月ほどの間に播磨屋が引き受けた一代官所分で二五七四貫文余であるから、東海道筋の諸代官所総計で五万貫文ほどが必要とされたと考えても不都合な数値ではない。だがその後東海道筋の普請が継続するわけではないし、八万貫文弱の鋳造高は多すぎるとも思われる。普請以外で銭の用途を考えるとすれば、文政六年四月に正式に政治日程にのぼる同八年の将軍徳川家斉の日光社参に向けての準備が想定できる。(13) 真鍮銭の鋳造停止が、家斉の社参延期が発表された文政八年というのも時期的に符合している。

いずれにしても第二次鋳造銭は、はじめ東海道筋での使用を目的としており、江戸での流通は当初なかったことは確かなようである。

(3) 第三次鋳造

これまで安政期の公式鋳銭については、『図録　日本の貨幣』の記述によって、安政四年（一八五七）江戸橋場町で銀座掛りにより鋳造されたとみられる寛永通宝真鍮四文銭と、同六年武蔵小菅で金座掛りにより鋳造された寛永通宝鉄一文銭があったと指摘されてきた。(14) このうち真鍮四文銭について「みられる」と曖昧な表現をしているのは、銀座掛りで鋳造された確実な証拠を見いだせなかったからと思われるが、鋳造そのものについては、平尾聚泉編『新定 昭和泉譜』所収という安政四年十一月の幕府の布達を引用し、典拠としている。しかしここには『図録 日本の貨幣』執筆者の重大な事実誤認がある。平尾編著書の関係箇所には文政四年十一月の布令・申渡しは掲載されているが、安政期の法令が見当たらないのである。[15] しかも同書執筆者が引用する布達の本文は文政四年の申渡しに一致している。おそらく同じ巳年である文政四年を安政四年と誤ったためと推測される。

このように安政四年十一月からの真鍮銭鋳造の根拠は崩れたが、鋳造がおこなわれたこと自体は「旧貨幣表」[16]にも万延元年（一八六〇）まで鋳造と記されているので事実であろう。問題はその始期と規模である。それを推測させるのが、以下に引用した安政六年八月の江戸町触の注記である。[17]

［史料4］

但、右御触御座候ニ付、御府内ハ勿論、近国他国より俄ニ銅小銭送入候ニ付、金座役所ニ而引替方手支、積入又ハ買集候もの共殊之外難渋いたし、夫而已ならす市中俄ニ銭払底相成、小売商人共釣銭ニ差支、中ニハ渡世相休候程之ものも有之、殊ニ小銭斗りニ無之四文銭更ニ無之、右ニ付品々御世話も有之、鉄小銭吹方吹増被仰付、小菅御殿跡江下吹所御補理、又ハ銀座役所内へ四文銭吹増下吹所等出来候ニ付、同十二月ニ至り少々融通も相付候得共、中々引足不申、小前商人共実々難渋いたし候様子ニ相見候事

省略した触の本文は寛永通宝鉄一文銭（鉄小銭）の発行と引替を命じたものであるが、右の注記によれば、引き替える段階になって江戸での銭不足が顕著となり、四文銭も同様に不足したことがわかる。真鍮銭払底のことは同年十一月の触書でも言及されており、[18] 九月頃から十一月にかけて真鍮四文銭の流通不足が深刻化していたのである。[19] そのため役人の「御世話」もあって、小菅で金座掛りの鉄一文銭の増鋳や（橋場町の）銀座役所内下吹所での真鍮四文銭の増鋳が命じられ、それらの銭が十二月頃にようやく出回るようになって少し融通がつくようになったという。すなわちこの時期の鋳銭は、江戸における銭の流通不足に対処するため金座・銀座を動員して

緊急に実施されたものであり、増鋳が正式の触書をもって発令されていないことからも、臨時的な措置であったことは間違いない。真鍮四文銭についていえば、鋳造開始は安政六年十月から十一月頃と推測され、翌万延元年十二月には「真鍮銭払底之趣相聞候ニ付、此度精鉄を以四文銭吹立」と銀座において精鉄四文銭の鋳造を触れているから、[20] 遅くともこのころには銀座における鋳造銭は真鍮銭から精鉄銭に代わったとみられる。万延元年まで鋳造という「旧貨幣表」の記事にも合致する。ようするに第三次鋳造は、江戸における銭不足解消のための約一年間の緊急策だったわけであり、第二次鋳造の年間平均鋳造高から推測して、鋳造高はせいぜい一〜二万貫文程度であったと考えられる。

おわりに

本章では、真鍮四文銭の第一次鋳造量について従来の誤謬を正し、第三次鋳造の臨時的な性格や東日本に偏ったその流通域についても確認できたと考える。

ところで近年、真鍮四文銭が一八〜一九世紀の遺構を検討する際の年代指標となる遺物として注目されだした。原祐一らの研究によれば、東京出土の真鍮四文銭について、二一波黄色銭（明和五年鋳造）、一一波黄色銭（明和六〜天明八年鋳造）、一一波赤色銭（文政期鋳造）に区分でき、出土枚数は各期の鋳造量に比例するという。[21] 本章の検討結果と比較して、はじめ江戸で流通しなかったと考えられる文政期鋳造銭の発掘例が意外に多いことに気づくが、東海道筋の普請用に使われた残りが江戸で売り払われたのか、あるいは本章で推測した日光社参用という考えが当たっているとすれば、その溜銭が社参中止後に市中に流通したと思われる。安政期鋳造銭が発見できていないのは、鋳造高が少なかったためであろう。安政期鋳造銭を含めた三次四種の真鍮銭が、今後どの地域でどれほどの枚数発見されるのか注目しておきたい。

（1）各次鋳造の概要については、日本銀行調査局編『図録 日本の貨幣3　近世幣制の展開』（東洋経済新報社、一九七四年）二七〇・二七一頁、二八七・二八八頁、同『図録 日本の貨幣4　近世幣制の動揺』（一九七三年）二三五・二三六頁参照。

（2）『貨幣秘録』の数値を疑問視して注意を喚起したり独自に鋳造高を推定した論文に、吉原健一郎「宝暦～明和期の江戸銭相場について」（津田秀夫編『近世国家の展開』塙書房、一九八〇年。のち吉原『江戸の銭と庶民の暮らし』同成社、二〇〇三年に改稿のうえ収録）、古田修久「真鍮四文銭」（『方泉處』四、一九九三年）、岩橋勝「近世銭相場の変動と地域比較　―東日本を中心として―」（『福岡大学商学論叢』四〇―三、一九九六年）の注15、原祐一ほか「寛永通宝真鍮四文銭の研究」（『日本考古学協会第67回総会研究発表要旨』二〇〇一年）の表4がある。推定値は、後述する『金銀座書留』附冊「真鍮銭吹方一件」や『向山誠斎雑記』をもとに毎年の鋳造定高を積算したものであり、吉原は五七・五万貫文、古田は五五万貫文（積算結果は五七・八万貫文）、原らは五四・三万貫文との数値を示している。

（3）『御触書天保集成』五九七七号、『江戸町触集成』一二〇三〇号。

（4）『向山誠斎雑記　嘉永・安政篇』第一巻。

（5）注（2）参照。

（6）『大意書』は『近世社会経済叢書』第七巻に所収。

（7）前掲『大意書』巻一所収「地売銅之内江戸真鍮鋳銭地銅銀座買請之事」には、「地売銅近年山々出銅少く差閊候訳も有之に付、安永三午年は、足尾銅壱万弐千貫目、会津銅弐万三千貫目并当時会津有銅八千貫目、此節買入に相成、此高間吹銅にして弐拾四万七千斤の高、於江府銀座鋳銭地銅に買入被仰付」とある。前掲「真鍮銭吹方一件」によれば、会津・足尾銅買い請けについては安永元年末から打診があり、翌年の値段交渉を経て実施された。明和八年から安永二年にかけては、それまで銅座地売方の大口仕入元であった秋田銅の高が極端に減少しており（『大意書』巻四所収「明和三戌年以来大坂地売銅御買入高幷銅座にて売捌方訳書」）、そのため会津・足尾銅への転換と鋳造定高の削減がおこなわれたと考えられる。小葉田淳「近世、足尾銅山史の研究」（『日本歴史』二九六、一九七三年。のち小葉田『日本銅鉱業史の研究』思文閣出版、一九九三年に再録）によれば、幕府は安永三年五月に年々七万五〇〇〇斤（一万二〇〇〇貫目）ずつ真鍮銭の地金用に買い請けるよう銀座に命じた。『古事類苑』金石部所収「御勘定所より御尋に付書上扣」（文化五年正月）には、安永二年から同七年までの六年間に足尾銅山から十万坪鋳銭座（真鍮銭座）に真吹銅三万五〇〇〇貫目余を渡したと記す。

（8）この項は前掲「真鍮銭吹方一件」による。ただし前掲『図録　日本の貨幣3　近世幣制の展開』二七一頁には、四文銭が大坂に初めて現送された年月を安永七年正月と記すが、これは西国諸藩向けのものであろう。

（9）真鍮四文銭の鋳造が明和五年に銀座の救済を目的に開始されたことは明らかであるが、『徳川実紀』同年十月十七日条に「此日近年のうちには、日光山に御詣あるべしと仰出さる」とあり、鋳銭と日光社参との関連が注目される。将軍徳川家治が実際に日光社参を果たしたのは安永五年（一七七六）四月であったが、すでに明和五年から政治日程にのぼっていたことがわかる。真鍮四文銭の第一次鋳造が日光社参への協力を名目に許可された可能性を指摘しておきたい。このように考えるのは金座においても類似の例がみられるからである。銀座の真鍮四文銭鋳造に先行して、金座（鋳銭定座）において鉄一文銭の鋳造がおこなわれていた。明和二年九月から江戸亀戸の鋳銭座において鋳造が開始され、安永三年八月の停止まで一〇年間の鋳造高は二二六万二五八九貫文余におよんだ。一枚の掛目（重量）は、はじめ八分八厘であったが、明和三年四月十七日には八分五厘の彫種に代わっているから、途中から小形になったらしい。ところが銀座で真鍮四文銭鋳造が開始され、日光社参が日程にのぼった明和五年に、金座においても銅一文銭の鋳造が亀戸鋳銭座において開始された。掛目六分五厘という鉄銭にくらべてかなりの小形であったが、同年七月二十七日に銅銭吹方諸入用償いとして鉄銭二万五〇〇〇貫文の吹増が認められている。こうした費用補塡が必要なほど、銅銭の鋳造は当初から採算がとれるものではなかったと考えられる。その鋳造高は安永元年まで約五年間で二〇万三二九貫文余である。採算を度外視してまで銅銭鋳造を命じたのは、日光社参を前に道中用銭を古例にしたがって鋳造する目的があったためと推測される（以上、亀戸鋳銭については、早稲田大学図書館所蔵「文久銭吹方一件幷銅小銭方　附明和鋳銭一件共提要」のうち「明和度鋳銭一件」の項による）。ただし亀戸銭の重量については、右の史料上の数値と前掲『図録　日本の貨幣3　近世幣制の展開』一〇四頁が掲載する現物のデータに違いがみられる。亀戸鉄銭は一匁五厘・七分五厘の二種類、銅銭は八分五厘・七分の二種類をあげている。現在こうした差異が生じた根拠を明らかにできないので、数値をあげるにとどめる。

（10）『御触書天保集成』五九七六・五九七七号および『江戸町触集成』一二〇三〇号。引用は『江戸町触集成』一二〇三〇号による。
(11)　国文学研究資料館史料館所蔵播磨屋中井両替店文書「改廿壱番日記」文政五年三月二十五日条。
(12)　前掲『図録 日本の貨幣3 近世幣制の展開』二八八頁では、橋場の銀座下吹所に鋳銭所が設けられたことに疑問を呈しているが、史料3に記すように橋場へ船をつけて新銭を運び出しているので、鋳銭は同地でおこなわれたとするのが妥当であろう。また新銭は幕府の支払用ではないかとの推測は当たっている。
(13)　徳川将軍の日光社参を名目とした鋳銭例については、本書第十一章を参照。
(14)　前掲『図録 日本の貨幣4 近世幣制の動揺』一三五頁。
(15)　『古貨幣図録・昭和泉譜』第一巻（歴史図書社、一九七四年）一二八頁。本章では『新定 昭和泉譜』の初刊本を入手できなかったので、復刻本である『古貨幣図録・昭和泉譜』を利用した。
(16)　『新稿 両替年代記関鍵』巻一資料編所収。明治六年（一八七三）二月に旧金座人佐藤忠三郎が作成した。真鍮銭の鋳造期間を「明和四年ヨリ万延元年ニ至ル九十四年」と記すが、本文で述べたように実際には途中に中断期間があり正確ではない。鋳造高の欄に「一億五七四二万五三六〇枚」と記すが、これは幕末維新期の予想流通高と見なすのが合理的である。
(17)　『江戸町触集成』一六三二一号。
(18)　『江戸町触集成』一六三四五号。
(19)　背景には、相対による銅銭・真鍮銭を含む銅の輸出によって銅不足・価格上昇が起こったこと、それとともに真鍮銭や銅一文銭が退蔵されたことが想像できる。安政六年五月には銅の相対での輸出を禁ずる法令（『幕末御触書集成』二一〇三二号、『江戸町触集成』一六二五七号）が、それに加えて銅・唐銅・真鍮の新規製品の輸出を禁ずる法令が万延元年（一八六〇）十月に出ている（『幕末御触書集成』四一九一号、『江戸町触集成』一六四八〇号）。
(20)　『幕末御触書集成』四一九四号、『江戸町触集成』一六五〇六号。
(21)　原祐一ほか前掲「寛永通宝真鍮四文銭の研究」。

終章　まとめと展望

近世貨幣の特質

貨幣の近世的統合

近世の貨幣制度はしばしば三貨制度とよばれ、金・銀・銭の三種の貨幣が並行して流通した。徳川幕府が実力によって主要鉱山を直轄し、金・銀・銅を素材とする鋳貨を流通させたという限りでは諸外国にも同様の例はあるから、むしろここでは日本近世的な統合のあり方こそが問題となる。

その一つの重要な要素が儀礼的な用途である。近年、近世後期における計数銀貨の流通（銀目の空位化）、銭匁（匁銭）勘定の盛行など動態的な変容の側面を重視した研究が経済史の分野で蓄積されてきたが、これらは流通手段あるいは支払手段としての機能を中心にした貨幣研究に発している。いっぽうで儀礼的な貨幣の授受はむしろ静態的に推移し、伝統と格式を重んじ、貨幣の品位を重視する傾向があった。こうした用途に使われた秤量銀貨や大判・小判・一分判は、貨幣改鋳の進行とともに数量を減らし、流通の世界から遠ざかりながらも存在し続け、明治国家の成立をむかえた。儀礼の場とは、イエや、地縁的・職業的な団体、領主―領民の間であったから、儀礼的な貨幣の授受は近世の身分制社会から生まれ、育まれてきたといえよう。そうしたなかで、折敷に載せる行為や包封や青緡といった形態が、授受に用いられる独特のしつらえとして洗練されてきた。だが真偽の判定や量目・品位の判定など、秤量銀貨や小判は流通コストが高く、地金価値は高くとも所持する危険負担も大きく、遣い勝手の悪い貨幣である。こうした貨幣が近世を通じて厳然と存在したのには、この時代が身分制社会であり、その秩序維持のためにこうした貨幣の用途があったことを銘記しなければならない。近世貨幣にはこのような用途・機能も埋め込まれているのである。

統合という点では貨幣鋳造機関の存在形態も外せない問題である。いわゆる金座・銀座という幕府（徳川氏）が指定した金銀貨を鋳造する機関は、幕府所蔵の地金から貨幣を作るという御用を無償に近い形で務めるかわりに、独自に市場で地金を調達して貨幣を発行する特権を得ていた。一七世紀後半、地金の採掘や流通量の減少とともにその経営は立ち往かなくなり、幕府貨幣の鋳造機関として生き延びたが、特権的性格は不変であった。幕府においては、元禄改鋳の際に改鋳益金（出目）を財政に取り込む体制を確立させ、改鋳益金の恒常的財源化の起点はこの機構的改変にあった。幕末期に向かって、奈落の改鋳は幕府が自らの収入確保と鋳造機関の権益保護をはかった結果であるが、これを財政健全主義や西欧的思考で悪とするのは誤りであり、事態を生起させた近世的特質の問題として論じるべきである。たびたび粛正があったとはいえ、御用を請け負う他の職人集団と同様に、金座・銀座もほんらい独立自営の特権的職人集団であった。御用を支障なく果たす限り、幕府は彼らの特権を保護する必要があった。けっして政府の官吏ではなかったのである。

貨幣の統一とはいえ、近代国家のように制定した貨幣が専一的に流通したわけではなく、初期においては諸大名の領国貨幣が存在し、のちには藩札の発行が広くみられて、多様な貨幣が流通していた。銀座の記録にあるように、銀地金も地域によっては流通していた。幕府は藩札の発行・流通を統制したこともあったが[1]、現実的には無理があり、多様性をかかえた統合という有様がうかがえる。専一的流通は実現しなかったが、幕府が制定した貨幣の通用力は高く、その優越的流通が幕藩間の政治的関係のもとで保障されていたと考えられよう。たとえば大名領独自の領国金銀をみれば、その素材価値とは別に、幕府の貨幣に対する領国の地金というように、通用力に優劣をもちながら両者が並存した。藩札が発行されるようになっても、それが紙札にすぎないこともあるが、基本的関係は変わらなかったと考えられる。

機能の深化と貨幣観

貨幣史研究は、貨幣の通用力を地金の価値や権力による強制力にのみ求める段階をようやく脱しつつある。たとえ価値のないものでも共同意識が貨幣を成り立たせるという説もあるが、本書では貨幣の通用（機能）を保障した制度的枠組を前後の時代との関係で段階的にとらえようと試みた。

中世末、金銀貨の注文生産に応じた金匠・銀匠はもちろん、銭を選択した銭緡という形態も、貨幣の流通過程において質・量について何らかの保証を与えているとみることができる。こうした中世の達成を重視する観点からすれば、近世貨幣は両替商（本両替・銭屋）の介在を不可欠とし、真贋判定・計量・包封などの行為によって流通が支えられていたといえる。幕府における金銀改役としての後藤氏や銀座の常是も、鋳造機関の一部を兼ねてはいるが、同じ範疇であろう。鋳造機関は貨幣を造り修理には応じても、品質を管理する業務を本来担っていなかったから、流通の現場において両替商のような質・量を判別する存在が必要だったのである。三貨間の公定相場が存在しても、当該地域における需給関係を調整する相場建てを彼らが担ったのも頷ける。

金銀貨の経済的機能は深化した。貨幣の品位の低下にともなって地金の価値を代替する措置、たとえば金貨における公差の確定や銀貨における焼銀・折銀などの取扱規程が必要となり、幕府の法規として整備されていったが、さらに計数銀貨の登場はこれまでの金銀貨ほど素材の価値にとらわれない通用貨幣として流通コストの低減をもたらしたと推測される。そして天保改鋳以降、金銀貨は、儀礼や蓄蔵用の秤量銀貨・小判・一分判と、一般に流通する劣位の計数金銀貨との間で機能分化が進んだ。ここでいう劣位の計数金銀貨とは、具体的には文政期の二分判・二朱銀・一朱金・一朱銀、天保期の二朱金・一分銀、安政期の一朱銀・二分判・一分銀、万延期の二分判・二朱金を指すが、品位の高低と機能分化は天保期以降に明確となり、鋳造期間の比較的長かった二朱金と一分銀が一般に流通する通用金銀となっていった。

近世初期、貿易銀の丁銀化、京銭の通用停止、その代替としての寛永通宝の発行、銅輸出禁止によって、貨幣面から貿易統制が進んだ。言い換えれば内外貨幣の区分の明確化であり、良質で日本年号をもつ寛永通宝の発行は国家意識の反映でもあった。ところが一七世紀中には金銀産出高が減少し貨幣の質が低下するにつれ、為政者の間では、貨幣の質が国富や統治の良否の反映であるという意識が根付いていった。幕府の威光とも関連するこうした意識が為政者に定着していたからこそ、幕末期の小判流出という思いも寄らぬ事態を招いた。幕府が幕末の一時期を除いて紙幣を発行しなかったのも、対外的・国内的な幕府の権威に対する自意識によると考えられる。

銭貨の機能と鋳銭の意味

銭貨はおもに交通路における支払手段として機能した。近世初頭、幕藩領主が交通路の整備を推進していく段階から撰銭令を発して安定的な流通に腐心していた。幕府は慶長期に京銭（鐚銭）を標準貨として定め、全国的に通用させ、一つの銭貨統合の段階を作り上げた。だが、旧来の古銭や民間の模鋳銭に依拠した供給体制は質・量の両面にわたって不安定であることをまぬがれず、最終的に寛永通宝という新銭の鋳造を決定し実行した。寛永期には参勤交代の全面的な実施、朝鮮通信使の来訪などが控えており、経済的用途のみならず国家的威信にもかかわる側面もあった。しかし寛永期の第一次鋳造は、銭座による過剰な生産と寛永飢饉の到来によって挫折し、交通の維持発展のために投入した良質の寛永通宝が、宿駅人馬制度を機能麻痺させるという皮肉な結果に終わった。こうした一時的失敗はあったが、幕府は一貫して銭貨の交通上の機能を重要視しており、失敗を教訓に街道筋における流通量の調整をはかるなど、その後も貨幣流通の安定化につとめた。近世中期以降、銭相場が低下してくると宿駅人馬賃銭の割増を命ずる触書がくり返し出されたのも、銭貨と交通政策の深い関連を示すものであり、幕末期までその姿勢は変わらない。

　ところで新銭鋳造には、経済的な交通上の機能に加えて、将軍の上洛や日光社参時に行路を寿ぐような文化的政治的意味合いを看取することができる。新銭が鋳造され道中に適宜供給されたことは、これまでも徳川家茂上洛時における文久永宝の発行例が知られていたが、本書第十一章でも吉宗の日光社参時に難波銭座の鋳銭がおこなわれた例を確認できた。まだ推測の域を出ないが、寛永十一年の家光上洛時の江戸銭、真鍮銭鋳造と家治の日光社参、家斉の日光社参との関係にも言及しておいた。このような見方からすれば、初鋳年次すら確定していない寛永通宝文銭の鋳造と、寛文三年（一六六三）将軍家綱の日光社参との関連も検討に値しよう。

三貨制度の矛盾

　近世の貨幣制度は、金・銀・銭の三貨を中心に統合され、三貨間の比価も公定されてはいたが、けっして単一の貨幣・貨幣単位であったわけではない。相互に相場が建てられ、同じ金貨でしかも同質の小判と一分判の間でさえ、両替しようとすると、切賃とよばれる手数料＋需給格差の差額が必要であった。こうした三貨間の独立した動きにこれまでも気づきながら、とくに問題にされなかったが、そこには潜在的に大きな矛盾がはらまれていたといえる。

　三貨制度は価値基準が複数あるということを意味し、場合によっては各貨幣の通用力に差が出ることになった。問題は飢饉時に鮮烈にあらわれた。本書第九章で述べた寛永飢饉、あるいは天明飢饉（天明七年）は銭価下落と金銀建て米価の上昇が同時並行して起こり、その結果銭建て米価の騰貴に拍車がかかり、銭で生活する階層を直撃したのである。(2)寛永飢饉は、凶作とともに銭貨の過剰供給によって街道筋や都市部において食糧危機が醸成された最初であり、ここから通貨の量的コントロールといった政策的対応が始まったと筆者はみている。いっぽう天明期の場合は、一七世紀中頃、真鍮四文銭の鋳造あたりから銭安傾向は続いていたところに、凶作による米の供給側の金融逼迫とからんだ米価上昇も加わって、事態はいっそう複雑化している。いずれも中世における通貨の非均質性や流動性不足の事態とは対照的であるが、三貨制度の段階となって新たな矛盾が進行していた。ここに貨幣経済の段階差をみておきたい。また混乱が生ずれば、三貨の均衡を保つという旧来の方法に回帰せざるをえなかったが、近世後期における計数銀貨の普及、銭相場の低下という状況下でどのような政策目標が設定されていたのか、時期ごとの細かな検討が必要になってこよう。

近世貨幣の終焉

二つの立場

近世貨幣はいつどのように終焉をむかえるのであろうか。

これまでの見解には、大きくいって二つの立場があるように思われる。一つは、法制度上の画期を重視する考え方である。徳川幕府から明治新政府への政権移行とともに、明治元年(一八六八)の銀目廃止(秤量銀の通用停止)、明治四年の新貨条例の制定(円貨の発行)がおこなわれ、新たな貨幣制度の構築がなったとする。価値尺度(計算貨幣)として銀目勘定が数年以上残ったり、銭の流通も明治中期頃まで続くなど、過渡的な現象はみられたものの、近代国家にふさわしい貨幣制度への一歩として確かに大きな画期であった。

こうした制度重視の立場と異なり、流通の実態からみて、三貨制度の実質的な崩壊をさかのぼらせる考えがある。[3] 実態として「銀目の空位化」とよばれる秤量銀の流通界からの撤退が進んでおり、それに代わる低位の計数金銀貨の広範な流通によって、三貨の一角は崩れていた。鋳貨は金貨単位の金銀貨と銭貨の二貨に限られ、西日本では銭匁勘定による藩札発行など市場の動向を反映した動きが広範にみられた。さらに幕末開港によって、それ以前の閉鎖されたなかで独自の展開を遂げた貨幣体系と金銀比価（銀の過高評価）が、強制的に国際的水準へとさや寄せされ、加えて密造を含めた多様な鋳貨の発行や三貨間の相場も混乱して崩壊は一気に早まり、明治初年の「宝貨錯乱」[4]にいたる。市場の実態を基本に据えた経済史的な見方といえる。

以上の二つの考え方は必ずしも二律背反ではなく、新政府による混乱の収拾という政策展開のなかで、叙述のうえではむしろ相補的に扱われてきたといえよう。[5] だが、貨幣の発行主体が政府に、貨幣の体系が円貨に一本化されたというだけで、貨幣自体の何がどのようにこの政治的・経済的変化のなかで転換したのかという関心は乏しい。ここでは近世貨幣の〝終焉〟に重点を置きつつ、前代の貨幣がまとった諸特徴がどのように変化したのか、その様相を概観し、今後の指針としたい。

〝御威光〟の揺らぎと統合の弛緩

三貨制度を軸とする近世貨幣を成り立たせていたのは、上位者（幕府・将軍）の政治的権威であり、それゆえ幕府の発行する鋳貨が優位性をもって全国に流通した。[6] だが中核である幕府の威光の衰えとともに貨幣の統合は弛緩していったと予想できる。これまで藩の独断による藩札発行や天保通宝の密造などがとりあげられてきたが、それらはあくまで札であり銭の密造であったから、幕藩間の決定的な対立には至らない。これを政治問題として投げかけたのは、文久三年（一八六三）将軍家茂上洛時にあわせて鋳造された文久永宝をめぐる朝廷側の対応である。このとき近世として初めて銭貨発行の詔書が出されたが、それに附属して次の回達がおこなわれた。[7]

今度鋳銭之義被　仰出、四文銭、当百同様之地金ニ而、文久永宝ト御治定、来四月廿五日鋳銭陣之義　宣下有之旨、右鋳銭之義者、古来可有　宣下之処、寛永後者猥ニ致鋳立候得共、向後復古之旨被　仰出候、廿八日詔書復　奏

右之通被示候事

四月

「当百」すなわち天保通宝と同じ銅銭として、文久永宝四文銭を発行するに際し、来る四月二十五日に宣下を出す予定であると述べ、古来鋳銭には宣下があるべきところ、寛永以来その例は守られていなかったので、今後「復古」の旨が命じられたのである。当時の状況は、家茂の上洛に先がけて同年二月に文久永宝発行の幕府の触書が全国触としてすでに出されながら(8)、京都だけが未達であり、あくまで宣下後に幕府の触書を出させようとの画策があったというべきであろう。まさにこれは幕府の銭貨発行に対する異議申し立てであり、形式的にではあれ古代律令制への回帰を朝廷側は望んでいた。徳川氏が統一政権として実力で勝ち取った鉱山の直轄や貨幣発行の権限は、主要な金銀貨ではなく、銭貨という思いもよらぬところからほころびを見せた。にわかに旧国制に意味をもたせ、代わって朝廷が発行主体として登場しようした。もちろん京都においてのみ、しかも銭貨に限られたものとはいえ、幕府の威光を凌駕する新たな存在があらわれたことによって、近世貨幣の統合は不安定化の兆しを見せた。

すでに武威を脅かす列強の存在は開港によって眼前の驚異となっていたが、それは軍事的な側面に限られなかった。貨幣においても、外国金銀の質・量がわが国のそれを凌駕していたことによって、洋銀が国内流通すれば豊かな列強への憧憬やキリスト教の浸透を生みかねないとして、為政者が危機感を抱いたのである(9)。禁教はまさに近世国家秩序の根幹にあり、それを揺るがしかねない洋銀の流通はできるだけ地域を限り先延ばしさせよう

とした。洋銀の流入は、幕府による貨幣地金の独占という体制を崩しかねなかった。またこの時期、金貨流出問題に関心が集まりがちであるが、開港は幕府の威光に依拠してきた貨幣体系自体を動揺させ、銀の過高評価の是正とともに銅銭の地金価値の見直しも始まった。銅一文銭の回収と密輸出の取締、文久永宝の鋳造、天保通宝の増鋳、精鉄四文銭の新鋳などによって、地金価値を反映した相場が展開して銭種ごとに通用価値を違え、銭相場は鉄銭や天保通宝百文銭が基準となって上昇していった。天保～安政期に六貫四〇〇文前後であった相場は慶応二年（一八六六）以降急騰し、明治初年には九貫文を超える水準に達した。

鋳造組織と流通機構の改変

維新政府の実効支配の拡大とともに、地金の確保や鋳造機関の接収・改変は進んだが、明治初年はまさに過渡期だった。旧金座・銀座の鋳造組織や保有貴金属を使いながら、元金座役人の長岡右京らに主導された貨幣司において、旧貨の鋳造が継続された[10]。新政府が内外に向けて新貨幣鋳造のため新たな官営造幣組織の設立を標榜しながら、旧金銀座関係者に頼らざるをえなかったのは、戊辰戦争の戦費をまかなうための苦肉の策であった。だがこうしたやり方も贋金の流通や外国人からの抗議によって限界をむかえ、翌年二月には長岡らの贈収賄・業務上横領事件の摘発という形で決着がはかられた。当時の会計官を統率した中御門経之の日記（二月十七日条）には、「長岡右京之義ハ兼て罪状も有之、如何之事ニ候へ共、去年急場彼ナラテ御用相勤人物無之、多端之折柄三岡承知ニて使候義、同様予ニも承知之事故、今日三岡被　免ニ付、於予も同様被　免度旨申立了[11]」とあって、当時の財政責任者であった三岡八郎（のちの由利公正）やその上位にあった中御門らが、不正を承知で長岡らを使ったことをみずから吐露している。三岡免職との関連は「尤表ニ子細無之也」として表沙汰にはされなかった。その後、貨幣司廃止、造幣局設立へと歩みを進めるなかで、西洋機械の導入によって貨幣の製造方法が変わり、旧座人は排除され、貨幣鋳造は政府が主体的に担うことになった。近世初頭に特権的身分集団として編成された金座・銀座の組織はこうして解体した。

両替商の貨幣流通過程における役割も変化する。個別の金融機関として、あるいは貨幣の引替など政府の業務代行はそのままに、両替商仲間が貨幣相場を建てる旧来の行為は、貨幣の国家管理が進むとともに禁止されるべきものとなる。明治初期の建白書のなかでも、銭相場廃止の意見が少なからず見られ、貨幣の種類にかかわらず公定価通りに流通する貨幣体系が求められていた[12]。本位—補助の新たな貨幣の枠組みがその先に見通せよう。貨幣の種類ごとに相場が建ち変動する状態は克服され、貨幣の良否や量の多寡を彼ら両替商が評価するやり方は、国家の一元管理のもとで廃絶される運命にあった。両替商を不可欠の存在とした貨幣流通の近世的あり方は変貌し、国家のみが貨幣を作り管理するという言説が妥当する段階にいたった。

幕末維新期、慶応通宝・明治通宝という銭貨が試鋳されたようだが[13]、明治通宝が明治五年発行の新紙幣に名を残したものの円形方孔の銭はついに鋳造されなかった。律令制や中華帝国につながる銭貨形態との決別、請負制による鋳銭方式の排除と西洋式貨幣製造法の採用が、政権の意向となったことは間違いない。しかしいっぽうで、新貨幣ができた明治四年四月下旬には勅使を伊勢神宮に派遣して新貨幣を献納するなど[14]、貨幣発行を朝廷・天皇と改めて結びつけようという動きもあった。明治国家にふさわしい貨幣制度の構築とその議論は、まだ途上にあった。

貨幣の役割と意味づけの変化

貨幣の機能面ではどのような変化があっただろう。

近世社会が諸身分間や共同体・イエの内外にかかえた儀礼的な貨幣の授受は、秤量銀貨の廃止や金銀貨の改変のなかで、形式やしつらえを変えて存続したと考えられるが、実証面での確認はできていない。ただ町方史料によれば、イエや共同体内部での授受慣行は貨幣単位を「円」に変えながら続いている[15]。しかし身分制の崩壊とともに、根幹にあった高品位の貴金属貨幣の存在意義は薄れ、本位制という別の要請が貴金属貨幣を存続させることになる。

偽造に対する刑罰の変化も興味深い。幕府の威光のもとで、引き回しのうえ磔獄門という最高刑にあたるとされた金銀貨の偽造罪は、明治に入っても重罪が継続し、明治六年の改正偽造宝貨律まで首謀者は斬罪と規定された。だが、他の刑事罰との間で量刑の見直しがおこなわれ、明治十五年施行の旧刑法において内国通用の金銀貨および紙幣の偽造・行使が無期徒刑となり、これを最高刑とする体系になった[16]。同じ貴金属貨幣でありながら社会的意味合いが変化したあらわれであろう。

近世の銭貨が、街道筋における支払手段として交通を支える重要な役割を担ったことは、時代的特徴であった[17]。こうした交通上の機能は継続し、駄賃などの表示もしばらく銭文単位であった。だが近世的な宿駅人馬制度の廃止ないし改変によって、宿継ぎの特権の廃止、馬車などの通し輸送の成立によって変化し始めた[18]。銭貨の授受が宿駅ごと・サービスごとの対価であったものが、発着地での支払いでこと足りる場合も出てきただろう。交通運輸の近代化は明らかになってきたが、街道筋に大量の銭貨が分布していないと機能しないシステムがどのように変化するのか、人や物資の動きを支えた貨幣的手段の解明はこれからの課題である。

（1）　宝永四年（一七〇七）十月の札遣い禁令を幕府の絶対化による大名の貨幣発行の禁止、あるいはそれを確認したものとみる考えもあるが、「金銀銭札遣之所々も有之候て、札遣無之処通用之ため不宜候条、向後札遣停止之事候間」（『御触書寛保集成』一七八〇号）との文言があり、他領へと広がる札遣いについてそれが領主間の紛争に発展するのを防止する施策とみておきたい。この時期の越境する札遣いの例として、瀬島宏計「近世初期の藩札―元禄・宝永期の津山藩銀札を中心に―」（『日本史研究』四七一、二〇〇一年）参照。

（2）アマルティア・セン『貧困と飢饉』（岩波書店、二〇〇〇年）は、凶作がただちに飢饉に結びつくのではなく、食糧を入手する権原の悪化・喪失であるとした。寛永飢饉は銭貨の過剰流動性によって権原が悪化した典型といえよう。

（3）岩橋勝「近世三貨制度の成立と崩壊―銀目空位化への道―」（『松山大学論集』一一-四、一九九九年）。

（4）大蔵省編『明治貨政考要』（『明治前期財政経済史料集成』第一三巻）一九頁では、明治初年のさまざまな鋳貨（とくに金銀貨）の横行と混乱を「宝貨錯乱」とよんでいる。

（5）なかでも三上隆三『円の誕生―近代貨幣制度の成立―』（東洋経済新報社、一九七五年）と山本有造『両から円へ』（ミネルヴァ書房、一九九四年）は、近代貨幣制度の成立と世界市場への参入を貨幣の側から描いた好著である。また最近では小林延人『明治維新期の貨幣経済』（東京大学出版会、二〇一五年）が、維新期の各地域において太政官札と旧貨をめぐる貨幣体系と経済の変動を具体的かつ詳細に描いている。

（6）本書第一章・第二章を参照。

（7）この詔書発給の経過については、『孝明天皇紀　第四』文久三年四月二十五日条に関係史料を含め掲載されている。回達は日本銀行貨幣博物館所蔵銭幣館古文書「鋳銭宣下」（3.01/A1/7）による。

（8）『幕末御触書集成』四一九九号。大坂では二月二十一日に出ているが（『大阪市史　第四下』触六四〇一）、京都では五月である（『京都町触集成』第一二巻、一三〇六号）。

（9）本書第五章を参照。

（10）長岡右京らによる金銀座接収については、横山伊徳「史料紹介　刑部省記・長岡右京一件―維新政権による江戸金銀座接収に関する一史料―」上・下（『論集きんせい』八・一〇、一九八三・八七年）と、それをうけた西脇康「東征軍の金銀座接収」（『史観』一三六、一九九七年）、同「東征軍の金座経営と二分判改鋳」（『関東地域史研究』一、文献出版、一九九八年）、星原大輔「江戸鎮台判事時代の江藤新平―金銀座移管と長岡一件をめぐって―」（『社学研論集』七、二〇〇六年）によって研究の進展をみた。明治初年における大坂貨幣司の実態と意義については、安国良一「大坂貨幣司と住友」（『住友史料館報』四三、二〇一二年）、「大坂貨幣司の研究」（『松山大学論集』二四-四(二)、二〇一二年）において検討したので参照願いたい。

（11）早稲田大学所蔵中御門家文書「明治二年覚」（冊子21）。引用は早稲田大学社会科学研究所編・刊『中御門家文書』上巻（一九六四年）による。

（12）三井の番頭三野村利左衛門は明治四年七月の大蔵省あて新貨幣発行に関する建白書（早稲田大学所蔵大隈文書　イ14／A3375、『明治建白書集成』第一巻所収）のなかで、「本位」を主位・客位という対概念から説き起こし、貨幣相場の変動による損益が物品売買の損益に加わり諸民が難渋すると説明し、円貨幣への一本化と貨幣相場の廃絶を求めた。

（13）日本銀行調査局編『図録　日本の貨幣4　近世幣制の動揺』（東洋経済新報社、一九七三年）図版参照。

（14）『造幣局沿革誌』（造幣局、一九二一年）。

（15）京都市歴史資料館編・刊『京都町式目集成』（一九九九年）所収の町規史料によれば、金何疋といった儀礼用単位も明治十年以前は一部残っているが、傾向を明らかにできるほど規定そのものが残っていない。身分団体・行政機構としての町の役割が希薄化するあらわれであろう。

（16）佐伯仁志「通貨偽造罪の研究」（『金融研究』二三　法律特集号、二〇〇四年）。

（17）本書第七章を参照。

（18）山本弘文『維新期の街道と輸送』（法政大学出版局、一九七二年）。同書一一二頁の第1表「下総国境町陸運会社の人馬遣払の基準貨幣」は、明治六年一月まで文単位、翌月から銭単位に変化している。

成稿初出一覧

序章　新稿（一部に「近世社会と貨幣に関する断章」『新しい歴史学のために』一九一、一九八八年を利用）
第一章　「三貨制度の成立」（池享編著『銭貨―前近代日本の貨幣と国家―』青木書店、二〇〇一年）
第二章　「貨幣の地域性と近世的統合」（鈴木公雄編『貨幣の地域史　中世から近世へ』岩波書店、二〇〇七年）
第三章　「近世貨幣史のなかの兵庫」（『お金　貨幣の歴史と兵庫の紙幣』たつの市立龍野歴史文化資料館、二〇〇五年）
第四章　新稿（二〇〇三年社会経済史学会第七二回全国大会パネルディスカッション報告「伊予から見た近世後期の通貨事情」を原稿化）
第五章　「貨幣の機能」（『岩波講座日本通史 第一二巻近世2』岩波書店、一九九四年）
第六章　「文政改鋳と十五軒組合の成立」（『日本史研究』二四九、一九八三年）
第七章　「近世初期の撰銭令をめぐって」（歴史学研究会編『越境する貨幣』青木書店、一九九九年）
第八章　「近世の都市社会と貨幣」（宇佐美英機・藪田貫編『〈江戸〉の人と身分1　都市の身分願望』吉川弘文館、二〇一〇年）
第九章　新稿
第十章　新稿
第十一章　「享保期、大坂難波銭座の鋳銭」（『出土銭貨』一七、二〇〇二年）
第十二章　「寛永通寶真鍮四文銭の鋳造と流通」（『出土銭貨』二一、二〇〇四年）
終章　「近世貨幣の終焉―幕末維新貨幣論ノート―」（平成20～23年度科学研究費補助金基盤研究（B）研究成果報告書『日本における近代通貨システムへの移行の世界史的意義―「決済」の視点から―』二〇一二年）

あとがき

本書は、二〇一二年一月に京都大学より授与された博士（文学）の学位論文「日本近世貨幣史の研究」をもとに、いくつかの補訂を加えて刊行したものである。審査を務められた藤井譲治・勝山清次・吉川真司の各先生方からは貴重なご意見をいただき、内容の不備等の訂正を本書に反映できたことにまずは感謝申し上げたい。にもかかわらず、私の怠惰と諸般の事情によって今日まで刊行が遅れたことは申し訳なく、諸先生はじめ関係者に対し深くお詫び申し上げたい。

本書には、大学院時代から機会あるごとに発表してきた貨幣史分野のおもな業績を収録し、その日本近世的特質は何かという点を意識して再構成した。収録にあたっては誤りを正し、内容の重複はできる限り整理に努めたが、叙述の関係上かならずしもその通りになっていないところがある。もとの論文発表後の知見や研究史の展開を注や補注で補った部分も多い。考え方の枠組みをできるだけ幅広く提示することを重視したため、実証不足の感は否めないが、現時点で骨組みとなるいくつかの柱は示すことができたと考えている。このような一つの書物になるとまるで理路整然と研究を進めてきたように見えるが、内実は試行錯誤の連続だった。少し紙幅をいただいて、自らの研究の歩みを振り返っておきたい。

私は、もともと貨幣史を志して歴史研究を始めたわけではない。都市史研究を進めるなかで貨幣の重要性を徐々に認識していったというべきであろう。卒業研究では、寛政改革期の大坂の町式目をあつかい、儀礼に用いる貨幣単位を知り、現代に通じる儀礼的やりとりが社会に組み込まれていることを意識した程度であった。ただ天明打ち毀しの原因とされる飢饉や米価高騰の後景で、同時に銭安が進行していたことに気付いた。当時は三貨制度の矛盾とまでは考えなかったが、のちに社会現象の貨幣的要因を踏み込んで考えるきっかけとなった。修士論文では当時盛んだった数量経済史の影響をうけて、文政の貨幣改鋳と物価との関係に挑んだが、いま考えると後半部はまったく陳腐なものであった。だが、改鋳の実態解明には地金の調達や新旧貨引替過程の具体的な検討が不可欠であることを認識でき、また「両替商」として続く金融機関の公的性格を歴史的に考えるヒントを得たことは隠れた成果だったかもしれない。

　その後おもな研究対象は近世京都の町自治の問題に移り、貨幣史とは疎遠となったが、一九八五年の日本史研究会大会報告として家屋敷の存在形態をとりあげたことで、人（の集団）とモノを取り結ぶ貨幣への関心が再燃した。そして貨幣経済と言い慣わしてきた事象を段階的に把握する方法をさぐったのが「近世社会と貨幣に関する断章」であり、貨幣の流通手段としての役割やその鋳造権といった問題から少し距離をおくことで見る目は広がった。それを評価していただいたのか、恩師朝尾直弘先生から岩波講座日本通史への執筆を誘われ、「貨幣の機能」という日本史には珍しいテーマを与えられ戸惑った覚えがある。けっきょく金銀貨の質と政治的な意味を考察することで通史としたのだが、論文をお送りした田谷博吉先生からその政治性について賛意いただいたことは心強かった。

　一九九〇年代半ば、貨幣史が自分の研究の一つの柱になるとともに、日本銀行主催のワークショップや貨幣史研究会・出土銭貨研究会の活動を通じて、出土銭貨研究の鈴木公雄先生や日本経済史の岩橋勝先生をはじめ、考古学や経済史の分野の方々とご一緒する機会もふえ良き刺激となった。いずれの分野も比較的長い時間を研究対象とすることもあって、近世貨幣の特徴を明確に主張できないと議論のなかで取り残され、気後れしそうになる。もちろん日本近世史の代表として参加しているわけではないが、日本近世の特質は何かということを強く意識し始めたのはこのころである。

銭貨の研究に本格的に取り組むようになったのは、一九九八年に出土銭貨研究会の第五回研究大会が京都で開催されることになり、大会テーマ「信長入京の時代」に関連した報告を依頼されてからである。本来なら信長の撰銭令を取り上げるべきところ、まだこの時期の公・武の記録を精査する能力はなかった。次善策ということで、「近世初期の撰銭令」と題して、銭の交通上の役割や寛永通宝の普及度について報告した。のちに『越境する貨幣』を編集中の歴史学研究会の委員に誘われて、報告をもとにした論文を収録してもらった。単なる小額貨幣ではなく、領主や社会にとっての役割が明確になって、自身の銭貨研究にとっても画期となった。

その後は、寛永通宝の鋳造と普及に関する考察に力点を移していった。寛永通宝を扱った第九章・第十章は新稿だが、着手はけっこう早く、長期にわたって補訂を繰り返してきた。一時は寛永通宝について一書にまとめることも構想したが、素材も力も及ばず断念した。読者にはわずらわしいかもしれないが、第一章・第二章あたりと内容の重複があるのはこうした理由がある。銭貨材料である銅・鉛・錫についての知識は、住友史料館の館長を務められた小葉田淳先生の著作を手伝ったり、あるいは直接ご教示いただいて得たものである。鉱物資源として鉛や錫の重要性を説かれていた先生に対し、第十章で錫を手掛かりに大坂銭座の実態に迫れたことは、ようやくひとつ宿題を果たしたと思っている。

こうしたなか、いくつかの科学研究費の研究協力者や刊行物の執筆に誘われる幸運にめぐまれ、その成果物もほぼ本書に収録することができた。収録しなかったのは、永井久美男編著『近世の出土銭Ⅰ　論考篇』（兵庫埋蔵銭調査会、一九九七年）所収の概説「貨幣史における近世」、「近世の銭」（鵜飼政志ほか編『歴史をよむ』東京大学出版会、二〇〇四年）、「三貨制度の成立　―貨幣統合の近世的かたち―」（『にちぎん』一三、二〇〇八年、のち『貨幣の歴史学』日本銀行情報サービス局、二〇一一年に所収）くらいであるが、いずれもその内容は本書に反映させたつもりである。

遅々として成果をまとめられない私を常に督励し、時に叱責されたのは朝尾直弘先生であり、厳しい先輩諸兄であった。こうした圧力がなければ、愚図の私には本書の刊行は夢に終わったかもしれない。学部生以来、歴史学の初歩から古文書の読み方、あるいは論理的な構成まで細かくご指導・ご教示いただいた皆様の学恩に感謝したい。日本史研究会・出土銭貨研究会・貨幣史研究会に集う専門を同じくする諸学兄には、本書の各章のもとになった報告を聞いていただき、貴重な意見をたまわった。職場の同僚にも、いくつかの論考についてご意見をいただいた。住友史料館には、貴重な近世の銅関係史料が所蔵され、主要なものは『住友史料叢書』として継続刊行している。本書でもその成果をとりいれ、随所で論旨を補強できた。恵まれた環境にあったことに感謝したい。

最後になったが、刊行をお引き受けいただいた思文閣出版、とくに編集を担当された大地亜希子氏には大変お世話になった。自らの作品を凝視することには、どうしてもおざなりな部分がでてしまい、細部まで神経が行き届かない。ふぞろいを直し、斉一性が確保できたことは氏の手助けによる。お礼を申し上げたい。

本書が貨幣史をこころざす後学のお役にたてれば望外の喜びである。私は、本書に盛り込めなかった幕末維新期の貨幣史の再構成にもう少し挑んでみたいと思っている。

二〇一六年五月

安国　良一

◎著者略歴◎

安国　良一（やすくに　りょういち）

1953年　神戸市生まれ
1977年　京都大学文学部卒業
1984年　京都大学大学院文学研究科博士後期課程研究指導認定退学
2012年　京都大学博士（文学）
現在　　住友史料館副館長

主要著書
『京都町触集成』全15巻（共編著，岩波書店，1983～89年）
『住友の歴史』上下巻（共著，思文閣出版，2013・14年）
『鼓銅図録の研究　―書誌と系譜―』（住友史料館編刊，2015年）

日本近世貨幣史《にほんきんせいかへいし》の研究《けんきゅう》

2016(平成28)年5月25日発行

定価：本体6,800円(税別)

著　者　安国　良一
発行者　田中　大
発行所　株式会社　思文閣出版
〒605-0089 京都市東山区元町355
電話 075-533-6860(代表)

印　刷
製　本　株式会社 図書印刷 同朋舎

　ISBN978-4-7842-1848-6　C3021

索　　引